Двоевластие

Андрей Зарин

СОДЕРЖАНИЕ

ДВОЕВЛАСТИЕ

ЧАСТЬ ПЕРВАЯ

СОДЕРЖАНИЕ

ДВОЕВЛАСТИЕ

ЧАСТЬ ПЕРВАЯ

БОЖИЙ СУД

I

СКОМОРОХИ

Князь Теряев-Распояхин едва женился, сейчас же отстроил усадьбу в своей любимой вотчине под Коломной. Быстрая речка омывала ее с задней стороны, на которой раскинулся огромный сад. Передней стороной усадьба выходила на проезжую дорогу и казалась маленьким острогом, так высок и плотен был частокол, так массивны были ворота со сторожевой башенкой. В неспокойное время строился князь — в то время, когда поляков и хищные войска самозванца сменили придорожные разбойники, когда грабеж и убийство творились и на проезжей дороге, и на городских улицах, и в самих домах. Нередко по службе царской князь Теряев отлучался из дома на долгое время и, дорожа покоем жены и своего маленького сына, выстроил прочные хоромы.

Тотчас за воротами был еще огород, а за ним уже шел широкий двор с мощеной дорогой к теремному крыльцу. По сторонам были разбросаны служилые избы для охранной челяди, во главе которой стоял любимец князя и княгини, Антон. Дальше за ними размещались строения бани, конюшни, кладовок, погребов, повалушек[1], а терем в два этажа с башенной пристройкой, крепкими дубовыми стенами, толстой дверью, тяжелыми ставнями стоял посреди крепких избушек, как богатырь во главе своей рати, и князь, выстроив его, с довольством бахвалился:

— Сам пан Лисовский наедет, так и от него со своими людьми отобьюсь.

---

[1] Повалуша — летняя спальня.

В лето 7128-го по счислению того времени, а по нашему — в 1619 году, в жаркий полдень 11-го июня молодая княгиня Анна Ивановна вышла на заднее крыльцо терема посидеть на крылечке, подышать чистым воздухом и полюбоваться своим сыном — семилетним богатырем, который резвился на заднем дворе с сенными девками.

Крылечко было широко и просторно. Молодая княгиня сидела на верхней ступеньке на толстом ковре; подле нее стоял жбанчик холодного кваса, и она наслаждалась тихим покоем счастливой женщины.

Молода она и красива, даже дородной стала, и не намилуется с ней князь, когда дома. Думала ли она, внучка бедного мельника, в такой почет попасть? Чего Господь не делает! И она с умилением обвела кругом взглядом. Разгорелся ее Миша, распарился, черные волосенки, подстриженные кружком, сбились на лоб и завесили его сверкающие радостью и весельем глазки. Молодые, здоровые девки с веселым смехом гоняются с ним, играя в горелки, и летает он, соколом гоняясь за ними. Огромная радость для матери любоваться своим первенцем.

Для полного счастья молодой княгине не хватало только ее любимого мужа. Великое дело совершалось для всей Руси в это время; радость наполняла сердца всех, любящих своего царя. Из тяжкого польского плена возвращался Филарет Никитич, великий подвижник за свою родину, отец царствующего Михаила. Вся Русь делила радость своего царя, первого из Дома Романовых, и князь Терентий Петрович был отозван ради того случая в Москву. Любил его царь Михаил за его воинскую удаль, за смелые речи и решительный нрав. Любя, пожаловал он его в окольничьи и скучал без него, несмотря на то, что сильные братья Салтыковы всячески очернить его старались.

Мягкий царь Михаил, хотя и склонялся под волею своей матери и ее приспешников Салтыковых, а все же не мог не ценить того, кто, не щадя живота своего, от молодой жены и сына-малютки ходил имать Маринку с Заруцким, и донского атамана с его шайкою, и всяких других разбойников, никогда не отказываясь от ратного дела.

Чувствуя вражду против себя царских клевретов, князь Теряев много раз говорил жене:

— Перейдем жить в Москву, там я палаты выстрою!

Но княгиня каждый раз отказывалась.

— Не привыкла я к городской жизни, князь, — говорила она, — не неволь меня. Люблю я простой обычай, да и сам

2

знаешь, мне ли, глупой, угнаться за боярынями. Слышь, они и брови чернят, и щеки сурмят, и лицо белят. Где мне тягаться с ними? Только посмех всем будет!

И князь покорялся ей, находя в ее словах немало правды, и таким образом делил время между Москвою и Коломною.

Плотно покушала княгиня за обедом, сластей наелась, и теперь ее брала измора; то и дело прикладывалась она к жбанчику, чтобы освежиться. Но глаза уже начали слипаться, и княгиня поднялась, тяжело вздыхая. Вдруг до ее слуха донеслись звуки волынки и резкое бряцанье накр[2]. Анна Ивановна приостановилась и окликнула одну из девушек:

— Матреша, сбегай до ворот! Глянь, никак потешные шумят.

Девушка стрелою помчалась на передний двор и через минуту вернулась, весело крича:

— Скоморохи идут!

Княгиня улыбнулась. Сон на время оставил ее.

Девушка подбежала к крыльцу и, едва переводя дыхание, быстро заговорила:

— И уж что за занятные. Почитай, полтора десятка будет. Медведя ведут с козою, а у других сопелки, домры, накры. Один с куклами, а другой с гудками. Старый-старый!.. Повели позвать.

— Повели позвать, княгинюшка! — смело заголосили сбившиеся в кучу девушки, а Миша, вбежав на крыльцо, обнял колена матери и запросил тоже:

— Повели, матушка! Золотце, прикажи!

И самой княгине хотелось развлечься. Она улыбнулась и кивнула головою.

— Ин быть по-твоему! — сказала она, гладя черную головку Миши, и приказала той же Матреше:

— Вели им к нам сюда идти!

Матреша вспрыгнула козою и скрылась за зданиями.

Княгиня снова опустилась на верхнюю ступеньку крылечка, маленький Миша сел и прижался к ее коленам, а девушки столпились у крыльца. Через несколько минут послышались шум шагов, осторожный говор, бряцание цепи, и из-за угла терема вышла толпа скоморохов. Они подошли ближе, остановились в почтительном отдалении — и земно поклонились княгине.

— Встаньте, встаньте, прохожие люди! — ласково сказала княгиня.

---

[2] Накры — ударный музыкальный инструмент типа парных литавр.

Скоморохи встали и выпрямились, держа в руках войлочные колпаки и гречишники[3].

Их было человек двенадцать, и они казались шайкою разбойников — так дерзок и лукав был их внешний вид. Впереди всех стоял поводырь с медведем. Огромный, с рыжей бородою, с одним глазом и черной дырою на месте другого, в сермяге и с босыми ногами, он производил отталкивающее впечатление. Рядом с ним, держа в поводу козу, стоял маленький паренек в пестрядинной рубахе, с лицом, изъеденным оспою, с жидкими волосенками на остроконечной голове; его раскосые глаза бегали во все стороны, а тонкие, бескровные губы растягивались до самых ушей. За ним стоял чудашник — высокий, слепой старик с угрюмым лицом, и рядом с ним мальчик, державший гудок старика. А дальше стояла толпа рыжих, черных, белых оборванцев с беспечными лицами и наглыми взглядами.

— Куда путь держите? — ласково спросила княгиня.

Рыжий поводырь тряхнул кудрями и ответил:

— На Москву, государыня-матушка, слышь, там на три дня от царя веселие заказано...

— Так, так, — сказала княгиня, — к нашему царю-батюшке его батюшка ворочается.

— Дозволь потешить! — проговорил тот же поводырь.

— Что же, потешьте! Чем тешить будете?

— А что повелишь нам, смердам. Есть у нас и гудошник — песню споет, есть и куклы потешные, и медведь наученный, и коза-егоза, и плясуны, и сказочники. Что повелишь, государыня?

Девушки умоляюще взглянули на княгиню, и она, сразу поняв их желания, сказала:

— Ну, кажите все по ряду!

Рыжий великан поклонился и дернул медведя за цепь. Тот зарычал и поднялся на задние лапы, девушки с визгом сжались, как испуганное стадо. Миша прижался к коленам матери, да и сама княгиня побледнела, услышав страшный рев.

— Ну, ну, Мишук, поворачивайся! — грубым голосом заговорил косой поводырь. — Покажи на потеху честным людям для смеху, как лях кобенится, на красну девку зарится!

— А ты, коза-дереза, пляши для веселия, как смерд с похмелия! — загнусил его товарищ, дергая козу за рога.

В это время загремел деревянный барабан, зазвенели накры (род теперешних тарелок), затрубил рожок, и началось

---

[3] Гречишник — валяная войлочная шляпа.

4

представление. Коза с усилием поднялась на задние ноги и завертелась на месте, а медведь, рыча, поджал передние лапы, словно в бока, и, откинув голову, стал важно ходить взад и вперед.

Лицо княгини озарилось улыбкою, девушки, поджав руками животы и перегибаясь, звонко смеялись.

— А покажи теперь, как этот лях до лесу утекает, — продолжал поводырь.

Медведь стал на четвереньки, жалобно замычал и поспешно побежал под ноги своему хозяину, а коза то опускалась на передние ноги, то вновь поднимала их и опять вертелась. Показал медведь, как девки горох воруют и как баба в кабак идет похваляется и, из кабака выйдя, по земле валяется.

Потом его сменили плясуны. Четыре парня под музыку затеяли пляску.

Подробного описания тогдашней скоморошьей пляски до нас не дошло, но, по словам Олеария, срамота этих плясок была неописуема. И с ним можно согласиться, судя по тому рисунку, который он сделал, изобразив одну из "фигур" двух пляшущих скоморохов. Современный писатель не решается описать этот рисунок, но в тогдашнее время понятия о приличном и неприличном были иные, и теремные девушки без всякого зазора потешались скоморошьим плясом.

После плясунов выступил мужичонка с куклами. Он надел на себя нечто вроде кринолина, потом вздернул его выше головы и образовал таким образом некоторое подобие ширмы, из-за которой стал показывать кукол, говоря за них прибаутками (некоторое подобие современного Петрушки).

Девушки покатывались со смеха, Миша не отрываясь смотрел на кукол загоревшимся взором, и княгиня милостиво улыбалась скоморохам...

А потом выступил гудошник и, перебирая струны гудка, запел заунывную длинную песню о том, как Шуйские погубили славного Скопина, как пришел он на пир и жена его дяди подносила ему чару зелена вина, как замутилась голова его с того зелья, что было подсыпано в вино, и как привезли его умирающего домой, где горьким плачем и воплями встретила его тело молодая жена.

Затуманились все, слушая заунывный, гнусливый речитатив под скорбное гудение струн, и по белому лицу княгини скатилась слеза. Но скоро грусть, навеянная песней, сменилась истомою, и княгиня поднялась с крылечка.

— Ну, люди добрые, потешьте девушек, — приветливо сказала она, — а я пойду.

5

Она хотела уйти, но вдруг приостановилась.

— Дуня, — сказала она, краснея, — принеси ломоть хлеба, да посоливши.

Девушка побежала, а поводырь, быстро сообразив в чем дело, дернул медведя и подвел его к самому крыльцу.

— Вещун он у меня, — вкрадчиво сказал он.

Дуня принесла ломоть. Княгиня боязливо подала медведю хлеб, и тот, взяв его, глухо замычал от удовольствия.

— Замычал, замычал! — закричали девушки.

— С князинькой! — нагло сказал поводырь, низко кланяясь.

Княгиня вспыхнула, как маков цвет, и сказала, обращаясь к пожилой девушке:

— Мишу наверх отведешь, немного погодя, а их Степанычу накормить вели, да пиво пусть выставит! — и она вперевалку пошла в покои, где было полутемно и прохладно.

— Ну что вам, девушки, любо? — совершенно меняя тон, спросил рыжий. — Сплясать, что ли?

— А хоть спляшите, а там опять кукол, — бойко отозвалась Матреша.

Пожилая девушка села подле Миши и ласково обняла его. В это время Миша вдруг вскрикнул. Ему показалось, что слепой старик стал зрячий и пристально смотрит на него.

— Что ты, родимый? — встревожилась девушка, но Миша уже оправился и смотрел на скомороший пляс, а в это время слепой гудошник под грохот нестройной музыки сказал рыжему:

— Как его ты возьмешь, Злоба? Ишь сколько девок вокруг. Какой вой подымут!

— Не бойся! — ответил Злоба. — Коли Поспелко взялся, так ногу из стремени скрадет, не то что! — И он толкнул в бок раскосого поводильщика козы.

— Удумал, Поспелко?

Тот ухмыльнулся.

— Беспременно заночевать надо, — сказал он.

До самого заката солнца потешали скоморохи всю дворню и так уважили, что Степаныч, княжий дворецкий, не только отпустил им пива, но даже выставил красоулю[4] крепкого меду. Поздним вечером сошли сверху и сенные девушки, и много времени продолжалось бражничество в княжеской усадьбе среди дворни и скоморохов.

Рыжий стал расспрашивать Степаныча:

---

[4] Красоуля — кружка, чаша.

— Чья усадьба-то будет?

— Князя Теряева-Распояхина, — коснеющим языком ответил Степаныч. — Первеющий князь! Теперь у царя, у батюшки, в окольничих. Во-о! — И он поднял вверх корявый указательный палец.

— Один сынок-то?

— Как перст. Теперь княгинюшка опять понесла. Пошли ей Бог здоровья!

— Хороша княгинюшка ваша! — ввернул свое слово косоглазый Поспелко.

— Золото! — вмешалась Дунька. — Она из простых, вроде как мы с Матрешкой, ну, и душа с нами!

— Ишь ты!

— Антон сказывал, что князюшка нашего ляхи посекли, он его на мельнице укрыл, а она, выходит, княгинюшка-то наша, там за ним и ходила, раны заговаривала.

— Ратный человек?

— Наш-то? Первый воин. Он и ляхов бил, и Маринку изловил, а впоследях самого дьявола сымал. Вот он какой!

— А что же у вас ратных людей нету? — спросил слепой старик.

— Ратных-то? У нас полтора сорока[5] ратных людей, а сейчас всего десять — потому что князь их на Москву увез. Для почета, слышь!

А пьянство шло своим чередом, и к полуночи половина пирующих лежала под лавками.

В то время Поспелко толкнул Злобу и вышел с ним на двор.

— Идем, что ли, — сказал он.

Злоба даже опешил.

— Красть?

— Уготовиться, дурья голова, — ответил Поспелко. — Иди, что ли, мне твоя сила нужна. — Он обогнул терем, перешел задний двор и спустился в сад. Перейдя его поперек, он остановился у высокого тына и сказал, указывая на крепкий столб:

— Расшатать да вытащить его надобно. Вот что! Мы подкопаем его, а там палку подложим, ну и подымем!

— А для чего?

Поспелко засмеялся.

— Тебя на место его поставить: дубина, право слово! Зачем тын ломают? Да для того, чтобы дорогу иметь, щучья кость.

---

[5] Сорок — старинная единица счета.

— Ну, ну, комариный зуд, — проворчал рыжий, — и сам знаю. А зачем ход?

— Ход-то? Слушай! Поутру мы уйдем, я кругом обегу да через это место в сад и влезу. День прокараулю и скраду его, а скравши — к вам. Вы меня в перелеске ждать будете. Понял, что ли? — и он ткнул рыжего великана под бок.

Тот не ответил, но, судя по тому рвению, с каким он начал своим ножом копать землю, можно было сообразить, что он и понял, и одобрил план своего косого товарища.

Темная, душная ночь покрывала их усердное дело, и только усиленное сопение свидетельствовало об их старании. В какой-нибудь час они подкопали столб, затем Поспелко сунул рыжему в руки толстую орясину, и скоро крепкий столб выдвинулся, оторвав обшивку, и грохнулся наземь.

— А теперь и назад, — сказал Поспелко, — надо думать, что ратные люди не доглядят до завтра, а там — ищи ветра в поле!

— И воистину ты — Поспелко, — с чувством удивления перед умом своего приятеля сказал рыжий.

— А ты — дубье стоеросовое! — ответил, ухмыляясь, Поспелко, но тотчас же переменил тон. — Федька десять рублей обещал?

— Десять! — подтвердил рыжий.

— Кому говорил-то!

— Май сказывал; опять Распута слышал.

— То-то! А то он живо и в нетях[6].

— Ну, от нас не уйдет.

— Из Нижнего Новгорода ушел.

— А здесь встретился!

Они вышли на чистый двор и, отойдя от мощеной дороги, легли под дерево на траву. Подле них огромной черной тушей лежал медведь, привязанный к дереву, и тут же на длинной привязи бродила коза. Сон сковал двух приятелей, и вся усадьба погрузилась в сон.

Едва летнее солнце взошло на небо, как все проснулось и зашевелилось в усадьбе. Сенные девушки под досмотром более пожилой Натальи принялись за свое рукоделие, Степаныч, громыхая связкою ключей, полез по амбарам и кладовушкам, отпуская то овес, то крупу, то масло. Поднялась княгиня и со своим первенцем, в домовой церковке, под гнусавое пение и чтение дьячка, жившего у них при усадьбе, стала слушать обедню. Потом она отпустила Мишу с несколькими девушками

---

[6] Быть в нетях — не явиться, скрыться.

8

поиграть до полдника, а сама пошла в свой терем и села за пяльцы.

— А где скоморохи? — спросила она свою постельницу.

— Ушли, матушка-княгинюшка, чем свет ушли, — ответила та.

В тереме наступила тишина; только слышно было, как костяная игла с легким скрипом проходит через материю да мухи с жужжанием носятся по душной горнице. Из раскрытого окна стал уже вливаться знойный воздух, когда княгиня со стороны сада услышала тревожные переклики девушек, приставленных к Мише, и вдруг вскочила, охваченная неясным предчувствием горя. Минуту спустя она стояла на крыльце, бледная, взволнованная, и ее волнение мигом передалось всей дворне.

— Где же, где? — повторяла в нетерпеливом томлении княгиня.

Дуня повалилась ей в ноги и завыла в голос.

— Матушка-княгиня, бей нас, слуг негодных!.. Упустили мы нашего сокола, найти не можем! Может — шалит, может — беда приключилася.

— Миша! — не своим голосом закричала княгиня и вмиг очутилась в саду. — Очи мои светлые, сердце мое, Мишенька, откликнись! — стонала она, метаясь уже, как безумная.

— Ау! — перекликалася по саду рассыпавшаяся всюду челядь.

— Влас, тащи лодку! — кричал, стоя на берегу, кудлатый мужичонка в холщовой рубахе.

Княгиня с чистых дорожек бросилась в кусты малинника, обрывая тяжелую материю сарафана, царапая белые руки, и вдруг закричала не своим голосом. В ее крике было столько горя и ужаса, что он словно ударил каждого слышавшего его, и все стремглав бросились к месту, откуда разнесся крик.

Глазам всех представилась ужасная картина. С безумно горящими глазами, с растрепавшимися волосами, княгиня стояла на крошечной лужайке у реки и, потрясая золотым позументом, служившим у Миши опояской, неистово кричала:

— Украли... скоморохи украли! Будьте вы прокляты, кто смотрел за моим ненаглядным! Миша мой! Сердце мое! Очи мои! Ослепили меня злодеи, очи мои вынули! Что я скажу князю своему? Куда побегу, где искать буду? Что вы стали? — кинулась она вдруг на толпу. — Седлайте коней, скачите за ними, вырвите сына моего!.. Расклюйте их, сюда приведите! Я им глаза выскребу! Изменники!

9

Все с ужасом попятились от княгини и только теперь увидели вырванную балку из тына.

— Миша! — еще раз закричала княгиня и рухнула на землю, хрипя и колотясь от внезапной боли.

Все растерялись. Первой спохватилась пожилая Наталья. Она протискалась вперед и властно заговорила:

— Чего стоите, рты разинувши, вместо того чтобы дело делать? Аким, иди сейчас, седлай коней да возьми хоть шесть человек и по всем следам погоню гоните! А ты, Влас, сейчас на коня и до князя-батюшки на Москву спеши. Не жалей коня, слышишь? А ты, Ерема, бери телегу и в Коломну гони. Слышь, там бабка Ермилиха. Ее вези! Не поедет — волоком. А вы, девушки, берите княгинюшку да в баньку ее, прямо в баньку. Ишь с ней от испуга грех приключился.

Девушки испуганно подошли к княгине, осторожно подняли ее и понесли из сада. Расторопная Наталья, захватив власть, уже не выпускала ее, и ее голос звучно раздавался то здесь, то там, отдавая приказания.

Словно борзые по зайцам на облаве, во все стороны рассыпались люди Теряева, ища следов ушедших скоморохов, рыская вдоль большой дороги по перелеску и по противоположной стороне быстрой реки. Не щадя конской силы, мчался Влас в Москву и, скача по дороге, казался движущимся пыльным столбом. Чуял он, что, может быть, едет на верную смерть от руки разгневанного князя, но, горя холопским усердием, не задумывался над этим и только боялся, загнав коня, не найти на подставу другого.

Ерема трясся в телеге, торопясь в Коломну, а в это время княгиня в беспамятстве металась на широкой скамье в предбаннике, и пожилая Наталья тщетно вспрыскивала ее святою водой с уголька и читала отпускные молитвы[7].

Девушки, суетясь, раздевали княгиню, а она стонала и плакала, причитая звонким, надтреснутым голосом:

— Соколик мой Мишенька, светик мой ясный! Сердце мое, свет очей моих! Я ли тебя не любила, я ли тебя не холила, мое золото! Взяли тебя лихие люди, тащат тебя, как горлицу, обижают тебя, моего бедного. Крикни мне, соколик, громче! Отзовись на мои слезы горькие! Уж как я полечу на них, моих ворогов, и ударю, как сокол на воронов. Вы терзайте мое тело белое, пейте мою кровь горячую, лишь отдайте князю-батюшке его первенца!

Девушки горько плакали, а Матрешка с Дунею, как

---

[7] Молитвы о прощении (отпущении) грехов.

10

безумные, выли и колотились головами о дубовые стены. Чуяло их сердце, что не простит князь в своем гневе их вины окаянной.

Даже княжий доверенный Степаныч, и тот ходил, свесив голову, сознавая свой проступок пред княжьим домом.

Словно грозовая туча повисла над усадьбою, словно ждали все судного часа и трепетали в таинственном, суеверном ужасе. Страшен бывал князь, когда гневался.

А скоморохи тем временем быстро шли вперед, сторонясь большой дороги и пробираясь лесом и зарослями по тропинкам, известным только Злобе, Козлу да косолапому Русину, которые в смутное время были в шишах[8] и в первые годы в этих же местах занимались разбоем.

Шли они спешным шагом, не зная устали. Впереди их шагал Злоба, ведя в поводу медведя и таща за руку выбившегося из сил маленького Мишу. Мягкие сафьяновые сапоги мальчика уже разорвались, и из них торчал угол холщовой портянки; его шелковая рубашечка висела на плечах клочьями, и он то и дело падал от усталости.

— У, княжье отродье! — злобно проговорил наконец рыжий великан и, взбросив его себе на руку, зашагал еще быстрее. Ему мало было дела до того, что сердце Миши билось, словно пойманная птица, что его личико застыло с выражением неземного ужаса, а глазки смотрели почти безумно. Живой или мертвый, лишь бы был он действительно первенец князя Теряева. Только одно это и знал рыжий поводырь, да знал еще, что худо им будет, если они не уйдут от погони.

II

ТЕМНОЕ ДЕЛО

Через два дня после описанных событий, накануне великого торжественного дня встречи царя с вырученным из неволи отцом, именно 13-го июня 1619 года, за каких-нибудь полчаса до захода солнца, по Москве через рыбный рынок шел средних лет мужчина, обликом иностранец, по костюму —

---

[8] Во времена Смуты шишами называли русских партизан. Позднее — разбойников и бродяг.

военный. Высокого роста, широкий в плечах, с открытым, веселым лицом, с окладистою русою бородою, он был бы красавцем, если бы кровавый шрам не пересекал его лица огненной полосою, начинаясь над правой бровью, проходя через раздробленную переносицу и теряясь в левом усе.

На голове путника была медная шапка, или прильбица, с кольчужною сеткой, падавшей на плечи и шею; на нем был синий кафтан с желтыми рукавами, поверх которого были надеты кожаные латы с железными набойками, т. е. юшман; на ногах красовались огромные сапоги из желтой кожи, доходившие почти до бедер. Широкий кожаный кушак охватывал его живот, и на нем спереди висел поясной нож, а сбоку — короткий и широкий меч. Несмотря на жар, поверх всего на плечах этого человека висела короткая суконная епанча[9].

Путник торопливо переходил рыбный рынок, на котором уже никого не было, и угрюмо бормотал что-то по-иностранному, очевидно, ругаясь. Рыбный рынок, прилегавший одной стороною к овощным рядам, представлял собою небольшую площадь, только частью застроенную ларями. Торговцы обыкновенно приезжали с возами, с которых и вели торг. Вряд ли по своей неопрятности в Москве было еще другое подобное место. Снулую рыбу торговцы без околичностей бросали прямо на землю, мелкая рыбешка падала на ту же землю просто случайно, тут же иной голодный поедал соленую рыбу, кидая остатки наземь; все это, покрывая площадь изрядной толщины слоем гнили, разлагалось и наполняло воздух ядовитым и удушающим смрадом. Русский нос сносил его, и в базарные дни здесь торговля шла развалом, но иностранцы с ужасом вспоминают в своих записках об этом рынке. В небазарные дни площадь обыкновенно пустовала, и только бродячие собаки стаями бродили по ней, жадно роясь острыми мордами в смрадной рыбной падали.

Путнику казалось, что он умрет посреди этой площади, и на его лице выразилось наслаждение, когда свежий ветерок дохнул на него с реки Москвы, мост через которую примыкал к другой стороне площади.

Иностранец отнял руку от носа, вздохнул полной грудью и остановился у начала моста, пытливо оглядываясь по сторонам.

Узкий, недлинный мост, настланный на широкие суда, выходил на безлюдную мрачную местность, так называемое Козье болото. Посреди площади стояла виселица, еще не

---

[9] Широкий дорожный плащ.

разобранная после казни, и мрачной громадою высился эшафот, лобное место — высокий помост на толстых сваях, к которому вело несколько ступеней; на помосте стоял тяжелый широкий обрубок, вроде тех, которые можно видеть теперь в мясных лавках.

Иностранец взглянул вдоль берега. Немощеная улица была покрыта пылью и грязью. На ней, то высовываясь вперед, то уходя назад, стояли дворы с убогими избами. Иностранец, не видя людей, постоял минуту в нерешительности и потом смело двинулся вдоль берега направо. Вдруг его лицо прояснилось, и он ускорил шаг. У одних ворот растворилась калитка, и чьи-то сильные руки вытолкнули человека на улицу. Он сделал два скачка, замахал руками и повалился лицом в пыль. Иностранец быстро подошел к нему и нагнувшись толкнул в плечо.

— Скажи мне, где Федор Беспальцев? А? — спросил он ломаным языком.

Упавший сделал попытку поднять голову, замычал что-то и опять ткнулся носом в пыль. Он был весь оборван, сермяжная рубаха едва прикрывала его наготу, синие дерюжные порты сползали и обнажили часть спины, босые ноги были грязны и изранены.

Иностранец постоял над ним, потом выпрямился, решительно подошел к калитке и застучал кольцом. Не получив ответа, он вынул нож и его медной рукоятью с такой силой стал ударять в доски калитки, что гул ударов огласил всю улицу.

Этот способ оказался действенней.

— Ты опять, песий сын, буянить! — раздался злобный голос, и, распахнув калитку, здоровенный детина в рубахе рванулся было вперед, но иностранец ударом в грудь отбросил его и вошел в калитку.

Мужик с изумлением взглянул на него.

— Тебе что нужно? — спросил он.

— Федор Беспальцев тут? Мне его видеть надо!

— Здесь, — грубо ответил мужик. — Тебе зачем его?

Лицо иностранца вспыхнуло.

— Ну, ну, грубый мужик. У меня дело есть! Веди! — крикнул он.

Мужик смирился.

— Иди, что ли! — сказал он и, замкнув калитку, повел гостя по двору к большой избе.

Иностранец, положив на нож руку, твердо ступал за ним.

Мужик ввел его в темные сени и провел через просторную горницу, в которой у стола, за штофом вина, двое каких-то

13

мещан играли в зернь[10]; затем, пройдя темную кладовку, он ввел его в другую небольшую горницу и, сказав в полутьме кому-то: "К тебе, хозяин!" — оставил гостя одного.

Полутемная горница почти до половины была загорожена огромной печью. В углу трепетно мерцала лампада.

В душном воздухе пахло прелью, мятой, сырой кожей, потом, образуя смрадную атмосферу; сквозь небольшое слюдяное оконце тускло светил догорающий день. Иностранец разглядел у окна маленький стол с лавкою подле него и, подойдя, опустился на лавку.

В тот же миг с печки раздался сухой кашель, с ее лежанки свесились грязные босые ноги, и маленький, корявый мужичонка, с поредевшими рыжими волосами, опустился на пол и, щурясь, подошел к пришедшему.

— Кха, кха, кха, — заговорил он, шепелявя и кашляя, — что-то не признаю тебя, добрый молодец. Откуда ты, кто? Какой человек тебя ко мне послал? Кха, кха... — И он, закашлявшись, опустился на длинный рундук, стоявший вдоль стен, и заболтал головою.

Красноватый отблеск заходящего солнца ударил в оконце и осветил его. Это был Федька Беспалый, бывший тягловый боярина Огренева-Сабурова.

Если другим тяжелые дни Смутного времени принесли горе и разорение, то Федьке они дали возможность нажиться, и он, не брезгуя ничем, жадно и торопливо набивал свою мошну. Находясь в вотчине под Калугой в дни Калужского вора, он умел поживиться и от поляков, и от своих, когда возил туда оброк натурою, и даже запасся кубышкою, как современные банкиры запасаются несгораемым сундуком. Когда спалили усадьбу боярина и верный его слуга зарыл часть казны в землю, Федька успел подглядеть заветное место и обокрасть его. Вора убили в Калуге, суматоха настала кромешная, и Федька с казною пробрался в Нижний и занялся там куплею-продажей и корчемничеством. Даже в великий момент поднятия народного духа, когда Минин Сухорук тронул все сердца и на успех родного дела подле его трибуны вдруг стала расти куча денег и сокровищ, Федька сумел из этой груды уворовать себе немало. Как шакал, он шел за ополчением, торгуя вином и пивом, держа у себя скоморохов и женщин, и, наконец, когда относительный мир осенил Русь, он окончательно переселился в Москву, выстроил себе на берегу крепкий дом и стал

---

[10] Зернь — небольшие косточки с белыми и черными сторонами. Выигрыш определялся тем, какой стороной они упадут.

содержать рапату. Так назывались в то время тайные корчмы, притоны пьянства, разврата и всякого бесчинства. Пьяница, распутный ярыга[11] и боярский сын, подлый скоморох и иноземный наемник находили здесь все и во всякое время: вино, игру, женщин, табак и даже деньги, если у нуждающегося была какая-нибудь рухлядь. Как паук, сидел Федька в своей норе и ткал паутину.

Теперь, кашляя, он зорко осмотрел пришедшего и уже знал, за каким делом тот пришел к нему. Иностранец дал ему прокашляться и ответил, коверкая язык:

— Я — капитан Иоганн Эхе, а послал меня к тебе мой камрад Эдвард Шварцкопфен.

Федька затряс головою.

— Помню, помню. Я ему коня достал и десять рублей дал. Хороший был воин! — он вздохнул, — сколько он мне добра приносил. Теперь уж нет того. Ляхи, будь они прокляты, все побрали. Чего не унесли, в землю закопали, а остальное опять в казну ушло. Теперь князья-то да бояре оправляться стали, теперь и кубок, и стопки, и братину без торга взяли бы, а нет!

— Таких нет, а вот это я тебе принес. Возьми, пожалуйста!

С этими словами Иоганн Эхе откинул свою епанчу и протянул Федьке кожаную торбу. Федька торопливо вскочил с рундука, и его глаза хищно сверкнули; но он сдержал свой порыв.

— Сем-ка я огонек засвечу, — сказал он.

Нагнувшись к подпечью, он достал каганец со светильней, воткнутой в остывшее сало, и горшочек с углями. Присев на корточки, он раздул уголья, запалил о них тонкую лучину и зажег светец. Светильня затрещала, и огонек, тускло играя и коптя, слабо осветил часть горницы.

Федор поставил светец на пол, подошел к двери, заложил ее на щеколду, заволочил оконце и тогда только, подойдя к столу, развязал дрожащими руками торбу. Эхе, опершись локтями на стол, с ожиданием смотрел на него.

Федька вынул напрестольный крест, смятую серебряную чашу, два ковша и целую горсть самоцветных камней. Его раскосые глаза засветились, жадность озарила лицо, но осторожная скупость торговца победила.

— Ох, хорошие штуки, хорошие, а где мне, убогому, взять их! — со вздохом сказал он и отодвинулся от стола, с удовольствием видя, как изменилось вдруг лицо Эхе.

— Возьми, пожалуйста, — заговорил тот откровенно, — я

---

[11] Ярыга (ярыжка) — здесь: пьяница, мошенник.

15

здесь совсем чужой. Никого не знаю. В Стокгольме хотел побывать, да здесь остался, потому что поехать не на что; здесь служить — коня надо, кушать надо, а денег-то нет — искать надо, до царя идти. Возьми, пожалуйста!

— Хорошего коня я тогда твоему латинцу достал! Ой, хорошего! Да тогда другие дела были: тогда деньги везде были, в грязи валялись, а теперь... — Федька развел руками. — Нет, пойди к другому.

— Я никого тут не знаю! — жалобно ответил Эхе.

Он, сильный, молодой швед, с мольбою смотрел на плюгавого Федьку, которого в другое время, может, раздавил бы, как гадину. И тогда, и теперь, и во все времена нужда одинаково унижала достойного пред недостойным.

Федька опять вздохнул.

— И то, — сказал он сочувственно, — пойдешь на базар продавать, сейчас какой-нибудь дьяк или его приказный привяжутся: "Откуда? Краденое!". Тут тебя сейчас в разбойный приказ и руку отрубят.

Эхе побледнел и судорожно схватился за рукоять ножа.

— Откуда у тебя это все? — спросил Федька, — награбил? — Эхе вдруг вспыхнул и так хлопнул по столу широкой ладонью, что Федька мигом отскочил в сторону.

— Я — не вор, — гордо ответил швед, — я — воин! С генералом Понтусом Делагарди я ваших врагов бил, в Тушине бил, в Москве бил; с генералом Горном ходил тоже! Да! Я — не вор! Ведь это вы, русские, — воры. Когда нам субсидии не дали, мы на Псков ходили, потом с генералами и Понтусом, и Горном Новгород брали. Много наших убили, ну и мы! Мы все брали, жгли, резали! Все наше! Мы кровью взяли, с оружием! Вот! — Он пришел в одушевление и махал ножом, и его шрам горел, словно раскаленный железный прут. — А ты говоришь: крал! Я — не вор! — Он тяжело перевел дух и вдруг кротко улыбнулся и смиренно повторил: — Купи, пожалуйста!

Федька, дрожавший и читавший уже отходную, снова почувствовал свою силу и вылез из-за печки, куда забился от страха.

— Ишь ты какой! — сказал он. — То "пожалуйста", то ругаешься. Ну, да быть по-твоему! Сколько тебе денег надо?

Лицо Эхе сразу ожило.

— Дай два сорок рублей, и хорошо будет!

Федька уморительно припрыгнул и даже руками хлопнул по бедрам.

— Аль ты не в уме? — воскликнул он. — Два сорок! Да у кого есть теперь столько денег? У казны разве! Я — бедный смерд,

Федька убогий, и два сорок! Полсорока хочешь, а то бери себе! — грубо окончил он и отодвинул от себя торбу.

Глаза Эхе вдруг потухли, лицо побледнело, он уныло опустил голову, но здравый смысл подсказал ему, что все равно выхода ему нет, и он покорно ответил:

— Хорошо! Ты меня ограбил, а не я. Только я возьму себе два-три яхонта.

Федька так обрадовался своей сделке, что не стал спорить. Эхе со смутным пониманием отобрал четыре лучших камня и тщательно спрятал их за пояс.

— Постой за дверьми, пока я управлюсь! Я скоро, — сказал Федька.

Эхе послушно вышел и остановился в сенях, слушая, как Федька отпирает свой рундук и звенит деньгами. В эту минуту со двора к сеням подошли люди, заинтересовавшие Эхе. Рыжий, кривой поводырь, бросив на дворе медведя, тянул за руку хорошенького мальчика, так и заливавшегося слезами; маленький раскосый мужичонка шел рядом и держал мальчика за другую руку. Они вошли в сени и, наткнувшись на воина, спросили его:

— Федька у себя в каморе, не ведаешь?

— Зачем у вас этот мальчик? Вы его у боярина украли, верно? — вместо ответа спросил добродушный капитан.

— Ну, латинец, ты за своим добром присматривай, а другому в кошель не запускай лапу! — грубо ответил рыжий.

— А я вот хочу знать! — вспыхнул Эхе, но в эту минуту Федька раскрыл дверь, увидел, в чем дело, и поспешно позвал к себе воина.

— На тебе деньги, считай! — сказал он, махая рукой рыжему, который ввел ребенка.

Эхе успел заметить их, считая деньги и укладывая их за пояс, и вдруг у него мелькнула мысль.

— Я у тебя ночевать буду. Я хотел на Кукуй, но не знаю пути, — сказал он.

Федька ласково кивнул ему.

— Исполать![12] Иди, иди! Там все найдешь — и табак, и карты, и зернь, и вино, и... кралю по душе! — ответил он и вытолкал шведа из горницы. — Прямо через сенцы иди. Вона дверь!

Эхе пошел, но едва дверь за Федькой закрылась, вернулся к ней и стал слушать. Гудел рыжий, пищал раскосый, шепелявил Федька, жалобно плакал мальчик, и Эхе, с трудом

---

[12] Буквально: многая лета!

прислушиваясь к быстрой речи, понял, что мальчик приведен по приказу Федьки за десять рублей, что он — боярский сын. Послышался звон денег, и Эхе едва успел войти в общую горницу, как сзади него послышались голоса рыжего и Федьки.

Войдя в большую горницу, капитан не узнал ее сразу — такое буйное веселье царило в ней вместо прежней тишины. В большой печи ярко горел огонь, несмотря на душный летний вечер, в трех углах, в высоких поставцах, горели пучки лучин, наполняя густым, едким дымом горницу и застилая им низкий потолок. За двумя длинными столами, что стояли по сторонам горницы, в различных позах сидели и мужчины, и женщины, с разгоряченными лицами. Одни играли в зернь, другие — в кости, третьи, собравшись кучкою, просто пили водку и пиво. Среди мужчин виднелись и дерюга, и поскона, и суконный кафтан. Почти полуодетый, сидел пьяный ярыга у конца стола и, стуча оловянной чаркою, кричал:

— Лей еще в мою голову! Остались еще алтыны от материнского благословения!

Подле него расположились несколько стрельцов, дальше — знакомые нам скоморохи, какой-то купчик из рядов — все с пьяными лицами, и между ними женщины, простоволосые, с набеленными и нарумяненными лицами, с накрашенными бровями и черными зубами.

По горнице, услуживая гостям, юрко сновали два подростка в синих дерюжных рубашках без опоясок, грязные и босоногие. В углу горницы, подле печи, стояли бочка с водкою и два бочонка с пивом, и подле них сидел тот самый парень, который отворил капитану калитку.

Никто не заметил появления Эхе, и веселье шло своим чередом, только одна из размалеванных женщин подошла к нему и, грубо захохотав, сказала:

— Садись, гостюшка дорогой, тряхни мошной, а я тебя потешу! — Она кивнула мальчишке, и тот мигом поднес ей в оловянной стопке водку. Женщина взяла стопку и кланяясь произнесла:

— По боярскому обычаю вкушай, гостюшка, да меня в губы алые поцелуй, не кобенься!

Немец взглянул в ее наглые глаза, почувствовал за своим поясом тяжелые рубли и, обняв размалеванную красавицу, крепко поцеловал ее, после чего залпом осушил стопку.

— Вот по-нашему, хлоп, и нет! — закричала ярыжка.

— Иди к нам, ратный человек! — позвали капитана стрельцы.

Эхе, сев подле них, взял на колени красавицу.

18

— Тащи, малец, братину! — крикнул один из стрельцов, — немчины славно рубятся, поглядим, как пьют.

— Дело говоришь, Михеич! — весело отозвался другой стрелец, помоложе.

Мальчишка поставил на стол муравленый[13] горшок, наполненный водкой, и небольшой ковшик. Михеич разлил им водку по стопкам.

— Откуда рубец у тебя, немчин? — спросил он.

— Этот? — спросил Эхе, — ваш русский побил, в Москве когда были.

— Эге-ге, — усмехнулся Михеич, — может, и мой бердыш. Я тогда с князем Пожарским у Никитских ворот с немцами бился.

— Жарко было! — сказал Эхе. — Кругом горит, все кричат... тут русский воин, там русский... и меч, и смола, и камни.

— А ты что ж думал, немчин, что мы матушку-Москву вам, псам, отдадим? — подходя пьяной походкой, спросил ярыжка.

— Я ничего не думал. Я служил у генерала Понтуса Делагарди, а он — у генерала Гонсевского служил!

— Ну, вот и намяли бока! — захохотали кругом.

Эхе покраснел.

— Потому что поляк глуп, — сказал он.

В эту минуту у играющих поднялся спор, потом — драка. Кружки опрокинулись, вино разлилось, дерущиеся повалились на пол. Их окружили и поощряли веселым смехом:

— Бей его, жидовина!..

— Под микитки ему!.. Так его!

— За усы тяни! Завоет! — кричали зрители.

Дерущиеся поднялись с окровавленными лицами.

— Схизматик[14] поганый.

— Лях!

— Я те заткну глотку!

— Смиритесь, почтенные! — вмешался и тут ярыжка, — поцелуйтесь, православные! Будем снова играть!

Один из дерущихся словно охладел.

— А откуда у тебя деньги, ежели ты крест пропил! — спросил он.

— А вот он! — засмеялся ярыжка, показывая зажатые в кулак алтыны.

— Братцы, ограбил он нас!.. — закричал тот, — пока дрались, он денежки уволок. Мои алтыны! Держи!

Но уже было поздно: ярыжка скользнул за дверь и мчался

---

[13] Покрытый глазурью зеленого цвета.

[14] Схизматик — здесь: неправославный.

19

по двору так, что его подошвы хлопали, словно лошадиные копыта.

— Ну, подожди, окаянный, я тебя сцапаю! — прохрипел ограбленный.

— А ты подерись еще малость!

Не ходи кума на мост,
Там провалишься, —

раздалась пьяная песнь скоморохов, и они пустились в пляс.

Одна из женщин затопталась на месте, махая платком, сорванным с головы.

— Люблю! Отхватывай, Аленка! — закричал захмелевший молодой стрелец.

В это время Эхе заметил кривого рыжего и его товарища. Они пили и о чем-то спорили. Эхе перешел на другое место и сел подле них, все думая услыхать имя хорошенького мальчика.

— Волчья сыть! Пять рублей кожею дал, — сказал рыжий.

— Себе и бери ее, а нам серебро отдай, — ответил раскосый.

— Нет, брать все пополам. Кожу пропьем, а эти разделим. Эй, Аленка! — закричал рыжий.

К нему подбежала толстая женщина.

— Пить будем! Тащи красоулю!

— Важно, ой, важно! — вскрикивал купчик, глядя на пляшущих скоморохов, и, вдруг взвизгнув, сам пустился притоптывать.

Я в кусточки пошла,
Добра молодца нашла!

Стены затряслись от топота ног.

— Вот как у нас, немчин! — кричал купчик отплясывая, — умеешь так?.. Уф! — И он упал на лавку, вытирая грязной рукою вспотевший лоб. — Будет плясать! — сказал он, — пить станем. Всех пою! — Молчаливый до времени, он стал теперь амфитрионом[15] и, разливая всем по кружкам водку, заговорил с каждым. — Пирование теперь у нас будет... Эх!

— Закурим! — отозвался угрюмый подьячий.

— Чай, и вы за тем сюда пришли? — спросил Михеич скоморохов.

— Вестимо, за тем же, — ответил раскосый — товарищ

---

[15] То есть предводителем.

рыжего, — теперь, говорят, на площадь-то мед, пиво выкатят, на три дня гулянка!

— Слышь, из тюрем выпустят!

— Всем ярыжкам награда будет!

— Ну?

— Кому плетью, кому просто тычком!

Все засмеялись.

— Что же будет завтра? — спросил начинавший хмелеть Эхе.

— Ах, ты, немчин, немчин! — с укором сказал купчик, — завтра наш царь-батюшка своего батюшку встретит. Из полона вызволил его, от ляхов поганых[16]!

— Нас-то завтра по всей дороге вытянут. Стой! — гордо заявил молодой стрелец.

— А вы, чай, к Федьке за ребятишками? — спросила тем временем толстая баба у рыжего.

— Вестимо, не без этого, — ответил он, — калечных надо да плясунишку.

— Есть у него, есть! — сказала та, — намедни он их штук шесть купил. Жмох!

— Уж это как быть должно!

Компания хмелела. У Эхе уже слипались глаза. Размалеванная женщина шептала ему:

— Возьми с собой в клеть!

— Идем! — ответил Эхе и встал, шатаясь от выпитой водки.

Купчик хотел с ним поцеловаться, поднялся, но тут же покачнулся, упал под стол и моментально захрапел.

Женщина провела капитана в клеть, что стояла особняком в глубине двора, но Эхе не мог заснуть, несмотря на выпитое им. Он снял тяжелые сапоги и латы, отвязал меч, но из осторожности не снимал кушака и камзола. Ему было невыносимо душно в тесной клети, он вышел на двор, обошел избу и вошел в сад, тянувшийся позади нее. Бродя по саду, он наткнулся на большой деревянный сарай с маленькими оконцами.

Чем-то таинственным, мрачным веяло от этого здания, запрятанного в чаще, особенно теперь, среди ночной тишины и

---

[16] Филарет (до пострижения — Федор) Никитич Романов в сане митрополита ростовского был отправлен под Смоленск вместе с другими послами к польскому королю Сигизмунду просить сына его на всероссийский престол с тем, чтобы он принял православие; но Сигизмунд, раздраженный этой просьбой, отправил его в плен в Польшу, где он и пробыл девять лет. (Примеч. авт.)

мрака. Эхе, положив руку на нож, осторожно обошел вокруг сарая и уже хотел уйти, как вдруг в стороне послышались шаги. Он спрятался за дерево и увидел Федьку Беспалого. Тот вел за руку мальчика и говорил ему:

— Ну, ну, не хнычь! Здесь много таких же мальчишек... и девчонки есть. Тебе весело будет!

— Мамка моя! Мамка моя!.. Не хочу тут быть! — тихо воскликнул мальчик, задыхаясь от слез.

— И мамка сюда придет! Ну, иди, что ли! — и, отворив дверь сарая, Федька толкнул туда мальчика и снова запер дверь висячим замком. Эхе вышел из засады, когда Федька удалился, и неохотно побрел в свою клеть. В своей походной жизни он видел всякие виды и приучился не вмешиваться в чужие дела, но этот мальчик и его участь как-то интересовали его помимо воли. Он вошел в клеть, но спать уже не мог и беспокойно ворочался с боку на бок. Наконец он встал, надел латы, взял шлем, опоясался мечом и вышел на двор, а потом на пустынную улицу.

III

КНЯЖЬЯ РАСПРАВА

Князь Теряев-Распояхин во время своего пребывания в Москве всегда гостил у Федора Ивановича Шереметева, начальника вновь основанного аптекарского приказа, с которым сдружился после неудачного похода под Новгородом против Делагарди; тогда князь был ранен и лечился через него у Дия.

Федор Иванович души в нем не чаял, отчасти чуя в своем друге могучую силу и недюжинный ум, и отвел ему две горницы в своем доме в Китай-городе.

Сейчас, после разорения, построил ему эти хоромы немец из слободы. Затейливо они были выстроены: с теремами, с башенками, с клетями и холодушками, с расписными печами внутри и затейливыми балясинами снаружи. На обширном дворе раскинулись еще добрый десяток изб да бани, да сараи, потому что Федор Иванович держал до полутысячи человек челяди, как подобало в то время знатному человеку.

Князь Теряев не чувствовал у него ни малейшего стеснения

22

и, случалось, даже не видел своего хозяина по нескольку дней, но теперь они все время были неразлучны.

Царь Михаил любил их, отличал пред прочими; они в совете помогали составлять порядок встречи возвращавшегося Филарета Никитича, и царь поручил князю Теряеву оповестить его о приближении высокого пленника к Москве.

С раннего утра уезжали князь и Шереметев из дома: один — в приказ и боярскую думу, как единственный государственный человек, другой — к царю для беседы; сходились они лишь за обедом и тут говорили о делах государских.

Оба они одинаково радовались возвращению твердого, решительного, смелого умом Филарета.

— Конец царевым приспешникам, — говорили они, — будет! Посидел царь-батюшка под бабьим началом, теперь в другие руки владычество перейдет!

И эту радость смутно делили с ними все русские.

Еще чуть брезжило утро, когда Влас скорее свалился, чем сошел, с коня пред домом Шереметева и стукнул кольцом.

— Кто стучит? — спросили его.

— Господи Иисусе Христе, помилуй нас! Власий, смерд князя Теряева!

— Аминь! — послышался голос, и калитка отворилась.

— Куда коня поставить? В доме ли князь-батюшка? — спросил Влас.

— Коня-то во двор, там коновязь есть, — ответил сторож, отворяя ворота, — а что до князя, то оба только обедню отслужили и тотчас наверх[17] поехали.

Влас видимо ожил:

— А стремянной его, Антон?

— Тот здесь. Вот четвертая изба под ваших людишек отведена. Там и коновязь.

— Прости, Христа ради! — сказал Влас и, ведя коня, с непокрытою головою пошел по указанному направлению.

— С Богом! — ответил сторож, затворяя тяжелые ворота.

Влас дошел до большой, просторной избы и, привязав коня, стукнул в дверь.

— Господи Иисусе Христе, помилуй нас.

— Аминь! — ответили изнутри.

Влас отворил дверь и вошел в избу. Охрана Теряева — большей частью бывшие шиши в Смутное время — сидела за

---

[17] То есть во дворец.

столом и хлебала любимое толокно из большой мисы. Увидев Власа, все радостно загалдели:

— Влас! Али в гонцах? Здорово! Садись с нами! Какие вести? С чем радостным? Али княгинюшка?

Влас истово помолился в правый угол и потом отвесил всем общий поклон.

— Хлеб да соль! — сказал он.

— Садись к мисе-то, — ответил ему за всех Антон, — речи после будут. Чай, умаялся.

Влас присел, взял ложку, перекрестился, и жадно принялся за еду.

Только когда очищена была вся миса и Влас положил ложку, Антон спросил:

— Ну, с какими вестями? До князя?

Влас, вздохнув, ответил:

— До князя! А как сказать — и в ум не возьму. Гневлив он и лютый во гневе-то.

— А что за вести? — снова спросил Антон.

— Вести-то... такие вести... Одно слово: кнут вести.

— Да не томи нас-то, — крикнул Антон. — Говори!..

— Что говорить-то! Князюшку нашего скоморохи скрали, а матушка-княгиня вне себя в бане лежит, воет.

Антон вскочил, но тотчас опустился на лавку и словно остолбенел.

— Что ж, погоню-то нарядили? Как выкрали-то? — послышались вопросы.

Антон залпом выпил целый ковш кваса и оправился.

— Ох ты, Господи, беда какая! — сокрушенно сказал он.

Влас сумрачно зачесал в затылке.

— Теперь и рассуди, каково мне князю эту весть принести. Убьет, как есть убьет!

— Ну, — вставая с лавки, сказал Антон, — ложись спать и не думай. Я сам князю про его горе расскажу, а ты после придешь, позову!

Влас вскочил и поклонился Антону, коснувшись руками пола.

— По гроб тебе спасибо, Антон Дементьевич! — сказал он с чувством.

Все полегли отдохнуть, только Антон не мог заснуть после полученной вести и сумрачный ходил по двору, поджидая своего любимого господина.

Князь веселый въехал во двор и, сойдя с коня, легко взбежал на крыльцо. Шустрый домашний отрок подбежал к Антону.

— Иди, твой господин вернулся!

Антон вздрогнул, словно от удара, и нехотя пошел в горницу.

Князь, приветливо улыбаясь, кивнул ему головою и спросил:

— Что людишки наши?

— Живем твоей милостью, батюшка-князь, — ответил Антон и, переминаясь, прибавил: — Влас с вотчины твоей приехал.

— Влас? — встрепенулся князь, — зови его. С какими такими вестями? Али худо? — Он взглянул на Антона, и его тревога усилилась. — Знаешь? Говори! — сказал он, подходя к Антону.

Тот упал ему в ноги.

— Ох, батюшка-князь, дурные, черные вести! Не доглядели твои слуги верные.

Князь тяжело перевел дух.

— Что случилось? — тихо спросил он.

— Сына твоего скрали скоморохи! Княгинюшка...

— Сына! Скоморохи! — не своим голосом вскрикнул Теряев.

Антон взглянул на него и испугался — так от гнева перекосилось лицо князя.

— На конь! В погоню! Зови Власа! — вдруг закричал князь, быстро схватывая шлем и меч.

— Куда заспешил, Терентий Петрович! — послышался дружеский веселый вопрос, и Шереметев вошел в горницу.

— Домой, в вотчину! — отрывисто ответил князь.

— С чего? Или попритчилось что?

— Притчиться[18] мне не может, а просто сына скрали... наследника моего, сердце!.. — И он сжал руки так, что они хрустнули.

Лицо Шереметева сразу изменилось.

— Ах, горе какое! Ах, беда какая! Как же так?

— Скоморохи!

— А завтра тебе в ночь на встречу ехать!

— О, эта встреча! — воскликнул князь. — Ну как мне радоваться с ними, когда такая тоска в сердце? А? Что же ты, смерд? — крикнул он вдруг на молча стоявшего Антона.

Последний кубарем вылетел из горницы и, ворвавшись в избу, заорал благим матом:

---

[18] Притчиться — здесь: казаться, чудиться.

25

— Вставайте, что ли, черти! На конь все, живо! Князь на вотчину едет!

Через несколько минут все было готово к отъезду.

Словно спасаясь от врагов, мчался князь на своем аргамаке, и за ним едва поспевала его малая дружина. Бурей пролетели они через деревни, встречавшиеся на пути, вздымая облака пыли, и мужики, бросив свои работы, пугливо шептались:

— Видно, опять воры или ляхи на нас идут: ишь как князь Терентий Петрович промчал!

— Борони Боже! Может, на его вотчину наехали!..

На пятидесятой версте Антон, задыхаясь, сказал князю:

— Князь-батюшка, дадим коням передых. Неравно зарежем таким угоном!..

Князь словно очнулся и взглянул на своего коня. Кровавая пена летела с него клочьями, бока судорожно вздымались, и, когда князь сдержал его бег, видно было, как дрожали ноги коня.

— Твоя правда, — ответил с досадою князь, — передохнем часа с два времени. Коней отводить, потом вытереть досуха и напоить. Ишь, замаялись! А ко мне посланца зови!

Князь сошел с коня у дороги и, войдя на опушку леса, стал взволнованно ходить взад и вперед. Антон принял его коня. Дружинники друг за другом подъезжали к месту стоянки на измученных конях и облегченно вздыхали, с трепетом косясь на сумрачного князя.

— Иди к князю! — сказал Антон Власу, когда тот подъехал.

Влас взглянул в сторону князя и обомлел, но все же сделал несколько шагов и, не доходя до князя, упал на колени и пополз к нему, воя и причитая:

— Будь милостив, князь-батюшка! Неповинен я, подлый смерд твой, в беде твоей. Послали меня, раба твоего недостойного, умишком скудного, до твоей милости, чтобы всю правду тебе сказать, как перед Богом!

Он медленно подползал, ежась от страха, и выл все жалобнее, надрывая душу. Князь остановился, взглянул на него, и у Власа на миг онемел язык — так грозен показался ему его владыка.

Высокий, широкий, с сухим, острым лицом, обрамленным черными, как смоль, волосами, с горящим взглядом, князь в своем золоченом шлеме со стрелкою, в сверкающих латах, с мечом у бока действительно олицетворял в эту минуту властную силу, не знающую преград в своем гневе.

— Говори, смерд, все, как было! Откуда скоморохи взялись?

26

— На Москву шли, царь-батюшка; по пути зашли, по пути!

— Кто позвал?

— Княгиня-матушка зазвала. Скуки ради, чтобы потешить ее, матушку, и князюшку.

— Днем?

— Днем, батюшка, сейчас, почитай, после обеда.

— А потом ушли и увели?

Антон осторожно подошел к князю и положил на землю высокое седло. Князь в изнеможении опустился на него.

Влас задрожал при его вопросе.

— Не так, батюшка! Они у нас заночевали, а в утро...

— Ночью бражничали?

— Не смею грех утаить! Было!

— Ну, ну!.. И как увели?

— Под утро. Ушли это они — и все. А потом князюшка с сенными девками в сад убег, в прятки, слышь, играли. Он и сгинул. Пошли искать, а из тына-то целая тычина вынута, а подле той тычины княгинюшка опоясок нашла и обмерла.

Князь вскочил.

— И княгиня больна?

— Ой, больна, батюшка! Меня девка Наталья к тебе погнала, а Ерему — за бабкой повитухою, а Акима — в погоню. Может, и нагнал злодеев-то!

Князь схватился руками за голову. И Анна больна, может — умирает: ведь она на сносях была. И, не будучи в силах сдержать нетерпение, он снова приказал седлать едва передохнувших коней.

Садясь на коня, он вдруг словно вспомнил.

— А ты бражничал тоже? — спросил он Власа.

Тот упал ему в ноги.

— Согрешил окаянный! Как и все!

— Двадцать батогов! — сказал князь Антону и вскочил в седло.

И снова началась бешеная скачка.

Мрачные мысли заполнили голову князя. Скрасть его наследника, его гордость! Не иначе тут, как чей-то злой умысел. Слов нет, крадут детей скоморохи, но еще слышно не было, чтобы из княжьей усадьбы увести осмелились. Может, и дома где-нибудь гнездится измена.

— Я покажу им! — почти вслух произнес князь, и в его глазах словно сверкнули молнии.

Наконец показалась усадьба. Князь вынесся вперед, оставив всех далеко за собою, и, подлетев к воротам, быстро соскочил с коня. С наворотной башенки его заметили еще издали, и, едва он подъехал, как настежь распахнулись ворота.

Мрачнее тучи вступил князь на свой широкий двор и почти не взглянул на челядь, что стояла на коленях позади Степаныча, растянувшегося плашмя.

— Где княгиня? — спросил он, ни на кого не глядя.

— В бане, князь-батюшка, — ответило несколько робких голосов.

Князь отпоясал тут же на дворе свой меч, снял шлем и латы, отдал их Антону и в одном шелковом кафтане пошел прямо в баню, стоявшую на заднем дворе, недалеко от сада.

— И будет вам ужо! — сказал Антон перепуганной дворне.

Князь вошел на крыльцо бани и несколько мгновений простоял, собираясь с силой; потом он разом толкнул дверь и вошел в первую горенку. Там сидели высокая, сухая, с желтым, сморщенным лицом старуха и несколько сенных девушек. Увидев князя, они взвизгнули и повалились ему в ноги. Одна старуха не стала на колени и смотрела на князя живыми черными глазами.

Князь пытливо посмотрел на нее и спросил:

— Ты и будешь бабка-повитуха, что из Коломны?

Старуха отрывисто поклонилась князю в пояс и ответила:

— Истину, батюшка, молвил. Я и есть!

— А звать тебя?

— Звать, батюшка-князь, Ермиловной с Сорочьих.

— Ты же и княгиню пользуешь? Что с ней?

— С испуга выбросила, батюшка. Согрешила! Ты уж не будь к ней немилостив, — бойко проговорила она, снова отрывисто кланяясь.

Князь сверкнул на нее взором, но она не потупилась.

— Ведь не с охотки, — продолжала она. — Я к тому, что теперь она в расслаблении. Напугаешь ее, руда[19] бросится и не заговорить мне... Помрет!

Князь вздрогнул и отступил.

— Помилуй Боже! — сказал он смиряясь. — А заглянуть можно?

— В щелочку! Подь сюда!

Девки все время стояли на коленях и давались диву, как сумела смирить Ермиловна грозного князя. Воистину привороты всякие знает.

— Посмотри и иди! — сказала тем временем старуха, — а я подготовлю ее, болезную... После придешь.

---

[19] Кровь.

— Ладно, старая, — ответил князь и осторожно заглянул в щелку.

В предбаннике, прямо на полу, на пышной перине лежала молодая княгиня в полубесчувственном состоянии. Бедная! Как побледнела она: лежит, что плат, белая. Лицо — осунулось, нос и подбородок заострились, а вокруг глаз легли темные круги. Сердце князя сжалось тяжелым предчувствием. Он обернулся к старухе:

— Умрет княгиня — не видать тебе Коломны!

— Зачем умирать! Жить будет, — ответила старуха. — Иди пока что, а то еще по голосу признает, всполохнется.

Князь осторожно вышел, прошел в дом, вошел в молельню, всю завешанную образами, и упал на колени пред иконою Николая Чудотворца. Некоторое время он лежал молча, прижавшись лбом к полу, потом поднял голову и, широко крестясь, заговорил:

— Святый угодник и чудотворец, вразуми и наставь! Да не знает мое сердце злой неправды, да не опустится рука моя на невинного. Владыко и чудотворец, не оставь милостью: помоги сына найти, а я за то воздвигну храм имени твоего. — Он обернулся к иконе Варвары-великомученицы. — Пошли, угодница, здоровья княгинюшке. Закажу паникадило чистого серебра в три пуда!

Он встал и приложился к образам; после того он, успокоенный, вышел на крыльцо и позвал Антона.

— Зови Степаныча! — сказал он, садясь на крыльцо.

Не подошел, а подполз, как раньше Влас, к нему старший ключник.

— Ну, мой верный слуга, расскажи-ка мне, — начал с суровой усмешкой князь, — как ты скоморохов господским добром угощал да всю ночь с ними, старый пес, бражничал?

— Смилуйся, князь! — стукаясь лбом, заголосил ключник, — с приказа княгинюшки брагой и пивом поил.

— Что же это она на всю ночь гульбу заказала вам всем? Не верится что-то!

— Смилуйся, князь! — повторил Степаныч.

Князь встал.

— А сведи меня к месту, где татьба соделана!

Степаныч поднялся и неуверенными шагами пошел впереди князя.

— Тут, батюшка, — указал он на место, где из тына был выворочен тяжелый столб.

Князь заглянул в яму.

29

— Ишь, локтя два земли выкопано, — сказал он, — одному и не управиться. А кто дозором ходил в ту ночь?

— Яшка Пузырь да Никашка, да Петька Гуляйко!

— Позвать!

Антон бросился к службам. Три здоровенных парня вышли и упали на колени.

— Чай тоже бражничали? — спросил князь с усмешкой.

— Бес попутал! — воскликнули все трое.

— А ну! Всыпь им столько батожьев, чтобы глаза на лоб вылезли, да здесь же, у колдобины! — распорядился князь и пошел назад к крыльцу.

Княжие дружинники по зову Антона распнули парней и начали расправу.

— А кто с Мишенькой был? — спросил князь Степаныча.

— Пашка да Матрешка, батюшка-князь!

— Позвать!

И опять, валяясь в ногах князя, завыли и заголосили две сенные девки. В знак печали они остригли свои длинные косы и разорвали сарафаны.

Князь злобно посмотрел на них.

— На том свете вы за раденье свое ответите, а теперь под Казань грех замаливать пойдете. Есть там у меня вотчинка, а по соседству монастырек. Туда и будете!

Пашка без чувств упала на землю.

Из толпы челяди выступил огромный детина и опустился на колени.

— Смилуйся, князь, невеста просватанная. Матушка-княгиня сама благословить изволила.

Князь нахмурился.

— Звать тебя?

— Аким, во псарях у твоей милости.

— Ты погоню правил?

— Истину говоришь. Только, что я мог? — он развел руками. — Лошаденки худые, кругом лес; опять, может, два часа, может, три спустя хватились. Они тропинками да чащей!

— С кем ездил?

— А тут пять людишек прихватывал.

— Всем по двадцати батогов! — решил князь и поднялся. — А его повесить! — сказал он Антону, указывая на Степаныча.

Стон и крики огласили усадьбу. Князь сидел в своей горнице и, сжимая голову руками, снова думал неотвязную думу.

"Кому надо? Не иначе, как по наговору сделано. И где спрятали? Может, и найти уже поздно. Убили, искалечили!" —

вспомнил он, как недавно казнили скоморохов за то, что подьячего сына скрали и очи ему выжгли, вспомнил и вскочил, словно ужаленный.

О-о-о! И что за горемычная его доля! Что за муки-мученические!

"Искать! Погоня! А где искать? Куда гнаться? — Он снова сел. — Ну хорошо! Завтра и эти дни много скоморохов на Москву придут. Что же, всех в застенок не перетаскаешь!.. Ах, не будь этих дней, — снова с горечью подумал он, — нарядил бы погоню во все концы, сидел бы сам подле Аннушки! А тут тоска на сердце, душа — что туча, а должен ехать и со светлым лицом делить царскую радость".

Он заломил руки. Лестно отличие царево, да подчас ой как тяжка его великая ласка.

— Батюшка князь! — окликнул его с порога Антон, — девка Наталья к княгинюшке тебя просит. Оповещена она.

Князь быстро встал, отер тылом кулака глаза и пошел к ней. Все ушли и оставили их одних. Уж и целовались они, и плакали! Горе словно крепче спаяло их, и князь, на миг позабыв о сыне, думал только о ее здоровье.

— Как выздоровлю, по монастырям пойду. Отпусти меня, господин мой! — воскликнула княгиня.

— Да нешто я против? Молю Бога! Только сама-то ты, сама-то недолго недужься. Ты в монастыри, а я погоню наряжу да в разбойном приказе оповед[20] сделаю, да боярину Петру Васильевичу отписку дам. Пусть он и в Рязани у себя поищет.

И долго они говорили, утешая и лаская друг друга. Лютая злоба стихла в сердце князя и сменилась тихою грустью.

К вечеру он простился с женою.

— Завтра на Москве дела, а в ночь встречать нашего батюшку выеду. В почете мы! — прибавил он с усмешкою. — А ты поправляйся. Бабка-то сама по себе, а дьячку вели у нас в часовне читать все время!

Княгиня с плачем бросилась в его объятья.

Князь вышел и приказал Антону готовиться в дорогу.

— Да спроси челядь, кто из них лучше в лицо скоморохов помнит. Двоих на Москву возьми. Лошадей дать под них! А Пашку с Матрешкой в монастырь не надо. Пусть просто живут; на тягло их туда, в вотчину. Ну, готовься!

---

[20] Сообщение.

31

IV

ВСТРЕЧА ОТЦА С СЫНОМ

Не радостен и не светел лицом был князь Теряев, собираясь на великую торжеством встречу митрополита ростовского Филарета Никитича.

— Ты уж не кручинься так-то! — уговаривал его Федор Иванович, — смотри, может, завтра твои людишки скоморохов выследят. Тогда живо мальчонку найдем.

Теряев в ответ вздохнул, обряжаясь в свои лучшие доспехи. Он надел дорогой шелковый тешляй, а поверх его — легкий бахтерец[21] с нашитыми на плечах, спине, груди и локотниках серебряными с золотою насечкою пластинками, надел наручи и наколенники из такого же серебра, зеленые сафьяновые сапоги с серебряными подковками и подвязал меч.

Шереметев вышел проводить его на крыльцо. Княжеские дружинники стояли нестройной толпою. Антон держал в поводу серого в яблоках аргамака.

— Ну, пока что, прощай! — сказал Теряев, надевая на голову легкий шелом с острою верхушкою.

Шереметев усмехнулся.

— В полудень встренемся. Я при царе буду!

— Ин так!

Князь вскочил на коня и взял в руки длинное копье. Дружинники вмиг очутились тоже на конях. Ворота раскрылись, и конный отряд с князем Теряевым во главе медленно поехал по спящему городу за реку Пресню.

Царь Михаил Федорович, чтобы почтить своего отца, выслал ему три почетных встречи: первую — в Можайск с архиепископом рязанским Иосифом и князьями Дмитрием Михайловичем Пожарским и Волконским, вторую — на Вязьму с вологодским архиепископом Макарием, боярином Морозовым и думным дворянином Пушкиным, третью — с митрополитом Ионою, князем Трубецким и окольничим Бутурлиным — на Звенигород и на полупуть — князя Теряева-Распояхина с тем, чтобы последний, увидев великого страдальца, поскакал к нему, царю, оповестить о приближении его батюшки.

Князь проехал верст двадцать и стал станом, далеко вперед

---

[21] Доспехи, состоящие из плоских полуколец.

себя услав четырех конных, чтобы, взлезши на деревья, сторожили с верхушек дорогу. Сам же он, сойдя с коня, но не снимая доспехов, встретил восходящее солнце с мрачными думами и тоскою на сердце. Всюду мерещились ему то его Миша, то любимая жена. Мечется она, быть может, умирая, и в тоске кличет его, а он должен со светлым лицом оповестить царю великую радость. Видится ему Миша: тащат его лютые разбойники, каленым железом вынимают светлые глазки, бьется он в руках палачей, зовет своим голоском тятю, а его тятя должен со светлым лицом оповестить царю великую радость.

— Горе мне, горе! — закричал не своим голосом князь и в отчаянии упал в траву ничком.

Антон, видя отчаяние своего господина, перекрестился и вздохнув, сказал:

— Не коснусь волос своих, пока не объявится молодой князюшка!

Этот обет несколько утешил его волнение. Вдруг он увидел мчавшихся к ним трех всадников.

— Едут, едут! — кричали они, показываясь в облаках пыли.

Антон подошел к князю и тихо позвал его. Теряев поднял голову, и лицо его выражало полное недоумение, словно он только что проснулся.

— Едут! — сказал Антон господину.

Князь тотчас вскочил на ноги и быстро оправился.

— Коня!

И кони помчались, гремя доспехами, в Москву.

Толпы народа уже запрудили улицы. Князь со своим отрядом домчался до Кремля и сошел с коня.

На площади, от царского терема, от Красного крыльца Трубецкой двумя шпалерами ставил стрельцов в зеленых кафтанах с алебардами в руках. Увидев князя, он кивнул ему.

— Едут, — ответил Теряев и вошел в теремные ворота.

Во дворце шла суета. Окольничие, бояре, думные, стольные, кравчие — все, кто знатнее и местом выше, толпились в царских покоях, готовясь к выходу. В длинных парчовых кафтанах с воротами, подпиравшими их стриженные в скобку затылки, с длинными бородами, в высоких шапках, они важно ходили и стояли, не будучи в силах сделать ни одного свободного движения. Увидев князя, они окружили его.

Князь поднял руку и сказал:

— До царя-батюшки. Где царь?

— В молельной! — ответили все хором, а боярин Стрешнев прибавил:

33

— Сейчас из Вознесенского прибыл, у матушки-царицы — дай ей Бог многая лета здравствовать! — благословение принял.

В это время к Теряеву подошел окольничий Борис Михайлович Салтыков:

— Государь-батюшка в беспокойстве.

— Иду! — ответил князь.

Царь Михаил Федорович, окруженный слугами, перешел из молельни в свой покой и оканчивал свое одевание. Князь вошел и опустился на колени.

— Государь, твой батюшка — да продлит Бог его жизнь — на три часа времени пути от Москвы, — сказал он и, ударившись лбом об пол, поднялся на ноги.

Царь милостиво кивнул ему головою.

— Спасибо на доброй вести, князь! Жалуем тебя в свои окольничие!

Салтыковы нервно дернулись на своих местах.

Теряев снова стал на колени и стукнулся лбом в землю, сказав при этом:

— Жалуешь не по заслугам убогого раба своего!

— А теперь поди, — милостиво приказал государь, — прикажи звон поднять. Уж и велика радость моя! — прибавил Михаил.

Его молодое, несколько грустное лицо осветилось неподдельною радостью, и на карих глазах блеснули слезы.

— А мы, государь, твоей радостью рады, холопы твои! — поспешно ответили ему Салтыковы, рабски целуя его в плечо и почтительно беря под руки, чтобы вести. Теряев вышел на Красное крыльцо и махнул рукою. И тотчас загудели колокола Успенского собора, подхватили их звон колокола, доски и била других церквей, и воздух наполнился радостным гулом.

Тронулось шествие из Кремля с хоругвями, с крестами и иконами за реку Пресню. Народ двигался густыми волнами по улицам, напором своих боков ломая заборы, срывая ставни, давя и толкая друг друга. Все двигались к месту встречи царского отца с сыном, и скоро огромное поле было все засеяно людьми всякого звания, возраста и пола.

Капитан Эхе терся тут же в толпе, стараясь протискаться вперед. Пыхтя и сопя, он деятельно работал локтями, словно в разгар битвы, и со всех сторон на него сыпалась отборная брань. Но капитан смело двигался вперед и наконец остановился в переднем ряду, возле какого-то дьякона. Нос у последнего был сизый, обрюзглое лицо лоснилось от пота, синие губы отвисли, и он бормотал про себя:

34

— Господи Иисусе Христе, Сыне Божий!

— Едут, едут! — гулом пронеслось по толпе.

И действительно в облаках пыли показалось торжественное шествие. Впереди шли вершники по два в ряд, за ними целый полк стрельцов, ездивших за высоким пленником, и наконец огромная карета, запряженная восемью лошадьми цугом, а сзади — царские встречные и опять стрельцы и дружины высланных навстречу князей и бояр.

Едва показалось это шествие, как в царском стане произошло замешательство. Заколебались в воздухе кресты, завеяли хоругви, и длинным рядом установилось духовенство по чину. Царь без шапки, с радостным, ликующим лицом пошел быстро, как юноша (ему было в то время двадцать три года), забыв о царском сане.

Шествие остановилось. Из колымаги вышел высокого роста человек в монашеской рясе и в клобуке и двинулся к своему царственному сыну.

После тяжкой разлуки и треволнений сын увидел своего отца, пред которым в робости привык всегда покорно смиряться. После гонений и плена отец увидел наконец своего сына, возмужавшего, окрепшего, волею народа вознесенного на необычайную высоту. И этот взволнованный отец, почитая высокий сан своего сына, упал на землю и распростерся пред ним. Сын с воплем изумления и радости упал тоже. "И оба лежали на земле, из очей, яко реки, радостные слезы проливая", — повествует летописец.

Все поле огласилось плачем, но это были радостные слезы. С просветленными лицами поднялись разом отец и сын и бросились в объятия друг друга. Народ обнажил головы и упал на колени.

Даже Эхе сдернул свою прилбицу и стал на колени.

— Да, да, — бормотал он, — они должны быть очень рады!

— Очень, очень, — передразнил его дьяк, — "и ангелы ликуют на небесех" вот; а ты, латинец, — "очень"! — И дьяк поднял вверх палец.

Шествия сомкнулись. Отец-инок с сыном-Царем, держась за руки, вошли в колымагу, и поезд тронулся к Кремлю. Народ побежал рядом, сдавливая участников торжества. Все уже знали, что на Красную площадь выкатили бочки вина, и все спешили на даровое пиршество.

Гул от звона и веселых кликов стоял в воздухе. Митрополит Филарет сидел, держа за руку своего сына, а другою благословляя народ, и слезы умиления катились по его суровому, изможденному лицу.

— Словно вновь рождаюсь! — говорил он, а его сын заливался слезами и целовал отцовскую руку.

У Кремля их снова встретило духовенство. Филарет вышел из колымаги и приложился к вынесенным иконам. В соборе его встретил находившийся в то время в Москве Феофан, патриарх иерусалимский. Отстояв благодарственный молебен, Филарет вошел наконец во Дворец и час спустя остался с глазу на глаз со своим венчанным сыном.

А в Москве шел пир. Выпущенные из тюрем колодники, пропойцы, ярыжки, скоморохи метались по улицам, наполняя их криками, песнями и бесчинствуя среди общего ликования.

Великий отец венчанного сына твердым шагом вошел в царские палаты и сказал сыну:

— В молельню!

Сын повел отца через приемные покои, через тронную палату, через свои горницы и ввел его в угловой покой, весь завешанный образами, пред которыми в драгоценных паникадилах тускло мигали неугасимые лампады. Дневной свет, врываясь через разноцветные стекла окон, побеждал таинственный сумрак углов, и свет лампадок тенями скользил по строгим ликам угодников.

В углу перед киотом стоял аналой, а пред ним был разостлан коврик.

Филарет вошел, осенил себя широким крестным знамением и, став на колени, припал головою к полу. Сын опустился с ним рядом в своем великолепном царском уборе, и трогательную картину являли они собою в этот торжественный момент.

С почтением, близким к благоговению, смотрел сын на своего отца, а тот в темной рясе, с серебристыми волосами, со строгими чертами подвижнического лица подымал свой стан, благоговейно крестился и снова с умилением бился головою пред иконами. А сын не мог молиться, тронутый молитвами своего отца. Он смотрел и думал, как он мал и скуден пред своим великим отцом, так много послужившим родине, так пострадавшим за нее и от своих, и от недругов. Чувствовал он, что близок миг, когда отец призовет его к ответу, и собирался с думами, и трепетал, и боялся, забыв свой трон и венец, и видел себя только покорливым сыном.

А Филарет продолжал молиться; и слезы оросили его лицо, и благодарностью смягчились его суровые и энергичные черты.

О чем он молился?

Неисповедимыми путями ведет Господь жизнь человека, умаляя великого, возвеличивая малого. Может быть, пред умственным оком Филарета (Федора Никитича Романова) промелькнула вся его жизнь. С молодости судьба взыскала его, наградив умом, доблестью и красотою. В ранних годах, водя войска на окраины, он покрыл себя славою победителя и пленял всех обаянием своей личности. Было время царствования слабого Федора Ивановича и потом Бориса Годунова, когда он считался первым щеголем при дворе, и много женских сердец завидовали счастью Ксении Шестовой, ставшей его супругой. Но сильнее их завидовал своему боярину пугливый Борис Годунов, и наконец его зависть разразилась опалою. Силою постригли Федора Романова в монахи и заключили в Антониево-Сийскую пустынь, где он промучился шесть лет, разлученный с женою (тоже постриженной) и дорогими детьми. Дмитрий Самозванец возвратил его, возвел в сан митрополита ростовского и ярославского и дал ему душевный покой. Но недолго наслаждался им Филарет Никитич. Наступило Смутное время. Тут он показал всю свою доблесть, величие духа своего. Он был послан для переговоров с поляками к польскому королю Сигизмунду, но его посольство превратилось в тяжкий плен, длившийся целых шесть лет.

И вот его сын Михаил венчан на царство, сам он снова на родине, и народ русский смотрит на него с упованием. Не его ли заслугами отличен и возвеличен Михаил — этот нежный, слабый умом юноша, подчиненный власти своей матери? Не на его ли плечи ляжет теперь крест, возложенный на слабую выю сына? И то смиренный он благодарил Господа за милость, посланную ему, и за величие сына, то полный честолюбивых мыслей просил у Господа благословения на трудный подвиг правления.

Наконец Филарет встал, освеженный молитвою, и нежно помог подняться сыну, царское одеяние которого по своей тяжести требовало немалой силы от носившего его.

— Благослови! — припал к его руке Михаил.

— Благословен будь! — ответил отец, налагая на него знамение, и помолчав сказал: — Господь Бог, правя волею народа, наложил на слабые плечи твои великое бремя. Поведай же мне, что делал, что думаешь делать, кого отличил и кого карал за это время!

Сын покорно опустил голову.

— Где государевы дела правишь? — спросил отец.

— Тут, батюшка!

Михаил ввел отца в соседний просторный покой, уставленный табуретами и креслами без спинок, посреди него стоял стол, покрытый сукном, на столе — чернильница с песочницей в виде ковчега, и подле них лежали грудой наваленные белоснежные лебединые перья. Подле чернильницы на цепочке был привешен серебряный свисток, заменявший в то время колокольчик, тут же лежали уховертки и зубочистки, а посреди стола — длинными полосами нарезанная бумага. Исписанные полосы потом склеивались и свертывались в трубку, образуя свиток. Невдалеке, сбоку, лежала грифельная доска с грифелем в серебряной оправе. По стенам покоя стояло еще несколько столов. На одних лежали грубо начерченные географические карты и астрономические таблицы с символическими изображениями созвездий, на других стояли часы, до которых Михаил Федорович был большой любитель.

Филарет строгим взглядом окинул покой, опустился в кресло и положил руки на его налокотники. Царь сел напротив, и некоторое мгновение длилось тяжкое молчание.

— Слышал я, — начал Филарет, — что в великом разорении царство твое.

— В великом! — прошептал царь Михаил.

— Что от врагов теснение великое, казны оскудение, людишкам глад и бедствия всякие.

Царь опустил голову, но потом поднял ее и заговорил:

— Как пришли послы от земли ко мне с матушкой на царство звать меня, мы тотчас отказались. Замирения нет, раздор везде, вражда и ковы[22]. Со слезами просить стали. Что делать?

Филарет задумчиво покачал головой.

— Млад был, — сказал он, — скудоумен, кроме кельи матери, что видел?

Царь покраснел.

— Оттого и отнекивался, и трепетал венец прият. Но умолила и благословила матушка. — Он перевел дух и, отстегнув запонки у ворота своего кафтана, продолжал: — Как на Москву шли, поляки меня извести хотели. Крестьянин села Домнина Иван Сусанин, спасибо, злодеев с дороги сбил. На Москву пришли — разорение. Двора нет. Все огнем спалено, и народ в плаче и бедствии. Молился я Господу: "Вразуми!"; не было тебя, государь-батюшка, кому ввериться.

Филарет кивнул.

— И пошли бедствия на нас отовсюду. Поначалу Заруцкий с Маринкой смуту чинили. Князя Одоевского послал я. Избили их; Ивашку, нового самозванца, повесили, Маринка в Коломне

---

[22] Ковы — злые умыслы, заговоры.

помрла. А тут шведы Псков разбивали. Князя Трубецкого послал я, да его войско рассеяли шведы, тогда же Новгород грабили. Ну, стал я замирения просить. А там Лисовский, лях, как волк, по матушке-Руси рыскал. Воеводу Пожарского его изымать послал я, да увертлив пес этот Лисовский. Разбойники на Волге собрались. Ляхи обижали. А тут и все разом: Сагайдачный с казаками приспел, ляхи с Владиславом; под самую Москву о Покров подошли. Не помоги Пресвятая Богородица, взяли бы Москву и меня полонили бы. Помогла Заступница, и отбились мы; а теперь сделали договор, чтобы мир на четырнадцать лет и шесть месяцев.

— Знаю! — остановил его Филарет и, встав, начал тихо ходить по горнице, причем его лицо сурово нахмурилось.

— Казны не хватило, — продолжал царь, — спасибо, людишки помогли: весь скарб несли. Опять земские посошные брали, с каждого быка.

— Слышь, подле себя дрянных людишек держишь, — заговорил вдруг Филарет, — Михалка да Бориска Салтыковы что за люди? Скоморохи, приспешники! А Морозов в загоне, Пожарский в вотчине!..

Царь покраснел.

— Любы мне Салтыковы, — тихо ответил он, — скука берет подчас, а они такие веселые. Опять матушка им быть при мне приказала.

Лицо Филарета вдруг вспыхнуло, и он резко произнес:

— Не бабьего ума дело в государское дело вмешиваться. Ей грехи замаливать, а не царя учить!

Михаил затрепетал. Он уже чувствовал над собой могучую волю отца.

Филарет подошел к нему и заговорил:

— Господь избрал тебя священным сосудом милости Своей и величия. Тяжкое бремя возложил на тебя народ твой, так будь царем. Дай мир уставшим воевать, хлеба голодным, будь покровом и защитой. Велик подвиг твой, так не скучать и от скуки скоморохов держать надо, а трудиться неустанно, пещись о благе народа своего. Окружить себя надо людьми ума государственного, а не бабьи наговоры слушать. Возвеличить имя свое надо и уготовить наследникам царство обильное, миром упокоенное!

Царь опустился на колени и проговорил потрясенный:

— Батюшка, помоги!

Лицо Филарета просияло, он поднял сына и поцеловал его в лоб.

— Не оставлю тебя своим разумом! — сказал он. — Ну а

теперь, пожалуй, и опять на народ надобно. Заждались, чай, тебя бояре, пирования ждут.

V

ТВЕРДАЯ РУКА

Звонили в этот день и в женском Вознесенском монастыре, и каждый удар колокола острой болью отзывался в сердце царственной монахини Марфы.

Дочь дворянина Ивана Васильевича Шестова, Ксения Ивановна вышла замуж без особой любви, по теремному обычаю, за Федора Никитича Романова и мало видела с ним радости. Может быть, оба молодые, оба красивые, они и нашли бы счастье, если бы не их властные характеры, которые, сталкиваясь, были подобны кремню и огниву, высекая искры раздора. Мало было свободы у женщины того времени, семейный быт которого сложился по "Домострою", и гордая Ксения таила в своем сердце мятеж и бурю.

Грозная опала коварного Годунова разразилась и над нею, и стала она в пострижении Марфою. Но не смутила и не огорчила ее эта опала. Не жалко ей было светской жизни, которая мало чем отличалась для женщин от монастырской, не жалко было и разлуки с властным мужем, а окружавшие ее дети доставили ей великую радость, дав волю ее своевластию и удовлетворяя ее материнское честолюбие. В страхе перед ней и покорности взрастила она их.

И как возликовало честолюбивое сердце инокини Марфы, когда в Кострому пришли звать на царство ее кроткого сына Михаила. Знала она, что смиренный сын весь в ее воле, знала, что пока она будет жива, не выйдет он у нее из повиновения, и ее сердце наполнялось и ширилось от гордости, когда, долго отнекиваясь и видя печаль послов, она наконец благословила сына на царство и, как малого ребенка, повезла его на Москву.

Там, в смирении, она оставила его у порога царских палат, а сама отъехала в Вознесенский монастырь, но и находясь в монашеской келье, она правила государством Российским.

Ни одной мысли не скрывал от нее юный царь, ни одного дела не начинал без ее благословения. Возила она его на богомолья и к Троице, и к Николаю на Угреше, окружила его

40

обрядами, окурила его ладаном, зачитала молитвами — и сладок был Михаилу такой образ полумистической жизни, погружавшей его душу в смутный сон.

И в то же время Марфа окружила его своими клевретами из своей многочисленной родни, внушавшими ему мысли и поступки; во главе их стояли грубые Салтыковы.

Мирно в безграничной власти проживала Марфа, забыв о своем бывшем муже, как вдруг вспомнился он всем, взволновал своим именем государство и теперь вернулся в Москву, окруженный ореолом страдания, возвеличенный неподкупной верностью отечеству, любимый народом, чтимый даже иноземцами, умный, гордый, непреклонный, великий отец русского царя.

"Бим-бом! Бим-бом!" — весело гудели колокола, приветствуя царскую радость, а Марфе этот звон казался погребальным, потому что она ясно сознавала, что теперь уже не в силах удержать за собою власть над сыном. Только благословение и проклятие в ее власти, а государевы дела не вершить ей из кельи. И раньше она для видимости сторонилась их, действуя через клевретов, а теперь разве им, грубым и глупым, устоять пред великим умом Филарета и его помощниками?

Призрак власти исчез, как исчезает туман при солнце, и гордая Марфа никла своей головою, украшенной черным клобуком.

Мрачно и уныло было в ее покоях. Служащие при ней чувствовали ее обиду и тихо шептались, осторожно ходя по узким переходам и лесенкам. Монахини строго поджимали губы и молча и сокрушенно взглядывали друг на друга, словно говоря: "Конец нашей власти". А среди тишины звуки колоколов радостно и весело разливались по воздуху.

Не меньше Марфы сокрушалась и упала духом старица Евникия, мать Салтыковых, близкий друг царской матери. Знала она, что в своей заносчивости не видели предела ее сыновья, и чувствовала, что близится теперь час возмездия.

В полутемной горнице-келье, угол которой весь был завешан драгоценными образками, сосредоточенно думая свою думу, в кресле с высокою спинкою сидела Марфа, а вокруг нее суетливо сновала старица Евникия. Кипело ее сердце, и хотелось ей отвести свою душу, но мать-царица хранила строгое молчание, и Евникия боялась нарушить его. Наконец она не выдержала и заговорила:

— Великая теперь радость по Москве идет. Слышь, бочки вина выкатили, тюрьмы открыли, всех с правежа[23] свели.

— Радость и есть, — сухо ответила Марфа, — сын мой своего отца встречает. Кто отцу не рад!

— Вестимо, вестимо! Про что же и я? Великая радость! — заторопилась согласиться старица, а сама подумала: "Не вижу я что ли, чего отвод делать?". И досада пуще разгорелась в ее сердце. — Тому и все люди радуются, — продолжала она, — говорят, слышь, царь наш батюшка дал слово ему во всем своем послушании. Все бают, по-новому будет, Филарет Никитич все в руку властную возьмет.

— Кто говорит? — быстро спросила Марфа.

Старица Евникия только этого и ждала. Она приблизилась к креслу и заговорила:

— Бориска был у меня... прямо от палат царских прискакал. Слышь, Филарет Никитич всех в покоях оставил и царя вовнутрь увел. Часа с два сидел и все не уходил. Бориска прискакал, а Михалка ждать остался. Бают, Филарет Никитич словно допрос царю-батюшке чинил.

Марфа судорожно сжала налокотники кресла и сдвинула брови.

— Еще что говорят?

— А еще, что все по-иному будет, — уже слезливым голосом заголосила старица, — что всех верных слуг царских прочь отметут, а на место их у преосвященства уже ставленники заготовлены. Слышь, воевода князь Пожарский уже жалился, что его с головой моему Бориске выдали. Боярин Шеин, слышь, много силы заберет. Мало ли что бают!

— И пусть, — криво усмехаясь, произнесла Марфа, — только одно скажу: никому не отнять у матери ее детища! — и, встав, она твердой поступью прошла по горнице, снова отдаваясь своим мыслям.

В эту минуту в дверь горницы постучались.

— Господи Иисусе Христе, Сыне Божий, помилуй мя! — произнес за дверью свежий молодой голос.

— Аминь! — ответила Марфа, остановившись на середине.

В горницу вошла молодая черничка и, земно поклонившись, подошла к руке Марфы.

— С чем?

— Боярин Михайла Михайлович Салтыков просит явиться пред твои очи, мати! — с поклоном ответила черничка.

---

[23] Правеж — принуждение к уплате долгов, пошлин и т. п. битьем батогами.

— Зови сюда!

Черничка скрылась, и скоро в горницу бережливой поступью вошел Михаил Салтыков. Он был молод, красив и строен, но близость к царю сделала его лицо наглым, движенья грубыми, голос властным. Одет он был в богатый кафтан, перехваченный поясом с драгоценными камнями, в его руке была высокая шапка, у пояса нож с дорогой рукоятью. Однако в Вознесенском монастыре он оставлял свою наглость и старался казаться смиренным, отчего его лицо принимало холопское выражение.

Войдя, он истово помолился на образа, потом стал на колени и земно поклонился царственной матери.

— Господь с тобою! — сказала Марфа на его приветствие. — Встань!

Салтыков смиренно встал и поздоровался с матерью.

— Ну что, вести привез? — вкрадчиво спросила старица Евникия у сына.

— Вести, матушка, — ответил он, кладя руку на пояс, — слышь, к тебе, государыня, — он поклонился в пояс, — царь-батюшка с митрополитом пожалуют вскорости.

— Что же, от брашна[24] встали? — с усмешкой спросила Марфа.

— Не встали еще, а порешили, как отдохнут, так и ехать. Скороходов и вершников от мест не пустили; коней не увели.

— А что же ты брашна не кончил?

— Поспею еще, а до тебя, государыня, прямо от стола утайкой ушел. Думал, скажу вести.

— Что же за вести принес ты?

Салтыков оправился.

— А то, государыня, что царь плакал много и всем нам приказал батюшку своего тоже государем величать. А потом стал он просить его принять над всей Русью патриарший сан, и все просить начали. Тут я и ушел.

Он замолчал.

— А кто рукоположит?

— А бают так, что как у нас на Москве гостит его святость Феофан, патриарх иерусалимский, то...

— Знаю, знаю! — перебила его Марфа. — Что же, так и надо: без патриарха не можно быть. Ну, иди на пир, не то еще встренутся. А на вестях спасибо!.. Скоро, скоро забудут меня все тут, в одинокой келье!

---

24 Брашно — пища, еда.

— Только не мы, государыня! — ответил Салтыков, снова земно кланяясь, и, пятясь, скрылся за дверью.

На время все стихло.

— Утомилась я, — тихо сказала Марфа, — пойду-ка засну.

— Усни, государыня, — участливо ответила старица и, взяв под руку Марфу, осторожно повела ее в соседнюю горницу.

Но Марфа не могла заснуть. Она собиралась с силами, чтобы встретить своего бывшего мужа, теперь почти ненавистного ей за то, что он посягал на ее сына, на ее власть.

Языки колокольные так не бились, как забилось ее сердце, когда она услышала колокольный звон, и старица Евникия, вбежав к ней не по-старчески бодро, испуганно сказала:

— Едет, государыня, едет!

Марфа быстро встала. Ее лицо было бледно и решительно.

— Вели церковь открыть... с образами и крестом выйди. Да прикажи старицам собраться, всех собери, черниц на клир поставьте... Ну, скоро!

В бархатной колымаге, запряженной в восемь лошадей белой масти, с вершниками у каждой, со скороходами впереди, подъехали к монастырю отец с сыном и, остановившись не доезжая врат, вышли из нее и пошли в сопровождении подоспевших к ним бояр.

В этот же самый миг ворота распахнулись, и трое священников с крестом и иконами остановились посреди двора, осененные хоругвями.

Филарет опустился на колени и земно поклонился трижды; потом, подойдя к кресту, он снова опустился и земно поклонился, после чего приложился к кресту, в то же время благословляя склонившего голову священника. То же он сделал пред иконами, а следом за ним то же делал и царь Михаил, и все бояре.

Потом предшествуемый крестом Филарет вошел в собор, где его встретил настоятель с пением клира. Филарет горячо помолился пред алтарем, приложился к образам иконостаса и только тогда обернулся.

Бывшая в миру его жена, теперь инокиня Марфа, в сопровождении целой свиты стариц приблизилась к Филарету и смиренно поклонилась ему в ноги. Филарет тоже земно склонился пред матерью царя и, подойдя к ней, троекратно поцеловался с нею.

Инокиня Марфа пригласила его к себе в горницы, но, к ее изумлению, Филарет отклонил приглашение, сославшись на усталость.

— Будет еще время, мати, — сказал он, — а теперь прости!

Через полчаса Вознесенский монастырь погрузился в тишину и молчание.

Долго молилась инокиня Марфа в своей образнице. Еще больше старица Евникия ворочалась без сна на своей узкой постели.

Да и мало кому спалось в ту ночь на Москве. Каждый чувствовал, что великая сила ума и энергии стала у кормила правления, и добрые радовались, а злые печалились и трепетали.

В одной из горниц Федора Ивановича Шереметева, ярко освещенной лампадами и свечами, за братиною меда у длинного стола сидели князь Теряев-Распояхин, сам Федор Иванович, Иван Никитич Романов (дядя царя, брат Филарета, истый вельможа того времени) и почетным гостем среди них — Михаил Борисович Шеин, прославленный воевода смоленский, вместе с Филаретом вернувшийся из польского плена. Это был человек лет сорока, с широким, добродушным, несколько грубым лицом, с серыми глазами, в которых виделись энергия и насмешливость.

— В Польше еще мы наслышались про бедования ваши, — сказал он. — Ну да велик Бог земли русской! Перемелется все, мука будет. А уж полячью этому! — И он мощно потряс кулаком в воздухе. — Отольются наши слезы, как окончится перемирие! Подождите, не долго им кичиться! Наступит время, когда они согнут пред нами свою выю.

— Истощала вконец матушка-Русь, — вздохнув, сказал Шереметев. — Бог уж с этой местью, отдохнуть впору!

— Все будет, все приложится, — уверенно сказал Иван Никитич. — А теперь допьем чаши, да и расходиться пора. Что не весел, Терентий Петрович?

Князь Теряев поднял голову.

— Тяжело мне, — сказал он, — слышь, скоморохи моего сына скрали.

— Ну? Отсюда?

— С вотчины. При матери в терему он был. Сама она теперь больна — того гляди, Богу душу отдаст.

— А ты здесь! Скачи к себе и там сына ищи!

Теряев кивнул.

— Вот только эти дни пробуду. На великом чине быть надо, а там Филарет Никитич хотел повидать меня. Слышь, отца моего он знал.

— Ну и горе твое, горе! — покачав головою, сказал Шеин.

Князь закрыл глаза рукою и припал к столу.

Гости разошлись.

Спустя два дня совершилось великое торжество рукоположения Филарета в патриархи российские. Следом за этим, как бы в вознаграждение за отнятого сына, патриарх Филарет возвел инокиню Марфу в сан игуменьи Вознесенского монастыря, а сам энергично взялся за управление царством.

В такой деятельности была великая нужда.

Много, много страданий вынесла тогда Россия. Земля была разорена и разграблена. Многие города были сожжены дотла, небоярские усадьбы сровнены с землею. Сама Москва, поруганная поляками, являла собою печальное пепелище. По разоренной земле, как обрывки грозовых туч, рыскали шайки разбойников, буйных казаков, жадные до наживы польские банды и дожигали недожженное, разоряли остатки, грабили нищету. В то же время атаман Заруцкий с Мариною, провозгласив нового самозванца (Ивашку, малолетнего сына Тушинского вора), грозил привести на Москву турок и татар; незамиренная Польша и враждующая Швеция громили Русь на окраинах.

В это-то страшное, тяжелое время взошел на престол шестнадцатилетний Михаил Феодорович и сразу был окружен мелкими, корыстными людьми, не могущими дать совет и из боязни за себя отстраняющими честных и доблестных людей.

Страшную картину представляла собою в то время Русь. Измена Заруцкого, разбойника Баловня, дерзких лисовчиков, кровавыми пятнами испестрили страницы истории многострадальной Руси. Летописец, современный царствованию Михаила, бесхитростным языком описывает ужасы того времени:

"Во градах же московского государства паки начали быть от воровских людей грабежи и убийства всюду. Ибо во время междоусобия многие казаки воровские пакости деяли, и многие от них таковому делу научились и прекращать не хотели, но, собравшись, так же творили. Некий предводитель, его же называли Баловнею, и с ним в собрании простые люди, казаки, боярские люди, воровству научившиеся, ходили по московскому государству и запустению его предавали, воюя повсюду. Едины от них воевали на Романах, на Угличе, в Пошехонье, в Бежецком верху, на Беле-озере, в Кашине, в Каргополе, в Новгородском уезде, на Вологде, на Ваге и в прочих тамо прилеглых местах. Другие же воевали украинные Северские города, всюду творя разбой и убийства и многое надругательство являя над прочими. Иных разрывали надвое, к древесам наклоненным привязывая, иных же огнем сожигали. Прочих же, пороху насыпав в уста, сожигали. Женского же полу

46

людям груди прорезывали и верви вдевали, и вешали. Тако над мужским и женским полом различные муки творили. Иные коварства бумаге передать невозможно. И были повсюду стенания и плач"...

И не было никого, кто утешил бы это великое горе. Сам же царь Михаил, от природы добрый, совершенно безвольный, хотя и обладал умом, но не получил никакого воспитания и едва умел читать, вступивши на престол.

Будучи пленным в Варшаве, Филарет с сокрушением услышал весть об избрании своего сына на царский трон России. Но чуткий к правде Михаил разобрался бы в нуждах своего народа, если бы не окружавшие его.

Голландец Масса так писал о тогдашнем состоянии России:

"Царь их подобен солнцу, которого часть покрыта облаками, так что земля московская не может получить ни теплоты, ни света... Все приближенные царя — несведущие юноши; ловкие и деловые приказные — алчные волки; все без различия грабят и разоряют народ. Никто не доводит правды до царя; к царю нет доступа без больших издержек; прошение нельзя подать в приказ без огромных денег, и тогда еще неизвестно, чем кончится дело: будет ли оно задержано или пущено в ход".

И при всем этом земле русской надо было вновь отстраиваться, отбиваться от врагов внешних и внутренних, и на все это нужны были деньги, деньги и деньги.

Всех чинов люди шли к царю, говоря, что они проливали кровь за родину, а теперь терпят великую нужду, и просили сукон, хлеба, соли, оружия, денег, прибавляя без всякого зазора, что иначе им придется идти на дорогу с разбойным делом. Надо было снаряжать войска, нанимать иноземцев — и повсюду развозили призывные грамоты с мольбою о деньгах, хлебе, сукне и всяком запасе. Давали, сколько возможно, но всего было мало. С неимущих посадских требовали по сто семидесяти пяти рублей посошных, а они умирали с голоду. Кроме того, местные воеводы немало думали и о своей пользе и, якобы в рвении своем к государству, не жалели крутых и жестоких мер к взысканию пошлин. Во всех городах торговые площади оглашались воплями людей, выведенных на правеж. Ежедневно в течение двух часов их на площади били палками по ногам и продолжали это дотоле, пока кто-либо, сжалившись, не выкупал их, платя недоимку. Впрочем, через четыре недели ежедневного истязания несостоятельного отпускали, но вряд ли бывали примеры такой исполинской выносливости.

В то же время монастыри один за другим выпрашивали себе льготы от повинностей, и благочестивая Марфа не только освобождала их, но нередко отписывала им даже вотчины.

Для усиления доходов задумали везде строить кабаки, и казна сама взялась курить вино. Но много ли мог пропить нищий, не имеющий и на хлеб?

Служилые люди и боярские дети, не получая жалованья, разбегались, оставляя свои полки. Землевладельцы и люди посадские бежали от воевод и прятались по лесам, как дикие звери.

Стрелецкие полки были полны своеволия, и надо удивляться, как смогла Русь отбиться от поляков во время вторичного их прихода с Сагайдачным. Все-таки общее горе соединило сердца всех, и люди в момент опасности, как муравьи, сплачивались дружно и неразрывно.

Немало понадобилось времени великому патриарху московскому Филарету, чтобы разобраться в делах государевых, и его сердце не раз обливалось кровью и сжималось тоскою. Уходя в молельню, он плакал в отчаянии и просил у Бога помощи, а потом снова с писцами и думными дьяками принимался за тяжелый труд. Мысль, что обездоленная Русь видит в нем своего заступника, подкрепляла его. Задача сделать своего сына правителем мудрым удваивала его энергию, и после долгой работы он ехал в царские палаты и подолгу беседовал с сыном, подчинявшимся его гению.

Не было мелочи, до которой не доходил бы Филарет. Узнав, что его сын выдал головою Пожарского Борису Салтыкову, он распалился гневом и сказал сыну:

— На что посягнул! Кто твой Бориска, тобой за день возведенный в бояре, и кто князь Дмитрий Михайлович? Не его ли волею собраны дружины и изгнаны ляхи? Да и раньше он лил кровь свою под Москвою, а и того раньше был отличен от прочих. И он, муж дивный, шел с непокрытою головой по двору этого Бориски! Позор! Поношение!

Михаил потупил голову.

— Награди его! — сказал патриарх.

И Михаил вновь обласкал Пожарского, пожаловав ему в вечное и потомственное владение село Ильинское в Ростовском уезде и приселок Назорный с деревнями, село Вельяминово и пустошь Марфино в Московском уезде и в Суздальском — село Нижний Лацдек и посад Валуй. Но не вернул он этим сердца доблестного воеводы.

Всполошились в Вознесенском монастыре; мать Евникия заохала, чуя приближение опалы на своих детей, а братья

48

Салтыковы потемнели, как тучи, и неделю не казали глаз ко двору. Запечалился и царь Михаил и ради рассеянья поехал молиться русским святыням.

А патриарх продолжал свое трудное дело, чиня суд и расправу. Он приблизил к себе Федора Ивановича Шереметева, князя Теряева-Распояхина, Шеина, своего брата Ивана, и они подолгу беседовали о делах государства.

— Казну, казну увеличить прежде всего, — твердил Шереметев.

— А с чего?

— Отдай в откупа сборы податей, кабаки отдай, соль обложи, все что можно. Слышь, проездное возьми, опять, за провоз.

— Тяжко! С кого брать? С неимущего?

— Это вконец разорит Русь-матушку, — с жаром заметил Теряев.

Филарет ласково взглянул на него.

— Ишь вспыхнул! Вот таким я отца твоего, Петра Дементьевича — царство ему небесное — знал!

Все встали и перекрестились.

— А я все свое, — повторил Шереметев, — соберем казну, отобьем, тогда всем полегчает и все с лихвой вернем.

Филарет решительно встал.

— Ин быть по-твоему! — сказал он. — Начнем с налогов. Только допрежь всего хочу перепись учредить. Обмозгуй, Федор Иванович, до приезда царя.

И началось залечивание тяжелых ран России, нанесенных Смутным временем и анархией. Сильнодействующими были лекарства, приложенные к больному телу, и поначалу застонала Русь под властной рукою, но великие деяния великого деятеля принесли свои плоды и на время успокоили и осчастливили Русь.

Первая перепись в России всполошила все население. Едва приехал царь из своего паломничества, патриарх уговорил его на это дело, и писцы, дьяки и воеводы деятельно принялись за тяжелую работу, составляя платежные книги, закрепощая людей и, между прочим, кладя первое прочное основание крепостному праву. По этим записям крестьяне, приписанные к вотчине какого-либо боярина, уже оставались закрепленными за ним без права перехода к другому, в то же время боярин приобретал над своими крепостными неограниченную власть.

VI

СПАСИТЕЛЬ

У храброго капитана рейтаров[25] Эхе трещала голова в вечер торжественного дня въезда митрополита Филарета в Москву. Он и сам не понимал, как снова очутился в рапате Федьки Беспалова. Швед сидел на лавке, рядом с ним, положив голову на стол, дремал тощий дьяк с сизым носом, тут же стояла огромная ендова водки; с другой стороны Эхе пьяный ярыжка, видимо, пил за счет капитана, а в рапате были те же размалеванные женщины, скомороший пляс, крик, песни и удушливый дым от трубок.

— И вовсе ты — не дьяк, сизый нос! — кричал ярыжка, видимо, чем-то задетый за живое. — У дьяка сума толстая, как брюхо, шапка бобровая, кафтан суконный, а ты как есть оборыш какой-то и шапку потерял!

— Яко пес брехающий! — подымая голову, ответил дьяк, на миг протрезвляясь. — Язык плете, сам не разбере. С полгода назад я тебя в яме сгноил бы, на правеже забил бы, ибо был при пушкарском приказе отписный дьяк. Вот тебе, волчья сыть!

— А звать тебя?

— А звать меня Онуфрием Дуковиновым!

— И врешь же ты, бесстыжие твои глаза! — с жаром вдруг вмешался в спор усатый стрелец. — Всех-то я наперечет сам знаю, и дьяк-то там сыспокон веков — Федор Епанчин да Василий Голованов, ты же — просто отписчик из аптекарского приказа, а за пьянство тебя Федор Иванович Шереметев палкою бил и со двора согнал.

— Ого-го!.. — загоготал ярыжка. — Пей, немчин, на посрамление его. Ай да дьяк! Пьяница окаянный!

— Не пьяница я, брехун злоязычный, — заплетающимся языком ответил дьяк, — то есть не пьяница, иже упившися ляжет спать; то есть пьяница, иже упившися толчет, бает и сварится![26]

И с этими словами он опустил голову и захрапел.

— Водки! Табаку! Гуляй, душа! — раздались в это время

---

[25] Рейтары — вид тяжелой кавалерии.
[26] Скандалит.

50

буйные крики, и ватага полупьяных, оборванных людей вломилась в рапату.

Рыжий детина, что стоял у бочки за целовальника[27] , мигом скрылся.

Толпа бросилась на бочку, поставила ее "на попа", и огромный мужик, выскочив вперед, могучим ударом выбил у нее днище.

— Го-го-го! Ой, любо! Братики, и мне! — загоготал пьяный ярыжка, выскочив из-за стола.

В это время в горницу вбежал сам Федька Беспалый. Его лицо было бледно, волосенки растрепаны. Он поднял руки вверх и жалобно завопил:

— Смилуйтесь, люди добрые! Мало ли вам дарового от царя-батюшки выставлено! Почто меня, сиротинку безродного, животишек решаете!

— Угощай во здравие царей! — кричали пьяные голоса.

— Ой, бедная моя головушка!

— Ребята, вали в погреб! У него, собаки, и меды для бояр запасены!

Федька беспомощно замахал руками.

— Добрый воин, помоги! — обратился он к Эхе, — порешат они мое добро, ой, порешат!

— Я вам все покажу. За мной, ребятки! — закричал ярыжка.

— Ой, не слушайте его, оголтелого! — возопил Федька, — сам меда, сам бочки выкачу!

В горнице творилось нечто невообразимое. Размалеванные женщины, скоморохи, гулявшие гости, все присоединились к пьяной ватаге. Иные подле бочки торопились покончить с водкою, другие, открыв рундучок, набивали табаком себе карманы, третьи, обнявшись с женщинами, стремились выбраться за буяном к хозяйскому погребу.

Эхе сразу протрезвился, и у него вдруг выросла и окрепла мысль, раньше едва мелькнувшая в его голове. Он выпрямился во весь свой богатырский рост, положил руку на нож, другою зажал пояс, оберегая деньги, и двинулся в толпу, скучившуюся у дверей. Два ловких поворота плечами — и капитан без труда очутился на дворе, по которому, направляясь к погребу, уже бежало несколько оборванцев.

Эхе быстро перешел двор, обогнул избу и вошел в сад, прямо направляясь к сараю, который подглядел прошлой ночью. При слабом свете летней ночи он скоро увидел его и нашел дверь, запертую висячим замком. Не долго думая, он

---

[27] Целовальник — здесь: продавец вина.

51

вынул нож и быстро стал щепать им дерево вокруг пробоя. Скоро пробой уже еле держался. Эхе подложил нож и сильным тычком сорвал пробой, после чего распахнул дверь и вошел в сарай.

В сарае было темно. Смрадный воздух после благоуханий сада закружил ему голову; под ногами зашуршала солома.

— Мальчик, мальчик! — позвал капитан в темноте, чувствуя, что какие-то живые существа возятся в этом смрадном и темном помещении.

— Здесь, дяденька, — пискнул чей-то слабый голос, — ты кто будешь?

— Глупый! Иди сюда! Я тебя увести хочу, — ответил Эхе.

— Дяденька, и меня! Родименький, и меня! И меня, и меня! — слабо зазвенели детские голоса с разных концов, и Эхе в недоумении остановился, разведя руками.

— Постой, дяденька, я огня засвечу! — нашелся один из ребят и, к удивлению капитана, в углу сарая сперва слабо замерцал огонек, потом разожглась и загорелась лучина.

Эхе осторожно прошел в угол, взял лучину и вздрогнул. На клочках гнилой соломы сидел безногий мальчик. Его маленькое лицо было сморщено в кулачок, глазки слезились, и, протягивая лучину Эхе, он олицетворял собою тупую покорность.

— Ты кто же, мальчик? — спросил участливо Эхе.

— Я?.. Я не знаю... — ответил ребенок. — Взяли меня давным-давно, украли и привели сюда. Тут мне ноги жгли, потом крутили их, пока я не обезножел, и теперь меня Федька Беспалый нищим дает за четыре гривны. Сухоногим зовут меня. Меня он испортил.

— И меня! У меня глаз выжгли!

— А мне руку вывернули! — раздались опять детские голоса, и тени оборванных, полунагих детей окружили шведа и тянули к нему свои ручонки.

А из-за стен сарая со двора доносились крики, ругательства и пьяный смех.

У Эхе зашевелились волосы на голове.

— Бедные дети! — сказал он. — Мне нужен один мальчик, которого вчера сюда дали вам!

— Это Мишутку тебе! — хором воскликнули мальчики. — Вон он в углу лежит. Огневица с ним. Мишутка, за тобой добрый дядя пришел!

Но из угла никто не отозвался на этот оклик.

Эхе подошел с лучиною к углу и увидел на соломе раскинувшегося в жару того мальчика, которого вчера вечером привел скоморох к Федьке Беспалому. Он быстро нагнулся и поднял его на свои сильные руки.

Он собирался уже уходить, но в этот момент новая мысль мелькнула у него.

— Слушай! — сказал он всем. — Я не могу взять вас всех с собой, но вы одни и дверь открыта. Не бегите через двор, там пьяные, а бегите через забор и вон! Ведь лучше, чем здесь!

Безногий мальчик застонал от скорби и ужаса, но Эхе тотчас услыхал бойкий голос другого мальчика:

— Не бойся, Сухоног, я возьму тебя на плечи и выволоку. Будем жить вместе... Лазаря мы петь горазды.

Маленькие тени друг за другом стали выходить из дверей и крались через сад. Здоровый мальчуган лет тринадцати пронес на плечах Сухонога и скрылся. Эхе дождался, пока не ушли все до последнего, и, бережно взяв больного мальчика на руку, с ножом в другой двинулся из сада. Он не знал другой дороги, как через двор, и решился идти по ней.

В это время пьяные крики перешли в дикий рев. Эхе увидел огоньки, зайцем пробежавшие по мховым стенам избы, и вдруг зарево осветило сад, двор и ватагу пьяных людей, с диким ревом глядевших на Федьку Беспалого, который метался, как безумный, то подбегая к горящему зданию, то отскакивая от него.

Эхе, не привлекая к себе внимания, благополучно перешел двор и быстрым шагом направился по знакомой уже дороге через Рыбный рынок и овощные ряды. Пожар далеко освещал все окрестности. С Москвы-реки неслись вопли погорельцев, толпы внезапно отрезвившихся людей бежали на пожар, а Эхе торопился уйти от него дальше, бережно неся на плече ребенка.

Выбирая более трезвых людей, Эхе спрашивал дорогу в Немецкую слободу и скоро вошел в нее. Там были те же мховые избушки, но они стояли ровными рядами, образуя прямую улицу, на которой во все стороны шли узенькие проулочки, и на Эхе сразу пахнуло чем-то родственным.

Он смело постучался в ставень первого оконца.

Через несколько минут калитка скрипнула, и из нее осторожно высунулась стриженая голова. Эхе быстро заговорил по-шведски, потом ломаным немецким языком, объясняя, кто он и зачем сюда пришел.

— Иди, иди ко мне! — радушно ответил ему немец, впуская его в калитку. — Я — здешний цирюльник Эдуард Штрассе, с сестрой живу! Милости просим; горенка найдется. Сюда, сюда!

Он запер калитку тяжелым засовом и ввел гостя в чистую горенку.

Эхе тотчас положил ребенка на лавку, подсунув ему под голову свою епанчу, и огляделся.

В горенке стояли незатейливый шкаф и поставец подле него с несколькими кубками и чарками, у стены был стол, покрытый чистой скатертью, и несколько табуреток; над ним на полке стояли банки с пиявками, ящик — вероятно, с ланцетами — и несколько склянок с разноцветными жидкостями; по другой стене тянулась лавка, и над нею висела одинокая скрипка, а в углу — в ногах больного мальчика — стоял собранный скелет. Эхе тяжело опустился на стул, в то время как цирюльник наклонился над мальчиком.

— Благодарю тебя! Я никого тут не знаю в целом городе и пропал бы, если бы не ты.

— Ну, ну! Каждый из нас дал бы тебе приют. Мы все знаем, что такое одиночество среди этих дикарей, и потому живем очень дружно! Сегодня мы заперлись так рано потому, что русских боялись. Они пьют сегодня, а как напьются, то бывают очень буйны и часто к нам пристают!

— Что с ним? — тревожно спросил Эхе.

— Так, маленькая горячка, лихорадка, по-ихнему, — цирюльник усмехнулся, — огневица! Они, — он обратил к Эхе свое добродушное лицо с лукавыми глазами, — эту болезнь лечат, спрыскивая водой с уголька, ну а мы питье даем, а потом натираем, чтобы испарину вызвать. Вот Каролина это все сделает!

Он встал и вышел, а через минуту вернулся с высокой белокурой девушкой. Она, вспыхнув под пристальным взглядом Эхе, сделала ему книксен, а потом быстро повернулась к мальчику и нежно поправила его сбившиеся волосы:

— Откуда у вас такой птенчик? — спросила она.

Эхе рассказал все, что знал о мальчике.

На глазах Каролины выступили слезы.

— Бедный, бедный мальчик! Я буду ходить за ним, как за своим сыном.

— Смотри, не загадывай! — усмехнулся цирюльник.

— Глупый! — вспыхнула Каролина и, взяв мальчика на руки, унесла его из горницы.

— Сделай все, как я сказал, — крикнул ей вслед ее брат, а потом обернулся к Эхе и сказал ему: — Большое беспокойство вы на себя взяли с мальчиком. Несомненно, он краденый... может быть, и знатного рода, и беда, если вас поймают с ним. У русских, что вы им ни говорите, правду только в застенке узнают. Сколько там наших погибло, сами на себя наговаривая.

54

Эхе нахмурился.

— Что я мог сделать? — ответил он. — А от судьбы не уйдешь!

— Так, — сказал цирюльник и спохватился: — Ох, мой Бог, что же вы не разденетесь! Мы вас здесь положим. Постель сделаем. Пожалуйста! В доспехах тяжело.

Эхе не заставил себя просить и, отстегнув пояс, быстро снял латы и тяжелые сапоги и остался босиком в синих рейтузах и кафтане.

Штрассе встал, снял с поставца две чарки, вынул из шкафчика плетеную бутылку, кусок рыбы, хлеб, сыр и, поставив на стол, сказал:

— Милости просим... закусите, а потом выпьем вместе и вы мне расскажете про себя.

И тут Эхе не заставил себя просить и, работая челюстями, в то же время рассказывал свою несложную биографию. С пятнадцатилетнего возраста он все на войне. Был он во Франции, потом — в Италии, потом ушел оттуда, поступил к Понтусу Делагарди и с ним не расставался. Сперва со Скопиным они поляков били и воров; потом к полякам перешли и здесь, в Москве, под началом Гонсевского сидели, потом опять поляков били, а потом уже от себя взяли Новгород. Тут Делагарди ушел, Горн остался. Вышло с русскими замирение. Эхе ушел в Стокгольм, а потом соскучился без дела. Генерал Делагарди воевать уже не хочет, а здесь, слышь, всегда хороший солдат нужен, ну, он и пришел наняться.

— Есть ведь здесь иноземные генералы? — спросил он.

— Есть! Как же! — ответил Штрассе. — Вот хотя бы наш полковник Лесли! И воины нужны. У них чуть ни год — то война.

— Лесли! — воскликнул Эхе, и его глаза оживились. — Да я же знаю его и он меня! Вместе с ним под Клушином были!

— Ну вот и хорошо! Завтра нельзя — верно, у них все еще пирование будет, а через день я хоть сам тебя к Лесли провожу, — сказал Штрассе и, вставая, прибавил: — Ну а теперь и спать можно!

— Благодарю тебя! — ответил Эхе.

Штрассе ушел, вернулся и, устроив постель для Эхе, ушел окончательно. Эхе разделся, вытянулся на лавке и заснул богатырским сном.

Спустя два дня Эхе виделся с Лесли, и тот, приняв его на службу, послал в Рязань для обучения стрельцов строю.

Миша уже выздоровел, Эхе хотел взять его с собою, но

Каролина, краснея, стала просить оставить мальчика у них на время. Эхе согласился и, купив коня, тронулся в путь.

Дорогою он думал о цирюльнике и его сестре.

"Гм... — решил он в конце своих дум, — она оставила у себя ребенка, чтобы меня видеть! — и при этой мысли лицо его осветилось счастливой улыбкой. Потом он стал думать о Мише. — Непременно надо найти его родителей!" — решил он, но в то же время вспомнил предостережение Штрассе, и страх проник в его душу — теперь не за себя уже, а за доброго цирюльника и его красивую сестру.

VII

СЫСК

Если князь Теряев-Распояхин, отчасти движимый честолюбием, отчасти в силу своего темперамента, не вложил своего меча в ножны и даже приблизился к царскому трону, то — в совершенную противоположность ему — его друг, боярин Терехов-Багреев, совершенно отрешился от мирских дел и почестей и, осев в своем доме, превратился в истового семьянина, степенного боярина, типичного представителя того времени, богатого человека не у дел. Поселился он со своею любимою женой в хоромах покойного тестя, князя Огренева-Сабурова, еще более увеличив их и украсив. Он окружил себя многочисленной челядью, над которой экономом поставил старого Савелия, а над бабьим царством неизменную Маремьяниху, бывшую кормилицу Ольги Степановны, его жены.

Много натерпелся Терехов с женою, тогда его невестою, во время смут и разорения, и теперь они словно отдыхали душою. На радость их, на счастье, росла у них четырехлетняя дочь Олюшка, оглашая своим лепетом терем и девичьи. Обручили они ее по сговору с сыном князя Теряева-Распояхина, и не было у них ни дум, ни забот, кроме тихого наслаждения жизнью.

Даже от почетной должности губного старосты отказался боярин:

— Кланяюсь низко за высокую честь, господа честные, а только не по мне сия тягота великая, — сказал он просившим его принять на себя эту судебную должность. — Живу я со

56

всяким в мире и добром согласии, а тогда и ссора, и зависть, и корысть. Простите, Христа ради! — и, угостив выборных и наделив по обычаю подарками, он отпустил их с честью, проводил без шапки до самых ворот.

Тихо и мирно протекала жизнь Терехова. Рано поутру поднявшись с постели, собирал он всю свою челядь и со своею женою шел в церковь, стоявшую на его дворе, там все слушали заутреню, которую пели священник Микола и дьячок Пучеглазов. Потом каждому боярин наказывал работу на день и шел с Савелием по кладовым и амбарам, по клетям да подклетиям, блюдя и пересчитывая добро. А тем временем жена его с Маремьянихой задавала сенным девушкам работу; после чего и сама Ольга Степановна садилась за пяльцы.

Два часа спустя снова шли все в домовую церковь и слушали обедню, после чего до обеденной поры боярин занимался своими делами. Говорил ему Савелий про домашние дела и делишки, и Терехов чинил над своими холопами и суд, и расправу; приезжали из его вотчины: из-под Москвы, из-под Калуги люди со своими челобитьями, заказами, когда с данью или подарком, и боярин слушал их, кого награждал, кого за волосы трепал и наконец в полдень шел обедать со своею женою, если гостя не было. Обедал он плотно, сытно, запивая медом и винами жирные блюда, хотя в постные дни берегся от всякой снеди и чтил каждый пост неукоснительно. После обеда он ложился на пуховые перины в своей горенке и спал до вечерни.

В то время как его храп оглашал покои от низа доверху, спала и его супруга в своем тереме, спала и вся челядь по своим клетям — все, кроме сторожа у ворот да мамушек, что доглядывали за боярскою дочкою.

Просыпался Терехов и шел к вечерне; отстояв ее, он уже весь отдавался семейной жизни, принимал гостей, играл в тавлеи[28] в шахматы, слушал захожего странника, а иногда шел в терем к любимой жене и там прохлаждался.

Каждый год в декабре месяце в память дня, когда он нашел свою Ольгу, Терехов устраивал великое пирование. Выходила тогда Ольга Степановна с заздравным кубком для каждого гостя и что ни раз, то в новом сарафане, и диву давались гости, глядя на богатство Тереховых.

Наверху в терему шло женское пирование, внизу угощал всех бояр, и никто из его пира не вставал сам: всех потом люди по домам развозили, и, очнувшись, каждый находил у

---

[28] Шашки.

себя подарок; кому плат, кому соболя, кому ручник вышитый, кому шапка, а воеводе да губному старосте, да стрелецкому голове дорогие кубки или ковшики.

Близким другом у боярина был Семен Андреевич Андреев, деливший с ним труды в Смутное время, а его жена, Пелагея Федоровна, почти не уходила из терема боярыни.

С такой покойной жизни раздобрел боярин Петр Васильевич; как оденется он, бывало, в парчовый кафтан с воротником выше головы, а поверх его накинет шубу соболью, наденет шапку бобровую в аршин вышины да пойдет переваливаясь, на высокую трость опираясь, по рязанским улицам, — всякий перед ним сторонится, шапку ломает, низкий поклон отдает. Раздобрела и Ольга Степановна, и смутным сном ей уже казались волнения и страхи, когда она спасалась с Пашкою от рук Ходкевича.

Не так, как Терехов, устроил свою жизнь Андреев. Счастлив и он был, но на иной лад. Любя ратное дело, он скоро был выбран стрелецким головою и не покладая рук работал, то выходя на ловлю разбойников, то прикрепляя к земле тягловых людей[29], то помогая воеводе собирать подати да недоимки.

В вечер, с которого ведется этот рассказ, Андреев после вечерни, придя в гости к Терехову-Багрееву, застал у него еще двух гостей, что было делом довольно редкостным. Сидели у него сам воевода рязанский, боярин Семен Антонович Шолохов, да губный староста, дворянин Иван Андреевич Сипунов. Шолохов был статен ростом и красив лицом. Черная короткая бородка округляла его полное лицо, и он казался добрейшим человеком; но в действительности купцы да посадские люди знали, как обманчив его вид, когда он без торга набирал себе товара или на правеже выбивал по третьему разу один и тот же посошный налог. Не было тогда зверя лютее воеводы. Губный староста был, напротив, человеком мягкого, покладистого характера, ума острого, но безвольного, и только неподкупная честность выделяла его из среды служилых людей. Они чинно сидели за столом и вели беседу, запивая домашним малиновым медом, когда вошел Андреев.

— А, друже! — обрадовался ему Терехов. — Садись, гостем будешь!

Андреев перекрестился на образ, чинно поздоровался с

---

[29] Тяглом в московской Руси называлась податная обязанность более или менее осевших состоятельных хозяйств по отношению к государству. (Примеч. авт.)

каждым, опрашивая его о здоровье, и, наконец, сев и отхлебнув меду, сказал Терехову:

— А я к тебе с радостною вестью.

— Ну, ну! — сказал Терехов.

— Давал я на Москву отписку, что хорошо бы нас немецкому строю обучить, как то на Москве делают, и почитай год прошел без всякого ответа...

— Надо было в пушкарский приказ посул послать, — вставил воевода.

— Ин не надо. Я через князя Теряева посылал-то. Прямо в царевы руки. Ну а теперь, глядь, сегодня ко мне приехал немчин. Таково смешно по-нашему лопочет. Слышь, по приказу цареву его Ласлей ко мне прислал. Теперь учить будет!

— Ереси еще наведет. Слышь, немчины эти постов не уважают, икон не чтят, — сказал губный староста.

— Тьфу! Еретики! — отплюнулся Терехов-Багреев, а потом сказал: — Так! И у меня тоже новость есть. Только нерадостная. Собственно к тому я вас, гости честные, просил, — поклонился он воеводе и старосте.

Те ответили ему поклоном тоже.

— Что же за новость, боярин? — спросил староста.

— А уж не знаю и сказать как, — начал Терехов. — Слышь, получил я сегодня грамотку от друга своего, князя Терентия Петровича Теряева-Распояхина. И пишет он в ней, печалится, что его сына скоморохи скрали.

Воевода вдруг поперхнулся медом и закашлялся, отчего его лицо налилось кровью.

— А в том и мне горе, и супруге моей, — печально продолжал Теряев, — потому, как ведомо вам, за его сына этого самого моя Олюшка просватана.

Воевода, видимо, оправился и смело заговорил:

— А тебе что с того печалиться, коли жених пропал? Для твоей дочушки-то найдутся. Не в монастырь же ей.

Терехов тихо покачал головою.

— Неладно говоришь, боярин, прости на слове! Что она, порченая у меня, что ли? Последнее дело от слова отречись! А еще вот пишет князь, — заговорил он снова, — что сыск делает, так просит и меня пособить. Коли встренется скоморох, попытать его малость, не знает ли чего. Так я на этом вам низко кланяюсь! — Терехов встал из-за стола и, кланяясь так, что рукою коснулся пола, сказал: — Не оставь уж меня, сиротинушку, боярин Семен Антонович! Не оставь и ты меня, убогого, Иван Андреевич!

— Что ты, что ты, боярин? — в один голос вскрикнули

59

воевода и староста, а староста прибавил: — Слышь, к нам тут из Москвы скоморохи пришли. Так я завтра же их в застенок возьму! Хочешь, приди сам допрос чинить!..

Воевода вернулся в свой дом и, прежде чем лечь спать, велел привести к себе своего дьяка, Егорку Балагурова.

Егорка, а по городу — особливо промеж мещан и посадских — Егор Егорович, являлся типичным дьяком того времени. Он был толстый и жирный, с отвислым животом, пьяница горький, до наживы жадный, со старшими раболепен, с младшими лют. В переводе на современное дьяк был вроде правителя дел канцелярии губернатора, но с несравненно большими полномочиями, чем ныне сопряжено с этой должностью, так как соединял в себе власть и исполнительную и за безграмотностью воеводы был не ограничен.

Войдя в горницу и низко поклонившись, дьяк с трепетом увидел, что воевода хмурится и не в духе.

— Слышь, — заговорил воевода, — через кого ты отписку получил от Федьки Беспалого?

Дьяк откашлялся.

— Так от смерда, скоморошника!

— Вот то-то! А завтра этого скомороха Ивашка Сипунов на дыбу потянет. Слышь, князь Теряев-то нашему-то боярину Терехову об умыкании сына своего отписал, а он нам челом бил. Вот тут и смекни.

— И смекать, боярин, нечего. Пойду на кружало[30]— чай, скоморохи еще там бражничают — и скажу им. Так они так сиганут отсюда!..

— Дело! Так поспешай, Егорка!

— Твой раб, боярин! — ответил дьяк, низко кланяясь, и, пятясь, исчез за дверью.

Воевода облегченно вздохнул и стал укладываться на покой.

Увы, опоздал дьяк Егор Егорович. Когда он запыхавшись вошел в кружало, там все гости были еще в великом смущении.

— Слышь, — пыхтя заговорил дьяк, — скоморохи, что из Москвы, не здесь ли?

Целовальник низко поклонился ему и ответил:

— Были здесь, господин честной, только сейчас их от нас забрали.

— Кто, куда? — дьяк выпучил глаза и упал на скамейку.

— Надо быть, по какому-либо татебному делу, — ответил

---

[30] Кабак.

целовальник. — Приходили стрельцы и отвели скоморохов по приказу губного старосты. В яму[31], полагать надо!

— В яму, в яму! — передразнил его дьяк. — Что глаза-то таращишь? Не видишь, что испить хочу! Борода тоже!

Целовальник со всех ног бросился исполнять приказ дьяка и поставил пред ним целую ендову меда; а гости тем временем, боясь нового соседства, друг за другом оставили кружало.

— В яму! — недовольно ворчал дьяк. — Нет, чтобы спрятать их, голова с мозгами! А теперь пред воеводою я в ответе. У-у, песьи дети! Так и норовят дьяка своего подвести. Ну, да ты у меня погоди!.. Изловлю я тебя с табашным зельем, отрежу твой длинный нос!

Целовальник в страхе даже ухватился за свой нос и стал торопливо кланяться дьяку.

— За что гнев твой? — заголосил он жалобно. — Сам знаешь, что я и жаворонки мои, все в твоей руке. Я ли скуп на посулы тебе, а ты ни за что грозишь мне!

— Погоди вот ужо! — бурлил и грозился дьяк, потягивая мед и в то же время думая, как бы ему пред воеводою обелиться.

Между тем задержать скоморохов поспешил Андреев, радея о своих друзьях. Едва он услыхал от губного старосты про скоморохов из Москвы, как тотчас послал в кружало стрельцов. Это были трое из тех скоморохов, что посетили двор князя Теряева, только ни один из них не знал про покражу княжеского сына. Их привели в разбойный приказ и всех троих заперли в клеть до утра.

Они сели на грязный вонючий пол и сперва стали догадываться, за что их взяли, потом ругаться, а там, чуя беду неминучую, горько заплакали.

Не по-обычному повел свой день Терехов. После заутрени, наскоро отдав приказания Савелию, он оделся в темный будний кафтан, и, важно опираясь на палку, пошел в разбойный приказ. Там уже ждал его губный староста.

— Здраву быть! — кланяясь, сказал Терехов.

— И тебе, боярин! — ответил Сипунов, и потом они подали друг другу руки.

— Ну а где же твои скоморошники? — спросил Терехов.

— А пройдем ужо в застенок, боярин, — ответил Сипунов, — там их и допрашивать станем!

— Ин быть по-твоему! — согласился Терехов.

---

[31] Яма — тюрьма того времени. (Примеч. авт.)

В это время в избу вошел воеводский дьяк Егорка Балагуров и, помолясь иконам, низко поклонился обоим.

— Прости, милостивец, — униженно заговорил он, — поелику боярин, воевода наш, со вчерашнего в опохмелке, так заказал мне, непотребному рабу Егорке, на сыске стоять.

— Что ж, — согласился Сипунов, — в своем праве. Пойдем, боярин!

Они вышли из избы на двор, обнесенный высоким частоколом с крепкими воротами. Против ворот, снова за изгородью, тянулись ключи (ямы), где сидели уголовные преступники вместе с несчастными неплательщиками по двое, по трое и десятками, смотря по помещению.

Впереди, против избы, стоял мрачный сарай с широкою, как ворота, дверью. Это и был застенок. На земле пред дверью стояла окровавленная плаха, валялись колодки и обрывки ржавых цепей.

Сипунов открыл дверь; та заскрипела на петлях, и они очутились в страшном помещении. Полутемный сарай с поперечными балками вместо настланного потолка и с земляным полом как бы делился на две части. Налево стоял длинный стол с письменными принадлежностями. Позади него тянулась скамья, по бокам стояли табуретки; недалеко от стола стоял аналой с крестом на нем; направо же валялись доски и стоял небольшой помост, над которым на блоке спускалась веревка с толстым крюком на конце; в углу, треща горевшими углями, дымилась жаровня, а в полутьме виднелись страшные орудия пыток — палки, веревки, доски с набитыми гвоздями, плети, кнуты и острые клещи с длинными ручками.

Двое заплечных мастеров (палачей) встретили пришедших низкими поклонами.

— Приведите-ка, молодцы, скоморохов, которых вчера забрали. Сыск малый сделаем, — распорядился Сипунов и стал залезать на скамью позади стола. — Садись, боярин, пока что, — пригласил он Терехова.

Последний с трудом уселся на конец скамьи.

Дьяк, покашливая, сел на табурет у края стола, приготовил бумагу и очинил перо.

В это время до них донеслось бряцание цепей, заскрипела дверь, и в сарай друг за другом вошли со скованными руками три скомороха. Они вошли, упали на колени и в голос завыли:

— Смилуйтесь, боляре! Во имя Христа, ни в чем не повинны. Ни татьбою, ни убивством не занимались. Отпустите, Бога ради, животишки наши бедны и наги; с того, что дадут нам люди добрые, мы только и живы!

— Ну, вы! — закричал на них дьяк. — Волчья сыть, молчать! Правьте лучше ответы боярину! — и при этом хитро подмигнул ближайшему к нему скомороху.

Тот, маленький, подслеповатый, словно сразу понял знак дьяка и смиренно замолчал.

— Сказывайте имена ваши, — сказал Сипунов, — пиши, Егорий Егорьевич, если взялся за дело!

— Ну, вы! — окрикнул дьяк и ткнул пальцем на первого. — Тебя как?

— Иван, а прозвищем Наливайко!

— А тебя?

Красивый, лет девятнадцати, парень, тряхнув головой, бойко ответил:

— Антоша Звонкие Гусли. Гусляр.

— Тебя?

Третий парень, лет тридцати, стукнул в землю лбом и жалобно сказал:

— Емелька Беспутный!

— Чем занимаетесь и откуда пришли? — спросил Сипунов.

— Чем занимаетесь и откуда пришли? — повторил дьяк вопрос и при этом снова подмигнул.

Иван Наливайко ответил за всех:

— Скоморошьим делом, милостивец, скоморошьим да песенным. А пришли прямо из-под Тулы, на Москву идем, милостивец!

Дьяк довольно крякнул, и по его губам скользнула усмешка.

Сипунов взглянул на Терехова, а тот лишь печально вздохнул и потряс бородою:

— Чего ж их и спрашивать? Вестимо ничего и не ведают! — тихо сказал он.

— Оставить сыск? — спросил Сипунов.

Терехов кивнул.

Добродушный Сипунов словно ожил, ему было тяжело пытать людей, и он, приняв грозный вид, сказал:

— Ну на этот раз идите на все четыре стороны! Молодцы, сбейте клепы! А наперед чтобы в нашем городе не чинили буянств!.. Слышь, вчера до полуночи бражничали!..

Скоморохи раз по десять ударили лбом в землю и вскочили на ноги. Молодцы стали сбивать наручни.

Сипунов и Терехов вышли.

— Слышь, — обратился последний к дьяку, — не откажись сегодня ко мне зайти. Хочу другу цидулу отписать, а от этого дела отвык за время. Попишка-то мой старый, еле видит.

— Рад, боярин, за тебя живот положить, — кланяясь ответил дьяк и веселый пошел к воеводе, торопясь успокоить его.

Угрюмый вернулся домой Терехов и тотчас позвал к себе жену. Та сошла к нему встревоженная.

— Или что стряслося, Петр Васильевич, батюшка? — спросила она, едва переводя дух. — И ушел ты сегодня не вовремя, а теперь меня позвал?

— Садись, жена, — ответил боярин, — действительно стряслось. Помнишь, мы за княжьего сынка свою Олюшку прочили? По рукам ударили?

— Помню, батюшка! Как не помнить! Еще на Москве то было! А что? Или поссорились вы?

— Пустяки говоришь! Дружбы нашей мечом не рассечь! А дело в том, что княжьего сына скоморохи с вотчины скрали!

— Ахти мне! — воскликнула боярыня и даже побледнела в лице. — Петр Васильевич, что ж теперь нам-то делать?

Терехов нахмурился.

— Что делать, про то я знаю. А сказал я тебе на тот случай, чтобы про эту помолвку с бабами меньше языком трепала. А теперь иди!

Не успела выйти боярыня, как в горницу спешно вошел Андреев. Едва поздоровавшись с Тереховым, он сказал:

— Зачем ты скоморохов отпустил?

— Да ведь они из-под Тулы.

— Брешут!.. Сейчас доподлинно узнал, что из Москвы. Разговор такой слыхал, что дьяк Егор Егорович их вызволил, а для чего — не пойму! Ну, да вот еще что: кажись, и княжий сын объявился.

— Шутишь? — откинувшись в изумлении, воскликнул Терехов.

— Что за шутки! Ты слушай. Немец-то мой, которого из Москвы для стрельцов прислали, мне диковинное поведал. Сегодня это поучил он нас-то всех, строй показывал, а потом я его к себе завел. Поместил-то я его у себя пока что — на дворе-то клеть есть, там он и живет...

— Ну!

— Вот он и стал про себя говорить. А потом и говорит... Есть на Москве корчма — ее какой-то Федька Беспалый держит...

— Федька Беспалый? — перебил Терехов, — да ведь это — дворовый покойного князя Огренева. Вор окаянный! Савелий сказывал...

— Да постой, дай кончу! — остановил его Андреев. — Так, слышь, к этому Федьке скоморохи мальчика привели и

64

продали. Мой-то немец видел, а на другую ночь скрал его. Говорит, Федька-то этот ребят для нищих держал.

— Ну?

— Ну, немец-то скрал его да к другим немцам свел. Мальчик теперь у них там, на Кукуе.

— Обасурманили мальчика?

— Зачем? Я к тому, что, может, это — княжий сын и есть!

— И то! Ах ты, Господи! Слышь, Семен Андреевич, расспроси ты своего немчина, как да что, и пошлем к князю нарочного.

— Беспременно! Ради этого я и прибежал к тебе. А только одно: зачем скоморохов ты отпустил и дьяк им мирволил? Нет, вот что скажи мне!

— Да откуда ты знаешь это?

— Откуда? Мой мальчишка видел, как скоморохи уходили. Сели они у нас под садом, один и бает: "Спасибо дьяку, мигнул. Ляпнули бы что о Москве, повесили бы на дыбе"; другой ответил: "Надо полагать, Злоба какую ни на есть важную отписку посылал с нами". Ишь, куды завернул. Подумать надо, боярин! Может, здесь и измена есть какая. Лях не дремлет!

Терехов задумался.

— А что! Пожалуй, кто-либо и мутит. Ну а как же с князем-то? А? — вспомнил он.

— Послать нарочного непременно надо. Хочешь, мы этого немчина снарядим и без отписки всякой.

— А и ладно задумал, Сеня! Накажи ему, да и посылай. Только послание напишем, потому князь горячий и неравно немчина с первого слова на дыбу потянет!

— И то, — согласился Андреев.

— А дьяка этого я велю в шею со двора. Неравно правда что недоброе, так беды не оберешься.

— Так пойду я, снаряжу немчина!

— Иди, иди, Сеня! Бог нам его привел, — и Терехов набожно перекрестился. — Ежели сразу на след напали, прямо чудо Божие!

— Воистину! — ответил Андреев. — Ну я пойду, а ты готовь грамотку.

— Ладно, Сеня!

Андреев ушел, а Терехов пришел в свою дальнюю горницу, достал перо и бумагу и, кряхтя, стал составлять послание своему другу.

В тот же день вечером капитан Эхе, снабженный и казной, и грамотой, ехал из Рязани на своем сильном коне в коломенскую вотчину Теряева, думая не столько о княжьем сыне, сколько о свидании с Каролиною, сестрой цирюльника.

VIII

РАДОСТНАЯ ВЕСТЬ

С того самого дня, как пропал маленький князь, усадьба Теряева-Распояхина оглашалась стоном и плачем. С трудом поправилась больная княгиня Анна Ивановна; встала она с кровати бледная, тощая, смерть смертью, и долгими часами сидела в своей молельне, тупо, в отчаянии смотря в одну точку. Словно гробовая плита легла на ее сердце, и только приезды мужа на время оживляли ее. Она становилась тогда, как безумная: бросалась в ноги князя, ловила его руки и выкрикивала проклятья на свою голову, моля мужа о прощеньи.

— Анюта, встань! Негоже так, — пытался уговаривать ее князь, подымая с пола, — грех да беда на кого не живут. И я провинился бы так же, как и ты. Тайного врага не убережешься. Да и Бог не без милости. Подожди, найдется наш Мишук!.. Дай мне сроку!

Но княгиня продолжала терзаться невыносимой мукой. На беду ее муж не мог бросить столицу, правя царскую службу, а в последнее время будучи приближен к патриарху.

Он вызвал в усадьбу Ермилиху и сказал ей:

— Лечи княгиню! Занедужилась она дюже!

Ермилиха поклонилась в пояс.

— Не вели казнить, вели слово молвить, царь-батюшка! — заговорила она тонким, льстивым голосом. — С глазу княгинюшке недужится; не иначе, как с глазу! Уж я ли ее не пользовала: и травою, и кореньем, и наговором. Одно теперь осталось, князь-батюшка!

— Что?

— По монастырям везти, о здоровье молебны служить, потому всякий глаз от лукавого.

Князь молча прошелся по горнице.

— А про... сына узнали? — спросил он с запинкою.

— А по молодом князюшке панихиды служить надо. Коли жив, сейчас к дому повернется.

Князь угрюмо кивнул.

Богомолье действительно — лучшее средство. Он приказал жене собираться, снарядил возок и послал ее в Троицу, к Николе на Угреш, в ближний Юрьевский монастырь.

Остригла княгиня в знак печали свои роскошные волосы и поехала молиться святыням.

Не помогли панихиды, и не вернулся пропавший сын, но сама княгиня оправилась и стала покойнее, только сенные девки шепотом рассказывали, что порой, случалось, вскрикнет она ночью так-то страшно пронзительно и вскочит с постели, словно обуянная.

Все угрюмее день ото дня становился князь. По дружбе к нему, дня не проходило, чтобы в застенке разбойного приказа приказный дьяк не пытал одного-двух скоморохов, но ничего не говорили пытаемые о княжеском сыне.

Терехов-Багреев тоже ничего не отвечал.

Как в злую тюрьму приезжал князь в свою усадьбу и часто, не видясь даже с женою, сидел в своей горнице, выслушивая доклады своих гонцов, которых слал во все стороны.

И вот однажды вошел к нему его верный Антон и сказал:

— Немчин какой-то с Рязани приехал. От боярина Петра Васильевича грамотка!

— Где? Давай! — Князь дрожащей рукою сорвал шнурок и, развертывая свиток, сказал Антону: — Гонца в избу сведи. Напой, накорми.

Антон ушел, а князь стал читать каракули боярина, своего друга:

"И слышь, немчину этому про твоего сына ведомо. С того и посылаю до тебя. А княгинюшке твоей от нас поклон земн..."

Князь не дочитал послания и, выскочив из горницы, закричал не своим голосом:

— Эй!

На зов прибежал отрок.

— Беги со всех ног в избу! Вели Антону немчина сюда привести! Живо!

Давно никто не видел такого оживления в лице и движениях князя. Он не мог сидеть и бегал по горнице. Заслышав шаги, он сам отпахнул дверь и, увидев Эхе, с порога закричал ему:

— Что знаешь о сыне?

Эхе смутился и, положив левую руку на поясной нож, почесал правой за ухом.

— О каком сыне?

— О моем, о моем!

Эхе покачал головою.

— Про мальчика я говорил, это — правда; но не знаю, ваш это сын или не ваш! — ответил он.

— Про какого мальчика? Ох, да говори же!

— Дозвольте мне попить. В горле больно. Жарко!

Князь захлопал в ладоши:

— Меду ковш!

Мед появился тотчас. Эхе жадно выпил добрую половину и, вытерев рукавом усы, медленно начал свой рассказ.

Князь жадно слушал его.

— Антон, зови слуг! — приказал он наконец и, взяв Эхе за рукав, потащил его к крыльцу, куда Антон согнал дворню.

— Был рыжий скоморох с теми? — спросил князь у слуг.

— Был, князь-батюшка, поводырем был! — ответило несколько голосов.

— А с ним щуплый такой, белый?

— Был, был! И мальчонка еще. Да много их, чтоб им пропасти не было! — раздались снова голоса.

Лицо Теряева просветлело.

— Коней, Антон! — закричал он. — И ты, немчин, со мною! Едем к твоему приятелю. Ну, живо!

И через десять минут они мчались по дороге в Москву.

Эхе и Антон не могли на своих конях поспевать за кровным аргамаком князя, и он скакал далеко впереди их; но, когда они сделали роздых на полпути в съезжей избе, князь, не гнушаясь, посадил с собою за стол Эхе и Антона и снова стал расспрашивать немца.

— Расскажи мне, каков он собою?

Эхе опять стал описывать мальчика, а также сарай, в котором нашел его, рассказывал о своих мытарствах с ним и наконец сообщил про доброго немца-цирюльника и его сестру.

— Не приметил ли ты складня на мальчике... цепка из золота, кольчужками? — спросил Теряев.

— Нет! — покачал головою немец, — голая шея, ничего не было...

— Не он! — упавшим голосом сказал князь. — У Мишеньки складень, наше благословение!

— Эх, князь, — вмешался Антон, — да нешто этот вор Федька оставит у княжича нашего золото?

— И то! — оживился князь. — Верно! Он, он, мой Михайло! Но уж этому Федьке, вору и разбойнику, — лицо князя потемнело и он стукнул кулаком по столу, — будет солоно! Завтра же его в разбойный приказ уведут и там...

68

Он не окончил, но Эхе, взглянув на него, без слов понял, что ожидает содержателя рапаты, и вздрогнул.

Князь забылся, его увлек поток мыслей и чувств, и он продолжал говорить вслух:

— Но кому нужен был мой Михалка? Может, скоморохи-то просто крадут и ждут выкупа. Нет, не слышал я про такие дела, а крадут они для нищенства да для скоморошьего дела так больше от посадских да торговых людей. Ну, да уж доберусь до правды огнем и водою, дыбой, плетью — всем, что в застенке есть, а пока, вдруг очнувшись, резко сказал он, — поедим да соснем малость! — и, сразу оборвав речь, он придвинул к себе миску с вареной курицей и ендову с вином.

Была глубокая полночь, когда они вновь сели на коней и помчались к Москве. Они ехали молча. Князь, почти уверенный, что его сын найден, думал о том, кому понадобилось это странное преступление, и горел местью и ненавистью к неизвестному врагу. Антон, как верный слуга, зная опасности ночного путешествия по большой дороге, на которой шалили и скоморохи, и беглые тягловые, и забулдыжный посадский, зорко осматривался в ночной полумгле и прислушивался к тишине; а Эхе, видавший в своих походах кровь и резню, разбой и преступления, с размягченным сердцем мечтал о минуте, когда он увидит прекрасную Каролину и скажет ей... Нет, он лично ей не скажет, а только посмотрит на нее нежно-нежно и вздохнет от больного сердца. Вот так! При этом Эхе вздыхал с такой силою, что Антон с изумлением взглядывал на него, придерживая на миг свою лошадь.

— Прямо в слободу, немчин! — отрывисто сказал Теряев, когда они въехали в московские ворота.

— Тут! — ответил Эхе, ударяя коленами лошадь.

Было уже утро, и Москва проснулась. Со скрипом тащились на базар телеги, нагруженные сеном, курами, рыбою, убоиной и всякой овощью; в рядах открывались лари; к убогой церкви торопился поп, стуча костылем по твердой земле, и во все стороны шли люди, торопясь купить, продать или поспеть в назначенное место.

Наши всадники пересекли весь город и со стороны Москва-реки въехали в Немецкую слободу.

— Узнаешь дом-то? — спросил князь.

Эхе только усмехнулся. Ему ли не узнать! С закрытыми глазами он не прошел бы мимо него.

— Тпппру!..

Но что это?.. Ставни закрыты, из трубы не вьется

приветливо дым, в то время как все вокруг живут уже дневной жизнью!..

Эхе быстро спрыгнул с коня и стал стучать в калитку. Молчание. Он стал бить по очереди в закрытые ставни. То же молчание.

— Ну, что ж это? На смех? — закричал князь.

Эхе растерянно, убитым взглядом посмотрел на него.

В это время их успела окружить толпа, привлеченная стуком и криками.

— Эй вы, басурмане! — крикнул толпе князь. — Это ли — дом немчина-брадобрея?

— Так точно, боярин, — ответил один из немцев, толстый булочник, снимая пред князем колпак.

— Где же он, собака?

— В приказе! — закричали со всех сторон. — Приходил народ, били его и вон! Бедный Штрассе!

Эхе, молчавший все время и словно обезумевший, вдруг встрепенулся и обратился к толпе на немецком языке. Все бросили князя, окружили Эхе и, заговорив сразу, подняли оглушительный крик.

Аргамак Теряева пугливо шарахнулся в сторону, но князь резко осадил его — он сгорал от нетерпения и досады. Теперь, когда он уже собирался обнять сына, опять что-то стало на его пути.

— Ну, что там? — закричал князь Эхе, когда толпа на мгновение смолкла.

— Его взяли в разбойный приказ на пытку, на смерть!

— А сын? — не думая о бедном цирюльнике, спросил князь.

— А его спасла Каролина. Они убежали и спрятались...

— Где?..

— Надо сперва достать господина Штрассе. Они в тайнике.

Князь махнул в воздухе плетью.

— Разве не знают тайника эти люди? Скажи, я все для него сделаю, я выручу его. Покажи мне сына!

Эхе торопливо заговорил с немцами.

— Я, я! — послышалось со всех сторон, и несколько человек, отделившись от толпы, приветливо закивали князю.

— Они покажут нам, — сказал Эхе, — только надо спасти господина Штрассе. Они говорят, клянись!

— Я, я! — закричали немцы.

Князь быстро снял шелом.

— Клянусь, хотя не знаю и вины его, спасти этого брадобрея, если не поздно!

— Я поведу, — сказал булочник, — еще не поздно. Я видел его.

— Идем! — сказал Эхе.

Булочник пошел вперед, рядом с капитаном, который вел в поводу своего коня, князь с Антоном ехали сзади.

Булочник провел их в переулок, ввел в свой дом, перешел чистый дворик и остановился подле бани.

IX

СЛУЧАЙ С НЕМЦЕМ И КНЯЖЬЕ СЛОВО

Только в то время, полное суеверия и невежества, мог произойти подобный случай, и был бы похож он на анекдот, если бы Олеарий не засвидетельствовал его в своих записках.

После разграбления рапаты Федьки Беспалого ошалевшие пьяницы гуляли еще с добрую неделю, все увеличивая тот угар, который закружил им беспутные головы.

Выгнанный приказный, Онуфрий Буковинов, облыжно[32] именовавший себя дьяком, пристал к двум посадским и с ними крутился по Москве, напиваясь, сквернословя, играя в зернь и распевая срамные песни, за что посадские усердно поили его. На шестой день, бродя из одной тайной корчмы в другую, шли они, сцепясь руками, вдоль Москва-реки, и дьяк сказал им коснеющим языком:

— Согрешил окаянный! Согрешил! Нет мне спасения, напился я, словно свинья непотребная. Да!

— Ишь разобрало! — засмеялся один из посадских. — Пил, пил, а теперь на-ко!

— А что сам поутру говорил, — сказал другой с укором, — не пьяницы мы, если спать ложимся и немного шумим.

— Брехал! — с отчаяньем ответил дьяк и вдруг принял позу оратора, остановился, вытянул руку и покачиваясь заговорил: — И кроткий, упившись, согрешает, даже если спать ляжет! Кроткий пьяница, аки болван, аки мертвец валяется, многажды осквернившись и обмочившись, смердит. И тако кроткий пьяница в святый праздник лежит, не могий двигнуться, аки

_____

[32] Ложно.

мертв, расслабив свое тело, мокр, налився, аки мех до горла! Свинья непотребная иде мимо...

Тут он потерял равновесие и с плачем повалился на землю.

Посадские с хохотом стали поднимать дьяка, а он бормотал:

— Аки болван, аки мертвец... вот!

— Вставай, пес скомороший! — кричали посадские. — Ишь, вечер близко!.. Когда еще до Ермилихи доберемся!.. А, ну тя!

Но едва они бросили дьяка, как тот поднялся и торопливо поплелся за ними. Поднявшийся ветер еще сильнее качал его, и хлопнулся бы он на землю, если бы не успел зацепиться за рукав посадского.

Тут они пошли и сами не помнят, как завернули в Немецкую слободу.

И вдруг дьяк потянул к себе посадских, задрожал, как осиновый лист, и, совсем трезвым голосом зашептал, щелкая зубами от страха:

— Гляньте, милостивцы, к немчину в оконце! С нами крестная сила!

Посадские глянули, и хмель разом выскочил из их голов.

— Наше место свято! — пролепетали они, осторожно приближаясь к окошку.

А там, не подозревая опасности, немец Эдуард Штрассе играл на скрипке, вздыхая по Амалии, дочери булочника, и думая, что, как вылечит он булочника от мозолей, так и Амалия его станет.

— Видишь, мертвец-то! — прошептал дьяк, трясясь от страха и выглядывая из-за плеч посадских.

— С нами крестная сила! — ответили крестясь посадские.

А скелет от ветра, что дул в щели домика и дверь, тихо шевелил своими длинными руками; оплывшая светильня мигала, и от ее колеблющегося света голова скелета, казалось, покачивалась в такт музыке. И вдруг рванул ветер, распахнул дверь. Скелет щелкнул руками, светильня вспыхнула и погасла, музыка смолкла.

— Наше место свято! — не своим голосом завопил дьяк и бросился бежать, а за ним, едва переводя дух, пустились оба посадские.

Уж и пили они в ту ночь! И все даром поили дьяка, развеся уши слушая его повесть.

— Идем мы, и вдруг этого немчина оконце! Мы и заглянь! А там — с нами сила Господня! — немчин-то на лютне играет таково жалостливо, а мертвец стоит пред ним, главой помахивает, в ладоши плескает и ногами шевелит, а потом как захохочет!.. И огонь погас!

— С нами крестная сила! — крестились пьяницы.

А на другой день эта диковинная весть дошла до самого царя. Кликнул он боярина Нащокина, что в разбойном приказе сидел, и сейчас велел правду допытать. А у боярина Нащокина один путь до истины добираться: дыбы да длинники. Послал он в слободу стрельцов, что при нем стражей были, и привели те к нему немчина.

Держа на коленях своего найденного сына, сияя радостью, слушал князь эту тяжелую историю из уст красивой Каролины. Она стояла пред ним на коленях, с распущенными до пола волосами, тянула к нему свои руки и кричала со слезами:

— О, спасите моего брата за сына вашего!

— Помоги им, тятя, — со слезами говорил Миша, прижимаясь к отцу, — они добрые! Они жалели меня! Все к мамке отвести хотели!..

— Никакой награды не надо, спаси его! — воскликнул и Эхе, опускаясь перед князем на колени.

— Ин быть по-вашему, коли это не колдовство! — сказал князь вставая. — Не забывали Теряевы чужой ласки да помощи, и мой Михайло не забудет ее! Ну, Антон, на коня!

Он вышел, неся на руках сына, и, вскочив на коня, поскакал на двор Шереметева.

На его счастье Федор Иванович еще не выехал из дома.

— Радуйся, боярин! — закричал князь, подымая своего сына. — Вызволил!

— Радуйся, князь! Господь с тобою!

— И с тобою!

Они поцеловались.

— Чай, изморился князек-то! — ласково сказал Шереметев.

— И нет! Он у немчинов жил; они его добро кормили. Разве вот оскоромили... ну, да младенец!

— У немчинов! Неужели они детей крадут?

— Не то, слышь, какая притча-то! — и князь рассказал, как был скраден Миша, а затем спасен Эхе.

— Того Федьку беспременно буду просить в приказ взять, потому тут корни чьи-то, — сказал в заключение Теряев.

— Не без этого, — согласился с ним Шереметев.

— Так и смекаю, а до того еще зарок дал. Помоги советом, — и князь рассказал про немца и его горе.

Шереметев покачал головою и произнес:

— Трудное дело, князь! — сказал он. — Тут ведь без тебя за пять дней у нас всего понаделалось.

73

— Да ведь я слово дал.

— Слово дал, держись! Только не иначе, как самому царю-батюшке челом бить надо.

— Ну, и ударю! Разве мало у меня заслуг пред царем? — сказал князь вставая. — Допрежь всего к боярину Нащокину поеду, чтобы он с дыбой повременил, а там и к царю.

— Ну, ин быть по-твоему! — ответил Шереметев. — А мальчонку в вотчину пошлешь?

— Хотел бы мать порадовать, да боюсь одного пускать опять на бабий дозор. Нет, пусть со мною погостит!

— И то ладно! Ну, я со двора!

— Да и я тоже!

Князь ласково простился с сыном и, поручив его Антону, поехал исполнять свое княжье слово, данное честным немчинам.

В грязном углу Китай-города, на Варварском кресте, под горою, обнесенные высоким тыном, стояли тюрьма и подле нее разбойный приказ со всеми нужными пристройками: караульной избой, жилищем заплечных мастеров и страшным застенком. В народе звали это страшное место почему-то Зачатьевским монастырем. Сюда-то и приехал князь прежде всего.

Соскочив с коня у ворот, он отдал повод часовому стрельцу и хотел войти в низкую калитку, как вдруг его заставил оглянуться страшный стон. Теряев поглядел направо от себя и вздрогнул. Из земли торчала женская голова с лицом, искаженным ужасом, и испускала нечеловеческие стоны; в пяти-шести шагах от нее торчала такая же голова, принадлежавшая уже трупу.

— Нишкни! — равнодушно прикрикнул на голову стрелец.

Князь отвернулся и быстро вошел в калитку. Он знал, что это казнится жена-отравительница, знал, что иной казни и нет для такой злодейки, и в то же время не мог побороть охватившее его сострадание.

Большой грязный двор с лужами не то грязи, не то крови, с тяжким смрадом гнилых ям, где томились узники, горелого мяса и разлагающейся крови, производил тяжелое впечатление страха и мерзости. Кругом валялись орудия казней и пыток и, к довершению всего, из дыр, закрытых решетками, слышался лязг цепей, а из огромного сарая — стоны и крики пытаемых. У князя замутилось в глазах.

В это время через двор к тюрьме пошел заплечный мастер, молодой парень с добрым лицом, покрытым рябинами. Он был в пестрядинных штанах, босоног, с сыромятным ремешком вокруг головы.

— Эй, — крикнул ему князь, — проведи к боярину Якову Васильевичу!

— Он в застенке! — ответил, остановившись, парень.

— Зови сюда! — закричал ему князь. — Скажи, князь Теряев кличет! Ну, чего же ты! Али шкуры своей не жалеешь!

— Кликнуть можно, — отозвался парень и лениво вернулся в страшный сарай.

Князь остался среди двора. Распахнулась низкая тюремная дверь, и оттуда вывели старика, по рукам и ногам опутанного цепями. Что-то страшное было в его лице. Князь вгляделся и увидел, что рот у него был разорван и оба уха отрезаны. Он отвернулся.

— Князь Терентий Петрович! — услышал он голос и обернулся.

Пред ним стоял боярин Колтовский, в одном кафтане и скуфейке, и ласково улыбался.

— Здравствуй, боярин! — поздоровался с ним князь и прибавил: — Страшное у тебя дело!

— Приобыкши, — ответил боярин.

Он был высок ростом и худ, как щепа, длинная черная борода делала его еще выше и тоньше; острый нос, тонкие губы и маленькие глаза под густыми бровями придавали его лицу зловещее выражение.

— По делу к тебе, боярин! Сослужи, а я ужо отслужу, как раб твой, — сказал князь кланяясь.

— Ну, ну, — перебил его Колтовский, — я для приятеля всегда рад. Да что мы тут? Пойдем! Да нет, не в застенок, а в избу! — усмехнулся он, заметив, как вздрогнул князь и покосился на застенок.

Они вошли в избу. Пройдя сенцы, Колтовский ввел Теряева в просторную горницу. В углу висели образа до самого низа. У стены пред высоким креслом стоял длинный стол с письменными принадлежностями. В горнице помимо этого стояли скамьи, табуретки, кресла и по стенам висели укладки, а угол занимал огромный рундук.

— Медком али вином потчевать повелишь? — спросил боярин, войдя в горницу. — У меня тут в укладке есть. Опять курник женка изготовила, с собой ухватил.

— Не пойдет в глотку, боярин! Спасибо на посуле! — ответил князь.

Боярин усмехнулся.

— А я приобыкши! — ответил он и раскрыл одну из укладок.

Князь увидел в ней чарки и кубки и целый ряд кувшинов, ендов и сулей.

Боярин взял с полки одну из сулеек, потом, нагнувшись и засунув руку в глубину укладки, вытащил муравленый горшок, взял две стопки, ложку и вернулся к столу.

— Мы здесь, князь, — говорил он, ставя все на стол, — по-домашнему, только без хозяйки. Случается, с утра уйдешь да весь день с ночью, да еще день без выхода тут. Как татарин — и не помолишься. Да вот и сегодня работы ахти сколько! Выпей, князь! Не хочешь? Ну, твое здоровьице! — боярин выпил стопку, крякнул и, запустив ложку в горшок, стал жадно есть курник. — А ты, князь, пока рассказывай, что за дело, — сказал он.

— Дело-то? А прежде всего мое, — начал князь и рассказал про похищение своего сына и про Федьку Беспалого. — И прошу, боярин, тебя о том, чтобы ты Федьку этого в приказ взял и опросил, для чего и по чьему наущению он такое сделал?

— Что ж, это можно, — ответил боярин. — Выдь-ка, князюшка, на двор да похлопай в ладоши!

Князь тотчас вышел и хлопнул. От сторожевой избы отделился стрелец и спешно подошел к нему.

— К боярину, — сказал князь, идя в горницу.

Боярин тем временем выпил еще стопку, и острый его нос закраснелся.

— Ты, Еремка? — сказал он стрельцу. — Возьми-ка ты с собою Балалайку да Ноздрю и идите вы на Москву-реку, супротив Козья болота, у моста. Так, князь? Ну, так туда. И опросите, там ли Федька Беспалый; он рапату держит. Слышь, жгли его не так давно.

— Знаю его, боярин, — отозвался стрелец.

— Бражничал, собака!

— Бывало!

— Ну, так бы и говорил сразу! Так бери этого Федьку и волоки сюда, а добро его стереги, оставь для того хоть Ноздрю. Потом дьяка пошлем в царскую казну взять. Иди-ка!

Стрелец поклонился и вышел.

— Вот и сделали. На допрос-то придешь? Звать, что ли?

— Беспременно. О том просить хотел.

— Ну, быть по-твоему! А еще о чем дело?

Боярин выпил еще стопку и налег на курник.

— А еще о немчине Штрассе, — сказал князь.

Боярин откинулся и перекрестился.

76

— С нами крестная сила! Что тебе до него?

— Пытал ты его?

— Нет, так, плетью бил только. Такой щуплый. Сбирался я на дыбу его вздеть, да другие дела тут объявились, так пока в яме держу!

— Ну, и молю тебя, боярин, не трожь его дня два еще. Я о нем царю челом бить хочу, потому он — за моего сына заступник, а в вине не причинен, — и князь рассказал про дело немчина.

Боярин от вина посоловел и подобрел.

— Ну, ну, пока что не трону его. Тут государево дело, так и не до него теперь.

— Ну, спасибо, боярин, на ласке. Теперь за мной черед.

— Что ты! Да Бог с тобою! Давай поцелуемся лучше! — и боярин обнял князя, а потом, пошатываясь, пошел проводить его.

— Что за дело? — спросил князь дорогою, услышав пронзительный вопль из сарая.

— Государево! — сказал Колтовский. — Слышь, псарь Миколка Харламов след вынул и ворожейке Матрешке Курносовой наговора ради отнес, а то видел псарь Андрей Перезвон да Кривошлык, про то сказали! Теперь правды ищу. Хе-хе-хе! Длинниками всю подлинную узнаю, колышки под ногти пущу, всю подноготную выведу. Хе-хе!

— Брр! — вздрогнул князь.

— Приобыкнуть надо, — хлопая по плечу, сказал боярин, — ну, здрав буди!

— Как Федьку приведут, пошли за мной на Шереметев двор!

— Беспременно! — и боярин, пошатываясь, пошел в застенок, а князь вышел и сел на коня.

Живая голова, увидев свежего человека, вскрикнула голосом смерти и ужаса. Конь шарахнулся, насторожив уши.

Князь сжал его коленками и поскакал к патриаршему дому. Он решил хлопотать сперва у патриарха.

Въехав на Кремлевскую площадь, он сошел с коня и взял его в повод. Проходя мимо царских палат, он обнажил голову.

Вскоре князь по докладу был введен в покои патриарха Филарета и, к его искренней радости, его ходатайство за бедного немца увенчалось быстрым успехом. Патриарх ласково встретил Теряева, порадовался за него, узнав, что его сын, Михаил, найден, и на его просьбу сказал:

— Для народа это делают, а ныне Салтыковы тешатся. Что до меня, то я и часа бы немчина не держал. Проси царя, я ему от себя тоже скажу! А сам от Москвы не отлучайся. Занадобишься вскоростях!

Царь Михаил устало выслушал князя и сразу согласился отпустить немца Штрассе. Он даже не расслышал хорошо просьбы князя, погруженный в сладостные и тревожные мысли о зазнобе своего сердца, Анастасии Ивановне Хлоповой.

С отпускной грамотой Теряев проехал к Нащокину.

— Сейчас и отпущу его, — сказал боярин, — только не след ему в Москве оставаться. От народа беречься надо!

— А что Федька?

Боярин развел руками.

— Убежал! Как огорело его гнездо скоморошье, так он и улетел куда-то. Никто даже следа не знает.

Князь злобно стиснул кулаки и сверкнул глазами.

— Попадется еще! А сейчас просьба у меня к тебе, боярин, одна великая. Коли попадет скоморох проклятый к тебе, попытай насчет сына моего. Может, и добредем до правды.

— Это можно, князь! Всякого лишним делом подвешу.

— Всех бы перевешал! — злобно произнес князь.

Не из таких он был натур, чтобы прощать обиды, мысль, что его страданья остались не отмщенными, отравляла ему радость.

— Все сделал, теперь и домой ненадолго, — сказал он, обратившись к Шереметевым.

— Ну, вот и радость! Только оборачивайся живее. Слышь, патриарх никого иного, кроме тебя, не хочет в Нижний посылать.

— Зачем?

— К Хлоповым! По невесту, может!

Князь невольно улыбнулся, чувствуя великое в том для себя отличие.

— Ладно. В день обернусь, — ответил он, — а пока так задумал: возьму к себе я этого немчина, воина-то, и того другого; там во дворе у меня лишний сруб найдется, я немчину-то ужо накажу за сыном смотреть.

— А что же, по-хорошему надумал! — согласился боярин.

Князь хлопнул в ладоши и приказал отроку позвать Антона.

Когда Антон явился, он приказал ему:

— Скачи в слободу и накажи нашему немчину, чтобы он беспременно со мною нынче на вотчину ехал, а про того немчина скажи, что он вызволен, и ему тоже прочь из Москвы ехать надо, так, дескать, я его тоже к себе на вотчину зову. Слышь, — обратился он к Шереметеву, — мой-то Михалка

78

полюбил их очень! Так не забудь, скажи толково! — прибавил князь Антону.

Верный стремянный поклонился и вышел.

Эхе сидел возле грустно молчавшей Каролины и только тяжко вздыхал.

— О, будь я при вас, я отбил бы вашего братца! — сказал он, вздохнув глубоко.

Каролина покачала головой.

— Нет, их много было. Если бы мы не спрятались, они и нас взяли бы! С ними нельзя драться.

— А все оттого, что окон не закрыли, — вмешался с азартом булочник, — сколько раз я говорил вашему брату, а он все со смехом. Молодой человек!

— Эдди, Эдди! — раздирающим голосом воскликнула Каролина, — что со мною будет, как тебя замучают эти звери!

— Тсс! — испуганно зашипел булочник.

— Не плачьте, Каролина, — робко произнес Эхе, — я не буду оставлять вас, если вы не прогоните меня. Я буду работать, увезу вас в Стокгольм! Согласитесь!

Каролина взглянула на мужественное лицо воина и невольно улыбнулась его преданности.

Эхе радостно закивал головою.

— Я жизнь отдам за вас!

Каролина протянула ему руку и благодарно пожала ее.

В этот миг вдруг открылась дверь, и на пороге ее показался измученный человек в грязном, изорванном платье, с бледным лицом и растрепанными волосами.

— Эдди! — не своим голосом закричала Каролина и бросилась к своему брату.

— Герр Штрассе! — закричал Эхе.

— Штрассе! Штрассе вернулся! — разнеслось по слободе, и скоро домик булочника был переполнен народом.

Все хотели видеть злосчастного цирюльника, слышать его рассказ, выразить сочувствие. Но виновник торжества, полуживой от пережитых волнений, лежал на постели булочника в полубеспамятстве, и подле него находились только Каролина и Эхе да в углу комнаты плакала от радости прекрасная дочь булочника.

— Бульону ему, и здоров будет, — суетился булочник, входя в горницу, — вина стаканчик. Так, Эдуард, крепись!

Но Эдуард уже мог, улыбаясь, кивать головою и слабым голосом благодарил всех за участие.

Вдруг среди них появился Антон. Он приветливо поклонился всем и передал волю князя Теряева.

Каролина первая опомнилась.

— Передайте, что мы исполним волю князя, — сказала она.

— А ты со мной! — обратился Антон к Эхе.

— Я теперь для князя все сделаю! — энергично ответил Эхе и стал со всеми прощаться.

Каролина, краснея, протянула ему руку.

— Мы увидимся с вами! — сказала она.

Эхе просиял и раз пятнадцать кивнул головою; потом он вдруг порывисто нагнулся, поцеловал Каролину и быстро выбежал из горницы.

Так же втроем скакали Эхе и князь с Антоном, только в седле у князя сидел еще его сын, который, несмотря на бег коня, всю дорогу говорил без умолку. Все ужасы, пережитые им, как бы не коснулись его, и он рассказывал про мальчиков, которых видел в темном сарае, про скоморохов и, наконец, про добрых немцев с простотою ребенка, передающего свои несложные впечатления.

— Мамка-то тебе как обрадуется! — говорил князь время от времени.

— А она плакала?

— Все время!

— И мне скучно было! — вздохнул маленький Миша.

— Теперь не будет, Михайлушка! — ласково говорил ему князь, и его суровое лицо смягчилось нежной улыбкой.

Но вот князь стал приближаться к своей усадьбе.

— Едут! — заорал во все горло Акимка, чуть не кубарем скатываясь со сторожевой башенки.

— Едут! — подхватила Наталья, вбегая в горенку княгини.

Княгиня быстро встала из-за пяльцев, но силы тут же оставили ее, и она побледнев опустилась на пол.

Наталья быстро схватила в руки рукомойник и, набрав воды в рот, обрызгала ею княгиню.

— Матушка, — завопила она, — до того ли теперь? Радоваться надо! Эй, девки, берите княгинюшку, вздымайте за рученьки!

Две дворовые девки вбежали и подхватили княгиню. Она оправилась и улыбалась, только бледное лицо выдавало ее недавнее волнение.

— Ведите меня на красное крыльцо! — приказала она.

Девки осторожно вывели ее, а князь в это время уже въезжал в растворенные настежь ворота на свой широкий двор, на котором толпилась радостная дворня.

Князь осадил коня, спрыгнул с него и, высоко подняв своего сына, радостный пошел к крыльцу.

— Вот тебе, княгинюшка, сын наш! Живой и здравый! Радуйся! — сказал он, ставя сына на верхнюю ступеньку.

"Мамка!", "Мишенька мой!" — слились два возгласа, и княгиня, упав на колени пред мальчуганом, целовала его и поливала слезами! Ее побледневшее и осунувшееся лицо осветилось неземным счастьем, смоченные слезами большие глаза сияли, как звезды. Видя ее радость, даже князь отвернулся и смахнул набежавшие слезы. Чтобы скрыть свое волнение, он обернулся к дворне и сказал:

— Пить вам на радостях наших мед да пиво сегодня! Дарю всем сукна на платье, а девкам ленты на косы! Радуйтесь с нами, да впредь глядите у меня за делом! — и он шутливо погрозил плеткой.

— Живите, князь с княгинюшкой, на радость! — закричали дворовые.

Князь подозвал Эхе.

— А тебя, добрый человек, не знаю, чем и жаловать, — сказал он. — Позвал я к себе и тебя, и немчина. Дам вам срубы и землицы отведу, а ты — если захочешь — живи при нас и заодно воинскому искусству обучай моего Михалку. По гроб тебя не оставлю.

Эхе схватил руку князя и порывисто прижал ее к своим губам.

— На всю жизнь служить буду, — горячо ответил он, — думал в Стокгольм уехать, да не надо теперь Стокгольма!

— А будет война, со мной пойдешь, — добавил князь.

В вотчине князя царила безмерная радость. Княгиня в ноги поклонилась мужу и обняла его колени.

— Бог с тобою! — взволнованно сказал Теряев, поднимая жену, — теперь надо Бога благодарить. Стой! Дадим обет с тобою выстроить у нас церковку архистратигу Михаилу!

— Дадим! — радостно ответила княгиня.

Князь послал нарочного за священником для молебна. К вечеру священник приехал.

В то время было много священников, оставшихся после московского разорения без церквей. Они ютились при чужих приходах, выходили на базар и иной за калач служил молебен с водосвятием; на обедню цена была больше.

Седенький, в лаптях и онучах, в рваной, заплатанной рясе, с бородкой клинышком, приехавший по вызову Теряева священник робко переступил порог княжеских хором и дрожащей рукою благословил князя с княгинею. Теряев поклонился ему в землю, приняв благословение, и сказал:

— Как звать, отче?

— Отцом Николаем, родимый, Николаем! При Козьме и Демьяне стоял, да вот пришли ляхи; церковь опозорили поначалу, потом сожгли, доченьку в полон взяли; жена умерла с горя, сначала ослепнув от слез, и оставила меня сиротинку без паствы, без друга, как былиночку!

Его голос задрожал и пресекся, из глаз скатились слезы; он опустил голову.

Князь тихо взял его под локоть.

— Бог нам послал тебя, отче! — сказал он, улыбаясь жене. — Пропал сын наш, скоморохи украли, да нынче нашли его мы к своей радости. По тому случаю обет дали церковку выстроить. Будь у нас попом и живи на покое!

Священник взглянул на него растерянно, смущенно улыбнулся и тихо сказал:

— Сон въявь! Истинно, Господь Бог указует пути нам, а мы, что дети малые, неразумные, и не знаем Его Помыслов!

В это время вошла Наталья с девушками и спешно уставила стол питьями и яствами.

— Откушай с дороги, а там отдохни, — предложил князь священнику. — Завтра сослужим Богу!

— Во имя Отца и Сына и Святого Духа! — благословил о. Николай трапезу.

На другой же день князь, не мешкая, указал место для церкви и отрядил слуг за лесом. Устроив все эта, он с радостным сердцем поехал на Москву.

Спустя три дня к княжеской усадьбе подъехали два воза со скарбом Эдуарда Штрассе. Сам он с сестрою шел позади возов. Эхе встретил их и указал им место, где селиться, а потом свел их в избу, временно назначенную для них.

Княгиня не побоялась позвать к себе Каролину и обласкала ее. Миша, увидев ее, бросился ей на шею и весело смеялся.

— Расскажи мне все, девушка, — сказала княгиня.

— И рассказывать нечего, — тихо ответила Каролина. — Счастливы мы от княжеской милости теперь на всю жизнь.

Но потом все-таки она рассказала все, от первого появления у них ночью Эхе с мальчиком до встречи с князем. Рассказала про испытанный ужас, когда взяли ее брата, про то, как она с Мишей пряталась, как боялась за брата, как все говорили, что его казнят. А потом, как приехал князь, словно ясное солнце взошло для них всех, и все обернулось по-хорошему. Народ, прослышав, что ее брат на свободе, хотел сам расправиться с ним, и некуда бы им деться, если бы князь не позвал их к себе в гости. При этом Каролина опустилась на колени и поцеловала руки княгине.

— И, Бог с тобою, девушка! — ласково сказала ей княгиня. — Живите на здоровье. А что не нашей вы веры, так все же, слышала я, что в Бога вы верите и Христа нашего чтите!..

Однако княгиня все-таки, после ухода Каролины, позвала о. Николая и велела ему окропить свои горницы святою водою, с соответствующей молитвою.

Князь Теряев, приехав в Москву, сказал Шереметеву:

— Всем я радостен, и для полного счастья только бы мне вора поймать! Не могу успокоиться, как о нем думаю. Так вот кровь и бурлит от гнева!

— Горячка ты, княже! — шутя отозвался Шереметев, гладя бороду. — Однако и я так смекаю, что этот Федька не без наущения действовал! Ну да правда наверх, как масло на воде, всходит. Дождемся!

— До смерти не забуду! Ну а что наверху?

— Наверху-то? — Шереметев прищурил глаза. — Завтра, в утрие, станем разбор делать. Тогда не дали. Царица вдруг сына к себе позвала, а там в Троицу увезла. Слышь, клятву взяла с него, что на Хлоповой не женится.

— Для чего же суд тогда?

— Ну, все же, для той же правды. Я теперь лекарей Бальсыра да Фалентина на допрос завтра веду, а князя Михалку Салтыкова с его братом Бориской к ответу позвал.

— Как они?

— Да наверх не идут. Слышь, бороды отпустили, печалятся.

— Конец им! — сказал князь.

— На то идет. Не любит их патриарх Филарет Никитич. Не знаю, как меня милует. Ведь я тоже до его приезда при царице советником был, дела вершил.

— Сравнил тоже! — воскликнул искренне князь. — Ты и Салтыковы. Те — лихоимцы, а не слуги царевы!

X

ТАЙНА ЦАРСКОГО СЕРДЦА

Действительно, на долю Шереметева, а также других близких к патриарху Филарету лиц, выпало сложное государево дело, от решения которого зависело душевное спокойствие самого царя Михаила Федоровича.

Как-то однажды, в промежуток после обедни и пред трапезой, царь Михаил Федорович сидел в горнице со своим отцом, патриархом всей Руси.

Патриарх тихо, убежденно говорил ему:

— Лета твои, Михаил, уже немалые! И никогда того не было, чтобы царь холостым до такой поры был. И ему скучно, и людям нерадостно. Сам подумай, как духовный и плотский отец твой, говорю тебе! Пора, государь! И мое сердце утешишь, и народу радость, и самому веселее будет. Так ли?

Патриарх ласково взглянул на сына, а тот низко опустил голову и сидел неподвижно, облокотясь на резные локотники кресла, только его лицо покрылось румянцем.

— Так ли, сынок? — повторил патриарх и помолчав сказал:
— Сделаем клич, соберем красных девиц и посмотрим, какая любше покажется...

Михаил вздрогнул и невольно сделал отрицательный жест рукою.

Патриарх пытливо посмотрел на него, и вдруг на его лице мелькнула лукавая улыбка. Он слегка нагнулся вперед и спросил:

— А может, у тебя и есть что на сердце? А?

И вдруг Михаил соскользнул с кресла, стал на колени и прижался лицом к руке отца. Его сердце, истомленное тайной печалью, вдруг раскрылось, и он смущенно заговорил:

— Есть, отец, есть! Томлюсь по ней, по моей Анастасье Ивановне, и оттого не хочу на иной жениться, а на ней не смею!

— Встань, встань! — ответил патриарх, наклоняясь и беря сына под локти. — Садись и говори толком. Кто она и почему не смеешь? Про кого говоришь?

Михаил поднялся, сел и, оправившись, заговорил:

— Задумал я, батюшка, пожениться и клич кликнул. Сделал я смотрины, и больше всех полюбилась мне дворянская дочь, Марья Хлопова по имени. И взял я ее с родней ее наверх, с ними в Троицу ездил, в Угреше были. И так мне сладостно на сердце. А там вдруг занедужилась Анастасия (матушка приказала ее величать так), посылали лекарей к ней, а ей и того хуже. Сказывали мне Бориска и Михалка Салтыковы...

— Смерды лукавые! — гневно перебил его патриарх.

— Сказывали они мне, что ей сильно недужно и болезнь у нее вредная для нашего рода...

Михаил тяжело перевел дух.

— Ну? — произнес отец.

— И созвали мы собор, и на нем порешили, что непрочна

Анастасья Ивановна нашей радости и... свели с верха... — тихо окончил он.

— И куда же?

Михаил поднял на отца взор, в его глазах сверкнули слезы.

— А потом я дознался, что Хлоповых в Тобольск угнали на прожиток. Так приказал я в Верхотурье их перевести, а теперь они все в Новгороде — сама она, мать, отец и дядя ее!.. Тяжко мне, батюшка, — заговорил он снова дрожащим от слез голосом, — и нет мне покоя, и все думается: может, так что было, случаем!

Филарет встал с кресла и быстро, юношескою походкою заходил по палате. Его лицо сурово нахмурилось.

— Так, так! И очень можно, что один оговор тут, — произнес он. — Эти твои приспешники, Михалка с Борискою, на все пойдут. Им своя радость, а не государева нужна! Так!.. А ты все еще любишь ее? — спросил он вдруг.

Михаил вспыхнул и потупился.

— Люблю!

— Ну, так тому и быть! — решительно сказал патриарх и остановился.

Михаил вопросительно глядел на него.

— И правды, и чести, и твоей любви ради, — торжественно произнес Филарет, — сделаем опрос, правды дознаемся. Спросим Бориску с Михалкой, почему они тебе такое сказали, лекаришек спросим, самое Анастасьюшку, и, если истинно она в радости тебе непрочна, так и будет. Что же, на все воля Божья! А коли облыжно все это, пусть твои приспешники ответ держать будут!

Лицо Михаила просветлело. Он радостно воскликнул:

— Батюшка, душу мою ты разгадал! Сколько раз собирался я сам это сделать, да все матушка отсоветовала.

— Ну а теперь и отец и патриарх тебе разрешает, и сам опрос вести будет! — сурово ответил патриарх, и его лицо приняло жестокое выражение.

— А кого из бояр на допрос выбрать? — робко спросил Михаил.

— Выберем! Ты да я допрос чинить будем, а при нас пусть твой дядя, а мой брат, Иван Никитич будет; без Шереметева нельзя быть: он аптекарский приказ ведает. А еще... еще...

— Князя Черкасского позовем! Он никому не правит.

— Ну, ин быть по-твоему. И сейчас делать станем! — Патриарх быстро подошел к столу, взял свисток и свистнул. В то же мгновение на пороге показался отрок. — Пошли дьяка к нам, — сказал отроку Филарет.

85

На место отрока явился думный дьяк, по тому времени лицо сановное. Он упал на колени и трижды земно поклонился царю, потом так же патриарху и, не подымаясь, ждал приказа.

— Встань, — сказал Михаил, — и что тебе наш батюшка-государь накажет, то пиши!

Дьяк поднялся, тяжело переводя дух, и осторожно подошел к столу.

— Пиши грамоты на боярина Ивана Никитича да на князя Ивана Борисовича Черкасского, да на боярина Федора Ивановича Шереметева. А в тех грамотах отпиши им, что мы, государи, задумали сыск сделать про то, чем девица Хлопова непрочна стала и занедужилась, а при том сыске им, боярам, при нас находиться.

Дьяк слушал с раболепным подобострастием слова патриарха; и по мере произнесения их любопытство, недоумение и страх по очереди отражались на его лице.

— Ну, пиши.

Дьяк поклонился и, перекрестившись, сел к столу.

Наступал трапезный час. Явились бояре, окольничьи и, окружив патриарха с царем, чинно пошли в столовую палату, а дьяк остался у стола, старательно выводя буквы и немилосердно скрипя пером. Пот выступил на его висках по мере писания грамот.

"Ну, — думал он вздыхая, — пропали наши головушки, не чую добра я с этого сыска для моих бояр. Для чего сыск? "Непрочна", — и весь сказ. Так на соборе решено было".

Он отложил перо, полез за пазуху, вынул тавлинку[33] и взял огромную щепоть табака.

"Ачхи!" — раздалось на всю палату, и дьяк, испугавшись такого шума, спешно схватил перо, пригнул к плечу голову и снова стал выводить буквы.

Смутное предчувствие опасности почуяли и братья Салтыковы за царской трапезой. Они с прочими боярами сидели за столом на верхнем конце. Царь и патриарх сидели за особым столом на возвышении. Справа и слева от царя стояло двое часов немецкого изделия. Кушанья подавались чередом, наливали мед и вино, и во все время царь ни одного блюда, ни одной чаши вина не отослал ни тому, ни другому из братьев Салтыковых, еще недавно встречавших с его стороны ласку. Смелые и развязные, они притихли к концу трапезы, видно, что и прочие бояре заметили такое охлаждение к ним, и задумчивые пошли из царских палат.

---

[33] Тавлинка — берестяная табакерка.

— Я к матушке, — сказал Михаил.

— И я следом, — ответил Борис.

Оба они, сев на коней, степенно поехали по улицам, опустив головы и все яснее чуя над собою беду.

Старица Евникия провела их к смиренной игуменье, царской матери, и, вздыхая словно в смертельной боли, сказала:

— Вот они и сами, матушка-государыня! Опроси!

— Встаньте, встаньте! — ласково сказала Марфа, наотмашь благословляя лежавших ниц пред нею Салтыковых.

Они поднялись и по очереди поцеловали ее плечо.

— Ну что с вами? Что сумрачные в нашу обитель приехали? Чего мать Евникию опечалили? Поди, патриарх грозен?

Михайло низко поклонился и, вздохнув, ответил:

— Не знаю, что и молвить, государыня. Обойдены мы сегодня с братом, и то все заметили. Государь не жаловал нас ни чарою, ни хлебом, ни взглядом, ни словом, и все сидел сумрачен.

— И всегда так бывает, когда он с патриархом вдвоем поговорит. Докука на него находит с того, — вставил Борис.

— Ах, а сколь прежде был лучезарен и радостен, — вздохнув сказала их мать, — и к тебе-то, матушка-государыня, по три раза на дню наведывался, а то бояр с запросом посылал. А ноне?

Марфа нахмурилась. Ее маленькое лицо с тонкими губами приняло жестокое выражение.

— До времени, до времени, — прошептала она, — нет такой силы, чтобы материнское благословение побороло. Мой сын, я его вскормила, взлелеяла, я его на Москву привезла, а не он! — резко окончила она и, смутясь своей вспышки, стала торопливо перебирать свои четки и шептать молитвы.

— Во имя Отца, и Сына, и Святого Духа! — раздался за дверью тонкий голосок.

— Аминь! — ответила, быстро оправляясь, Марфа.

В горницу вошла миловидная черница и, сотворив метание[34], сказала:

— Дьяк думный Онуфриев с вестью к тебе, государыня... повидать просит.

— Зови!

Братья Салтыковы переглянулись между собой и отодвинулись к стенке.

Дверь в комнату тихо отворилась, и в комнату на коленях

---

[34] Совершив глубокий (земной) поклон.

вполз дьяк. Он раз десять ударил лбом в половицы, пока Марфа небрежно благословила его, и потом сказал:

— Позволь слово молвить!

— На то и зван. Говори!

— Нынче зван я был, государыня милостивица, в молитвах заступница, до царской палаты и лицезреть удостоился, пес смердящий, холоп твой Андрюшка, пресветлые лики государей наших.

— На Руси один государь, — сухо перебила его Марфа.

Дьяк спохватился.

— Истинное слово молвила, государыня. Сдуру и перепугу сбрехнул. Был я зван и лицезрел государя нашего, царя батюшку, а с ним патриарха святейшего. И был мне наказ сесть за стол и писать грамоты до боярина Ивана Никитича, до князя Черкасского да до боярина Шереметева о том, что государь-батюшка хочет сыск чинить о болезни девицы Хлоповой, и с ним им быть на сыске том.

Дьяк выпалил все это быстрой скороговоркою и опять стукнулся лбом.

— О Хлоповой? — вскрикнули разом Салтыковы и побледнели.

— Так, — задумчиво произнесла Марфа, — ныне и такие дела без меня зачинаются!

Она скорбно вздохнула и обратила свой взор на икону.

Старица Евникия повалилась на лавку и застонала.

— Ох, беда неминуемая! Чует мое сердце, чует, бедное! Сынки мои родные, будет на головы ваши опала великая, как Ивашка Хлопов в силу войдет!

— Не будет этого! — грозно сказала вдруг Марфа. — Сыском пусть тешатся, а я не допущу сына жениться на девке недужной. Прокляну!

И от ее голоса стало страшно.

Действительно, инокиня Марфа сделала не одну попытку помешать затеянному делу, она Даже вызвала к себе сына-царя и всеми способами старалась добиться у него клятвы не жениться на Марии (Анастасии) Хлоповой, однако энергичная воля патриарха Филарета и в этом случае одержала верх, и был назначен допрос всех лиц, замешанных в дело Хлоповой.

Мягкосердный царь Михаил Федорович испытывал великое стеснение, видя перед собою наглые лица Михаила и Бориса Салтыковых, своих недавних приспешников. Безвольный и добрый, он еще не избавился окончательно от их влияния, и ему казалось, что в его поведении есть нечто недоброе.

Он сидел в одной из малых дворцовых палат в высоком кресле на возвышении, под балдахином; рядом с ним, с выражением неуклонной решимости, сидел его отец-патриарх, а у ступеней, в креслах с невысокими спинками, находились боярин Шереметев и князь Черкасский. Пред государями в непринужденной позе стояли братья Салтыковы. Их лица были бледны, глаза воспалены от бессонницы, но они дерзко и смело глядели в лица своих судей, и по их губам скользила наглая усмешка.

— За лучшее поначалу врачей опросить, — сказал сухим голосом патриарх. — Боярин, позови дохтура!

Шереметев встал и вышел. Стрельцы отпахнули двери и снова закрыли за ним. Через минуту боярин вернулся в сопровождении доктора Фалентина. Последний был одет в черный камзол и короткие брюки, на его ногах были чулки и башмаки с серебряными пряжками, волосы были собраны в косицу. Он был высок ростом, рыжий, с горбатым носом и глазами навыкате. Войдя он стал на колени и трижды стукнул лбом царю, потом столько же патриарху.

— Опроси! — тихо сказал царь князю Черкасскому.

— Встань и подойди ближе! — громко приказал князь, встав и низко поклонившись царю.

Доктор поднялся и осторожно, подгибая колена, приблизился к трону.

— Тебя звали наверх, — спросил князь, — лечить царскую невесту, Анастасию Хлопову? Скажи, что у нее была за болезнь и прочна ли она была царской радости?

Доктор переставил ноги, кашлянул, пытливо взглянул на Салтыковых, на боярина Шереметева, на патриарха и тихо заговорил, стараясь правильно выговаривать русскую речь.

— Что я знаю? Я мало знаю! Меня звали наверх...

— Кто звал?

— Я звал! — отозвался Борис Салтыков.

— Ну?

— Ну, я и был! Смотрю, желудок испорчен, слабит желудок. Это — пустяки! Я давал лекарство и уходил!

— Кому лекарство давал?

— Ее отцу, Ивану Хлопову, давал и уходил...

— Так, — с трона сказал Филарет, — что ж эта болезнь опасна для родов, к бесплодию она?

Доктор поднял руки.

— Кто говорит? Пустая болезнь... два дня — и здорова! Никак ничему не мешает!

Михаил вспыхнул и с укором взглянул на Салтыковых. Те

опустили головы, но Михаил Салтыков быстро оправился и шагнул вперед.

— Дозволь, государь, слово мол...

— Молчи! — резко крикнул на него патриарх. — Твои речи впереди! Боярин, зови другого врача!

Шереметев поднялся и ввел другого.

Лекарь Бальсыр, одетый, как и его товарищ, лысый, с крошечным красным носом, толстый и круглый, как шарик, вкатился в палату, добежал почти до трона и тут бухнулся в ноги, звонко стукнув лбом о пол.

— Здравия государям! — прошептал он.

— Встань и отвечай! — сказал князь Черкасский, и, продолжая допрос, предложил ему те же вопросы.

— Был зван, был зван, — мотая головою, затараторил лекарь, — звал меня Михаил Михайлович наверх. Говорил, занедужилась царева невеста. Я бегом к ней, наверх. Пришел я, осмотрел ее, невесту-то, вижу, что у ней желтуха, я говорю: "Желтуха". Но Михаил Михайлович говорит: "Можно ли ее исцелить и будет ли она государыней?". А я говорю: "А почем я знаю? Разве это — мое дело? А что исцелить, так легко можно. Желтизна в глазах малая, опасного нет". — "А будет ли, — говорит, — она чадородива? А будет ли долговечна?". На это я говорю: "Того я не знаю, о том у доктора спросить надо". Вот и все! Не вели казнить! — и он снова упал царям в ноги.

— Встань, встань! — закричал Шереметев.

Лицо царя Михаила выразило страданье. Он обратился к Михаилу Салтыкову и сказал с упреком:

— Ты мне говорил, что доктора смотрели болезнь Марьи Ивановны и сказали, что болезнь та опасна и она недолговечна.

— Дозволь слово молвить! — вспыхнув, рванулся Салтыков.

— О чем говорить будешь? — тихо произнес царь и опустил голову.

Патриарх презрительно взглянул на Салтыкова. Тот торопливо и сбивчиво заговорил:

— Что же я? Я, что дохтура говорили, то и сам. Лекарств не давал, а какие они, то в книгах записано. И опять спрашивал я, будет ли она мне государыней? Так то спрашивал по приказу государыни великия старицы инокини Марфы Ивановны. В чем вина моя?

— В том, что облыжно мне показывал! — с горечью воскликнул Михаил. — Что меня в затмении держал, правды не сказывал!

— Я — не лекарь!

— Что говорить! — прервал разговор патриарх. — Для правды надо Хлоповых позвать. Все узнаем! Боярин, что князь Теряев приехавши?

Шереметев встал и поясно поклонился.

— Вчера, государь, по твоему приказу прибыл он.

— Заказать ему сегодня в Нижний ехать и Хлоповых привезти, Ивана и Гаврилу вместе, и не мешкотно! Так ли, государь? — обратился патриарх к сыну.

— Так, государь-батюшка! Спосылать! — ответил царь.

— А пока и дело отложим! — окончил патриарх, вставая и широким крестом благословляя присутствующих.

Как ветер, несся князь Теряев, торопясь выполнить царское поручение.

Не думали, не гадали опальные Хлоповы, что их дело вдруг снова поднимется, и перепугались, увидев царского гонца; но князь успел успокоить их и без передышки погнал назад.

Снова в той же палате царь, патриарх и ставленные бояре слушали дело о Хлоповой.

Отец невесты, Иван, только сказал, поклонившись государям:

— Дочь моя была всегда здорова и, живя немалое время во дворце, не имела никаких болезней. Вдруг приключилася с нею рвота и была три дня, а потом снова через неделю. Как лечили ее, того не знаю, ибо Михаила Салтыков всем распоряжался и меня не подпускал. Одно знаю, как сослали мою дочь с верха, так и стала она совсем здорова!

— Врешь, собака, что я тебя до дочери не пускал! — закричал Салтыков.

— Истинно, как пред Богом говорю! — ответил Иван Хлопов и перекрестился.

— Облыжно показывает, государи, — пробормотал Михайла.

— Ну а ты что скажешь о племяннице? — обратился Филарет к Гавриле Хлопову, не слушая Салтыкова.

Гаврила бойко выступил, стукнул лбом и сказал:

— О болезни племянницы ничего не знаю, а при крестном целовании расскажу государям все, как было.

— Давай клятву!

Шереметев вызвал священника. Стоя у аналоя, Гаврила Хлопов дал клятву и в том целовал крест, а потом стал рассказывать горячо, задорно, сверкая глазами на Салтыковых:

— Когда государь изволил взять к себе на двор племянницу мою, тогда позвали меня с братом вверх, на сени. Борис и Михайла Салтыковы, встретя нас там, проводили к государю.

Государь объявил нам, что изволил взять для сочетания браком Марью Хлопову, и нам, людишкам, повелел служить при своем лице. Когда племянницу мою нарекли царицею и назвали Настасьею, то жили при ней в хоромах мать ее, Марья Милюкова, и бабка, Желябужская, а мы с братом хаживали к ней наверх челом бить. Когда государь отправился с государыней в Троице-Сергиев монастырь, то и мы в том походе были, а по возвращении в Москву начали жить вверху и ходить ежедневно к царице. Вскоре после сего пошел государь единожды в оружейную палату, взял с собою Михаилу Салтыкова, меня, Гаврилу Хлопова и брата. — Гаврила перевел дух, гневно взглянул на Салтыкова и, тряхнув головою, продолжал: — Здесь поднесли государю турецкую саблю и начали оную хвалить, а Михаила Салтыков говорил, что и на Москве такую сделают. Тут спросил меня государь, как я думаю, а я сказал: "Сделают, да не такую". С тех слов Михаила Салтыков осерчал, вырвал у меня саблю и стал поносить меня.

— А ты не лаялся? — не утерпел Михаил Салтыков.

— Что же, мне в долгу быть у тебя, что ли? — ответил Хлопов и продолжал: — От сего времени начали меня с братом ненавидеть Борис и Михайла, а вскорости занемогла и государева невеста. Когда созвали собор, чтобы свести племянницу с верха, я челом бил обождать недолго, ибо болезнь эта краткая, да не послушали меня. А Борис с Михайлом смеялись и говорили: "Подожди, скоро и тебя с Ивашкой оженим!"

Гавриил Хлопов низко поклонился и отошел в сторону.

Некоторое время все молчали. Всем вдруг стало ясно, что неспроста заболела царская невеста, и Салтыковы в молчании чувствовали для себя гибель.

Царь поднял на них укоризненный взор.

— Чую, что вороги вы мне злые, — сказал он, — да не хочу суд скорый делать, пока всего не узнаю. Князь Терентий Петрович! Боярин Федор Иванович!

Теряев и Шереметев быстро опустились на колени.

— Возьмите святого отца архимандрита Иосифа да трех дохтуров с собою, — приказал царь, — поезжайте в Нижний и на месте опросите Марью Ивановну, а те дохтуры пусть о ее здоровье мне доложат. До того времени суд откладываю!

* * *

С пышностью царских вельмож, хотя и спешно, ехали князь Теряев, Шереметев и архимандрит Иосиф. Шереметев взял с собою знаменитых того времени докторов, голландца Бильса и англичанина Дия, и до семидесяти слуг, а впереди скакали гонцы, заготовляя подставы и устраивая ночлеги по дороге.

На другой же день по приезде в Нижний Новгород Шереметев стал опрашивать царскую невесту.

В маленькой горенке, чисто убранной и красиво украшенной шитыми полотенцами да ширинками[35], сидел за столом боярин, рядом с князем и архимандритом, а пред ними, потупившись и от смущения краснея, что вишня, стояла русая красавица. Высокая ростом, полная, с покатыми белыми плечами, с высокой грудью и чистым, ясным лицом, Марья Хлопова тихо, прерывающимся голосом говорила:

— Не иначе, как от супостатов, от зелья какого. Была я здорова-здоровехонька, вот как посейчас, а тут вдруг затошнило, нутро рвать стало, моченьки нет, живот опух. А там, как лишили меня царской милости, свели с верхов, так и опять поздоровела я, хоть бы что! Так и скажите царю-батюшке: неповинна я в своей хворости! — и закрывшись рукавом, она горько заплакала.

— Не плачь, Марья Ивановна! — взволнованно сказал Шереметев. — Еще все поправиться может. Приказано нам сызнова звать тебя Настасьей!

Боярышня взглянула из-под рукава и улыбнулась.

Бояре встали.

— А пока, прости, еще одно от тебя надобно — докторам нашим покажь себя.

Хлопова вспыхнула, словно зарево, и потупилась.

— Как маменька.

— Царский указ! — строго сказал боярин.

— Что же, я в вашей власти!

Боярин позвал докторов.

* * *

Кажется, не дни, а минуты считал царь со времени отъезда своих послов. Он отрешился от дел, сказываясь больным, боялся встречи с матерью, и только патриарх имел к нему свободный доступ.

"Злые люди, — думалось царю, — что им в моей радости? А испятнали ее, лишили меня покоя".

---

[35] Ширинка — кусок холста, отрезанный по ширине ткани.

93

И в эти мгновения ему становилось так себя жалко, что на его глаза навертывались слезы и он тяжко вздыхал.

Наконец приехал архимандрит Иосиф из Нижнего. Царь встретил его, наскоро принял из рук его благословение и велел тотчас созвать думу и послать за Салтыковыми. Почти тотчас же собрались бояре и, с патриархом во главе, выслушали донесение Иосифа.

— И ты, отче, видел ее своими очами? — весь дрожа от волнения, спросил царь, забыв свой сан. — И во здравии она? И доктора то же говорят? И она говорит — от зелья, от супостатов? Так, так! — и вдруг его гнев вспыхнул внезапно, как долго тлевшее пламя. Он выпрямился в кресле, грозно взглянул на Салтыковых и, протянув руку, громко сказал: — Злодеи и супостаты! Я ли не жаловал вас, а вы моей радости и женитьбе учинили помешку, и ту помешку — изменою. Казнить вас, воры, за это!

— Смилуйся, государь! — закричали братья, падая ниц.

— Холопы, псы смердящие с матерью своей психой! — царь резко отвернулся и сказал ближним боярам: — Взять их именья в казну! Послать их: Бориску в Галич, Михаила в Вологду, а мать их, змею подколодную, в Суздаль!

— Смилуйся! — закричали снова Салтыковы.

— Вон с глаз моих!

Даже патриарх подивился и с радостью взглянул на своего сына, впервые видя в нем царя с грозною волею. Бояре испуганно потупились. Грянула гроза из чистого неба и ударила по супостатам, как Божья кара.

Сразу повеселел царь и вверху заговорили:

— Поженится на Хлоповой!

Иван и Гаврила Хлоповы стали в почете, и их, что ни день, звали бояре на пирование.

И вдруг все разом изменилось. Пронеслась весть, что великая старица Марфа Ивановна больна и зовет к себе сына.

Торопливо снарядился царь, послал за отцом, и оба они поехали в Вознесенской монастырь.

Их провели в покои Марфы-игуменьи. И вдруг она вышла к ним здоровая и бодрая, с грозным лицом. Царь упал на пол. Она подошла к нему, подняла его, потом поясно поклонилась и поцеловалась с ним. С застывшим суровым лицом она исполнила приветственный чин с патриархом и, видимо сдерживаясь от вспышки, сказала кланяясь:

— Садитесь, гости дорогие! Спасибо тебе, сынок, на милости, что приехал мать свою хоть в болезни проведати. И тебе, отче святый.

— Не на чем, матушка, — смущенно проговорил царь.

Патриарх глядел на свою бывшую жену недоверчивым, испытующим взглядом и строго молчал. Марфа перевела свой взор; их глаза встретились и разом вспыхнули: у нее — ревнивою злобою, у него — презрительным негодованием. Она тотчас отвела свой взор и заговорила с сыном:

— Прости уж меня, государь, старую, что обманом завлекла тебя сюда. Не по чину, да и не по годам лукавить мне...

— Матушка, — просительно проговорил царь, — мне прости: неотложное дело государево было!

— Не по чину лукавить мне, — продолжала, не слушая его, Марфа, — да не хотелось материнское право грозным делать, сынок! А что до государева дела, то прежде ничего не вершил ты, со мной не обговоривши, а ныне — вот! Не только своих верных слуг караешь, а даже мою старицу, что для меня душевной была, и той не помиловал, от родной матери отвернувшись!..

— Матушка! — умоляюще воскликнул царь и беспомощно взглянул на отца.

Тяжелые пытки были для него укоры матери. Его лицо побледнело, на кротких глазах выступили слезы.

Патриарх нетерпеливо стукнул посохом и вмешался в беседу.

— Не кори его, мать! — сказал он. — Государь он тебе и крамолу карает, а эта крамола подле тебя гнездо вила, тебе на срам.

Казалось, только этого и ждала старица. Она выпрямилась во весь свой маленький рост, ее глаза запылали, и она гневно заговорила:

— Так, святой отче, учи сына, что мать его крамолу таит, ворогов посылает, гибель ему готовит! Ты сам — вор и крамольник! — крикнула она, забываясь и делая шаг вперед.

Патриарх встал в гневном изумлении. Царь в ужасе закрыл лицо руками.

Между тем Марфа, забывшись, продолжала:

— Ты! Ополячился там, наголодался и сюда, к нам, смуту принес. Никогда не знали мы печали да горя, а что теперь? В разоренную землю вошли мы и целили ее, а ты что сделал? Всяк ропщет, всякому не под силу твое державие. С воза берешь, с лотка берешь, с сохи, с водопоя; на правежах люди весь день по всей земле стонут, а лихие целовальники с твоего патриаршего благословения народ спаивают, ярыжек по Руси разводят...

— Молчи! — гневно сказал патриарх.

95

— И царь не радостен! — продолжала гневно Марфа. — А таков ли был он? По церквам не ездит, народу не кажется, верных слуг разогнал.

— Крамольников, воров, — перебил ее патриарх и пылко сказал: — А что до дел государственных, то не твоему уму судить про это! Не унижения царя, а величия хочу я, не гибели Руси, а прославления!

Царь сидел, закрыв лицо руками.

— И вот зазвала вас я за словом моим! — вдруг обернула разговор Марфа в сторону. — Слуг ты разогнал ради девки Хлоповой...

Царь нервно вздрогнул.

— Говорят, хочешь царицей ее сделать, а я говорю теперь тебе: прокляну! — Она, вытянув руку, прошипела эти слова. — Супротивница она мне, супостатка, девка негодная. И даю зарок тебе, сын: нет на сей брак моего благословения. Умру, из могилы запрет налагаю.

— Матушка! — падая в ноги, взмолился царь.

— Прокляну! Прокляну! — твердила Марфа.

Филарет недвижно стоял и, чувствуя свое бессилие пред материнской властью, только нервно сжимал в руках посох.

Царь сотрясался от горького плача. Марфа грозно стояла над ним. Наконец он смирился. Тяжело вздохнув, он выпрямился и кротко сказал:

— Прости, матушка! Не пойду против запрета твоего!

Лицо Марфы осветилось улыбкой, она кинула взгляд на патриарха, и в этом взгляде было торжество упоенного тщеславия. Потом она нежно наклонилась к сыну.

— Желанный мой, не от худа говорила тебе это, а добра желаючи! Тебе ли, солнцу красному, не найти красавицы в своем царстве!

Уныл и печален возвратился царь в свои покои. Снова на миг прорвавшиеся тучи сдвинулись грозной завесой, и уже не видел он сквозь них никакого просвета.

Вначале страх смерти от руки подосланных поляками убийц, потом голод и разорение государства, разбойники и воры, поляки и шведы. У самых ворот московских бились с ляхами!.. И снова оскудение казны и тяжкая тревога... и дом без радости, и сердце без отрады, без близкого друга, грозен отец, грозна матушка.

— Господи, ты — моя охрана, мое прибежище и зашита, мой покой и отрада! — и, заливаясь слезами, упал царь пред своей образницей и бился лбом об пол, печалясь о своей горькой, сиротливой доле.

А на другой день царский гонец спешил в Нижний Новгород и вез грамоту боярину Шереметеву и князю Теряеву; в той грамоте велено было передать Хлоповым, что Марью Хлопову взять за себя царь не изволит, а самим им — боярину и князю — после того немешкотно ворочаться в Москву.

XI

ПРИЗНАНИЕ С ДЫБЫ

Шереметев и Теряев быстро исполнили царское повеление и поспешили обратно в Москву.

Царь принял Шереметева с глазу на глаз и долго расспрашивал его о всякой подробности: и как была одета Марья Ивановна, и какие слова говорила, и была ли лицом радостна, а потом много ли печалилась; и боярин по чистому сердцу отвечал ему на все вопросы. Здорова она была совершенно, красой расцвела еще больше, краснелась много, когда ей допрос чинили, а велика ли кручина ее была, того не видел он, боярин. Больно ему стало за ее девичью честь, и он Ивану Хлопову царское слово передал.

Михаил Федорович закрыл лицо руками и долго сидел так не двигаясь, а потом вздохнул и сказал:

— Матушка зарок с меня взяла. На все Божья воля! Все же спасибо тебе, Федор Иванович! Передай спасибо и князю Теряеву, скажи, что в окольничьи его жалую!

Со смущенным сердцем вернулся домой боярин и тотчас послал гонца к князю Теряеву, находившемуся в своей усадьбе.

Через день прискакал князь бить челом царю.

Михаил Федорович встретил его ласково.

— Люб ты мне, — сказал он, — люб и батюшке моему, а нас сторонишься. До сих пор в Москве дома не поставишь, гостем живешь!

— С завтра строиться, государь, начну!

— Ну вот, так и лучше будет. А там в нашу думу садись!

Князь низко поклонился.

Давно не было на душе у князя такой радости.

— Эх, князь, князь! — сказал ему Шереметев. — А уж как бы всем было легко и радостно под державием царя нашего, ежели бы он крошечку побольше царем был!

Князь, не понявши, воззрился на боярина.

— Да как же! Суди сам! Поначалу, когда я у всех дел стоял, что было? Надумаешь доброе, всем на пользу, глядь, мать царя-батюшки вступится, братаны Салтыковы посул возьмут и все дело испортят. Разве такой мир мы с Сигизмундом, королем польским, заключили бы? Разве так со шведами расстались бы? А дома что?.. Я в делах был не властен, почитай, все матушка царя решала, а у нее за спиной всеми купленные братья Салтыковы. — Боярин глубоко перевел дух. — Вернулся патриарх, взял бразды в руки и, пожалуй, того хуже стало. Положим, порядок словно бы и есть, а беды да лютости пуще. Теперь, смотри, с кого поборов не берут? А крестьян и совсем к земле прикрепили. Слышишь, Годунов, может, из-за того Юрьева дня сгинул, а патриарх его еще пуще закрепил. Смотри, что ни день, на правеже по десяти, по двадцати человек вопят. Везде пристава с налогами ездят, а монастырское добро пальцем ни-ни! Множится оно, а народ вопит. Так-то, князь! А царь наш добр и милостив, тих, что агнец, прост, что ребенок, и словно за это все ему поперечь! Надобны, князь, царю прямые люди.

— Я за него всей жизнью, — пылко ответил князь.

В горницу вошел дворецкий.

— Что тебе?

— Да вот за князем Терентием Петровичем засыл.

— От кого?

— От боярина Колтовского!

Теряев быстро встал и вышел в сени, оттуда на крыльцо. У низа стоял стрелец. Увидев князя, он низко поклонился ему.

— Будь здоров, князь, на многие годы! Боярин Яков Васильевич заказал кланяться тебе да сказать, что вор тот, Федька Беспалый, у него в застенке сегодня с утра! Не соизволишь ли заглянуть!

— Благодари боярина на доброй вести! — взволнованно сказал князь. — Я сейчас буду! Да и тебе спасибо! Лови!

Князь кинул стрельцу из кошеля, что висел у пояса, толстый ефимок[36] и крикнул дворецкому:

— Коня мне!

Полчаса спустя Теряев снова был в знаменитом Зачатьевском монастыре и, сидя с боярином Колтовским в избе, с нетерпением расспрашивал его о Федьке. Боярин опять прихлебывал из сулеи, на этот раз вино аликантское, опять

---

[36] Ефимок — русское название серебряного талера.

заедал его добрым куском буженины и объяснял все по порядку.

— Ишь ведь горячка ты, князь! Сейчас что сказал? Да ведь я же Федьки, этого вора, еще и не допрашивал вовсе; как обещал тебе, так и сделал. Чини сам допрос, а меня потом каким ни на есть добром отблагодаришь. Слышь, ты ныне при царе близок.

— Снял-то ты Федьку откуда? — спросил князь.

— Да вот поди! Людишки-то мои везде толкаются, опять и средства тут у нас разные есть. Потянули это мы как-то одного скоморошника, а он и укажи: в Ярославле, дескать, теперь Федька этот, там рапату держать собирается. Ну, там его взяли и сюда. Что ж, пойдем, поспрошаем?

Боярин поднялся и кивнул князю. Тот пошел за ним.

Они перешли грязный двор и вошли в застенок.

Обстановка и убранство внутри сарая были те же, что и в рязанском застенке, только сарай был побольше, да заплечных мастеров число тоже больше. Мастера стояли у нехитрых снарядов, приказный дьяк сидел за столом.

Боярин Колтовский перекрестился на образа, пролез за стол, указал место князю и сказал дьяку:

— Князь Теряев вместо меня допрос чинить будет, а ты пиши, да в случае что — указывай!

Дьяк поклонился князю и снова сел, готовя бумагу и перья. Его изрытое оспой, широкое лицо с огромным синим носом и крошечными глазками, с жиденькой бороденкой и толстыми губами приняло омерзительно подобострастное выражение. Он прокашлялся и сказал мастерам:

— Федьку, по прозванию Беспалый!

Один из мастеров скрылся. Князь нетерпеливо повернулся на месте. Минуты ожидания показались ему часами. Наконец послышалось бряцание цепей, скрипнула дверь, и в сарай ввели Федьку.

Он был жалок, опутанный цепями; невыразимый ужас искажал черты его лица. Войдя, он упал на колени и завыл:

— Пресветлые бояре, кому что худо я сделал! Разорили тут меня посадские да ярыжки, ушел я в Ярославль, от греха подальше, и там поймали меня сыщики и сюда уволокли. По дороге поносили и заушали[37], в яму бросили, а чем я, сиротинушка, пови...

— Молчи, смерд! — закричал на него вдруг князь, — ты — Федька Беспалый? Отвечай!

---

[37] Били по щекам.

— Я, бояр... — начал Федька, но, взглянув на князя, побелел, как бумага, и не мог окончить слово.

— Знаешь, кто я? — грозно спросил Теряев.

Федька собрался с духом.

— Как не знать мне тебя, князь Терентий Петрович! Когда я с вотчины князя Огренева в Калугу вору оброк возил, ты там при князе Трубецком немалый человек был. В Калуге в ту пору всякий русский...

— Молчи, пес! Знаешь — и ладно! Ответствуй теперь, для чего, по чьему наговору или по собственной злобе или корысти ради моего сына ты наказал скоморохам скрасть, а потом заточил его?

Федька сделал изумленное лицо.

— Смилуйся, государь! — завыл он. — Никогда я твоего сына в очи не видел, ведом не ведал.

— Брешешь, пес! Говори по правде!

— Дыбу! — коротко сказал дьяк, кивая палачам.

Федьку вмиг подхватили под руки, в минуту сняли с него цепи, еще минута — и уши присутствующих поразил раздирающий душу крик.

Трудно сказать, взяли ли мы с Запада (через Польшу) всю целиком систему допросов с "пристрастием" и весь инвентарь дьявольского арсенала или дошли до него сами, только печать нашей самобытности несомненно лежала и тут. Известно, что от татар мы взяли только кнут да правеж, но ко времени описываемой нами эпохи у нас был так полон застеночный обиход, что впору любой испанской инквизиции. Правда, все у нас было проще: вместо знаменитой "железной девы", которая резала жертву на сотни кусков, оставляя живым сердце, у нас имелись две доски, утыканные остриями. Жертву клали на одну доску, прикрывали другой, и для верности на нее ложился заплечный мастер. Вместо не менее знаменитой механической груши, разрывавшей рот, у нас забивали напросто кляп с расклиньем, вместо обруча надевали на голову простую бечевку и закручивали, пока у пытаемого не вылезали глаза; ну а клещи, смола и сера, уголья и вода практиковались у нас с тем же успехом, хотя и без знаменитых сапог. Рубили у нас головы, четвертовали, колесовали, жгли и, в дополнение, сажали на кол и зарывали в землю. Несомненно, все это осталось в наследие от Ивана Грозного добрым началом нашей культурности.

Федьку подтянули на дыбу, дюжий мастер повис у него на ногах, и руки, хрястнув в предплечиях, мигом вывернулись и вытянулись, как канаты. Другой мастер сорвал с Федьки рубаху и замахнулся длинником.

— Спустите! — тихо приказал дьяк.

Веревку ослабили. Федька упал на пол. Мастер плеснул ему в лицо водой из ковша.

— Скажешь? — коротко спросил Федьку дьяк, когда тот очнулся.

— Ох, батюшки мои, скажу! Ох, светики мои, все скажу! — простонал Федька. — Все скажу!

— Знал, что мой сын? — глухо спросил Теряев.

— Ох, знал! Знал, государик мой!

— Сам скоморохам наказывал?

— Ой, нет! Просто привели, я и признал... да!

— Сына-то? Что ты брешешь? — не утерпел боярин.

— Подтяни! — сказал дьяк.

Блок заскрипел.

— Ой, не надо! Ой, милые, не надо!

— Ты так говори, стоя! — с усмешкой пояснил дьяк.

Федьку поставили на ноги и слегка приподняли его руки; одно движение мастера, и он уже висел бы над полом.

Федька стал давать показания.

Приезжала к нему баба-колотовка из Рязани, Матрена Максутова, прозвищем Огневая. Была она красавицей, ныне ведовством занимается. И привезла она ему наказ от воеводы рязанского, Семена Антоновича Шолохова, чтобы он извел щенков князя Теряева; а за каждого получила сорок рублей, а в задаток полсорока. Бил он, Федька, с ней по рукам, а потом послал в княжью вотчину скоморохов, сговорившись на десяти рублях. Привели князя-мальчика к нему как раз накануне въезда патриарха в Москву от плена польского; он спрятал ребенка, но на другой день рапату разбили, сожгли, и мальчика он бросил. Только это ему и ведомо!

Князь Теряев сидел, сжавши голову руками, и, казалось, ничего не слышал. Признание Федьки изумило его и совершенно сбило с толку. Боярин Шолохов, воевода рязанский... Был он в думе на Москве, потом был послан на воеводство... Вот и все. Не было ни ссор, никакой зацепы. С чего ему?

— Что Матрена тебе говорила, для чего воеводе мое сиротство нужно? — наконец спросил князь Федьку.

— Не сказывала, светик мой, не сказывала. Ой, не тяните! Как пред Богом говорю, не знаю!

Князь махнул рукою и встал. Колтовский вышел за ним.

— Ну, вот, князь, и дознались! Теперь ищи со своего ворога...

— Все мне вороги!

— Что ты? Кто все?

— Воевода этот, Матрена, Федька, скоморохи... Всех изживу!

Боярин усмехнулся.

— Ну, Федьку я на себя возьму. Поспрошаем его насчет казны, а там и на виселицу! Этого воеводу с Матрешкою, может, ты и сам доймешь, ну, а скоморох... — боярин развел руками, — много их больно, князюшка!

— Травить псами у себя на вотчине приказал, а сам бью их!

— Не перебить всех! — засмеялся боярин и сказал: — Однако не помяни лихом. Здравствуй, князь, а я пойду по Федькину душу казны искать! — и, хрипло засмеявшись, он пошел в застенок.

Князь вскочил на коня и поехал в дом Шереметева.

Пылкий князь рвал и метал в нетерпении, горя местью к воеводе рязанскому. На другой же день, ни свет, ни заря, поехал он во дворец, чтобы бить челом царю, и вдруг узнал, что царь с матушкой своей поехал к Троице, а оттуда на Угрешь на богомолье. А там столь же неожиданно для всех поехали бирючи[38] клич кликать, девиц на царские смотрины собирать. Потянулись вереницею по Москве возки, колымаги, забегали царские слуги, размещая всех. Приехал царь, начались смотрины, не до того царю было.

Кинулся князь Теряев к патриарху, тот принял его ласково, но ответил:

— Бей челом царю на том, чтобы он выдал тебе воеводу рязанского головою, а я в стороне. У меня дела государские.

А тем временем дочь боярина князя Владимира Тимофеевича Долгорукова, княжну Марию Владимировну, на верх взяли и царской невестой нарекли.

Не медлил царь, и скоро была назначена свадьба.

Поскакал бы на Рязань князь Теряев и с глазу на глаз переведался бы с воеводою, если бы не удержали его Шереметев да жена. Для исхода своей тревоги взялся он за постройку и стал выводить палаты на Москве-реке, недалеко от Немецкой слободы. Из слободы вызвались помогать ему чертежник да кровельщик, и действительно на удивление всем строились пышные хоромы князя. В три этажа выводил немчин терем, а за ним смыкалась церковь маленькая, а там летник да бани, да службы, да клети, да кладовки, да подклети. Наконец садовник, тоже из Немецкой слободы, наметил богатый сад с прудом и фонтаном.

---

[38] Бирюч — глашатай, объявляющий волю царя.

Строилась церковка и в вотчине, и, не будь этих строек, умер бы с досады князь Теряев. Только и отвел он душу в том, что длинную отповедь в Рязань своему другу Терехову послал, моля его в то же время ни своей бабе о том не говорить, ни воеводе словом не намекнуть.

"А коли можешь окольностью правду допытать, в кую стать он черную злобу на меня имеет, то допытай и, допытавши, отпиши. А я царю бить челом буду, чтобы выдал он мне пса смердного, и ужо правду с дыбы дознаю!".

19-го сентября 1624 года праздновалась свадьба царя Михаила с Марией Долгоруковой. Пышная была свадьба. Весь народ московский своей радостью принимал в ней участие.

Царь был светел и радостен, как Божий день. Молодая невеста сияла царственной красотою, и патриарх со слезами умиления на глазах соединил их руки.

Великое ликование было по всей Москве. Царь приказал выкатить народу две сотни бочек меда и триста пива, и, в то время как пировал сам в терему, народ пил на площади, гулял и оглашал воздух радостными криками.

В четыре ряда были поставлены во дворце столы, каждый на двести человек, а вверху стоял на особом возвышении под балдахином малый стол, за которым сидели царь с венчанной царицей и патриарх.

Когда пир дошел до половины и был дан роздых, во время которого гостям разносили вина барц, аликантское и венгерское, молодая царица встала, поклонилась гостям и вышла из покоев.

Пир продолжался. Время от времени стольники подходили то к одному, то к другому боярину и, поднося ему кубок с вином или блюдо с кушаньем, говорили:

— Великий государь, царь Михаил Федорович, жалует тебя, боярин, чашею вина или блюдом.

Боярин вставал и кланялся царю. Вставали все и кланялись отмеченному, а он в возврат кланялся каждому особняком.

Стольник возвращался на место, кланялся царю и говорил:

— Великий государь, боярин бьет тебе челом на твоей милости.

Потом пир продолжался.

Царь особенно жаловал князя Теряева то чашею, то блюдом, а к концу пира подозвал его к себе и стал милостиво говорить с ним.

— Ну, как хоромы твои, князь Терентий?

— Подымаются, государь!

— То-то, стройся, чтобы ко мне ближе быть. Люб ты мне,

князь, еще с того времени люб, как со мной на соколиную охоту езжал, спускать кречетов учил.

Князь поклонился.

— А теперь на радостях я тебя порадовать охоч. Слышал, ты все сбирался челом мне бить, да мне-то все недосуг был. Сказывай теперь, в чем твоя просьба!

— Великий государь, на обидчика своего бью челом тебе! — и князь опустился на колени.

— Что ты, князь Терентий, вставай скорее! Говори, кто тебя чем забидел, мы тут думой рассудим! — и царь шумливо показал на всех присутствующих.

Князь поднялся и начал рассказ про свою обиду с того момента, как узнал о пропаже сына. Рассказал про страдания жены, про свои мучения, про напрасные розыски, потом про немцев, про то, как сына нашел, и наконец про допрос Федьки Беспалого и его оговор.

— Что я сделал тому боярину, не ведаю; почему он за меня такое зло замыслил, не удумаю. Прошу, государь, об одном тебя: не прости ты моему супротивнику. Отдай его мне, чтобы я про него правду дознал! — и князь снова повалился царю в ноги.

— Великое злодейство! — сказал, содрогаясь, царь. — Ну да не тужи! Выдам я его тебе головою: сам правду доведаешь! Приди завтра утром, при тебе указ припечатаю! А теперь выпей чашу во здравие!

Пир снова пошел своим чередом.

Далеко за полночь пошли гости по домам. Шереметев дорогою сказал Теряеву:

— Отличил тебя нынче государь против всех! Держись теперь верху ближе; выведешь хоромы и сейчас княгиню перевози!

— Теперь правды дознаюсь! — не слушая его, сказал князь, и его лицо осветилось злобной радостью.

На другой день, сейчас же после заутрени, Теряев явился во дворец бить снова челом царю на вчерашнем посуле.

Странное смятенье поразило его в покоях. В сенях князь Черкасский озабоченно говорил о чем-то с Иваном Никитичем, дядей царя. С царицыной половины спешно вышел князь Владимир Долгоруков.

— Ну, что? — обратился к нему Иван Никитич.

Князь скорбно качнул головою.

— В аптекарский приказ послали.

Князь Теряев подошел к ним и поздоровался.

— Или что случилось? — спросил он тревожно. Князь Черкасский кивнул.

— Царице занедужилось. Как с пира ушла, а в ночь худо ей стало, а теперь кричит.

Все в унынии смолкли.

Дворецкий вышел и сказал:

— Государь князя Теряева пред очи зовет!

Князь вышел и через минуту бил челом своему царю. Вчерашняя радость сошла с лица Михаила и сменилась скорбною тенью.

— Встань! — сказал он князю. — Жалую тебя к руке моей!

Теряев порывисто поцеловал царскую руку.

— Вот то, о чем просил ты. Подай, Онуфрий!

Дьяк спешно подал царю два свитка, скрепленных царской печатью.

— Тут, — сказал царь, — наказ, чтобы того воеводу сменить, а на место его друга твоего Терехова-Багреева, а тут, — он взял другой свиток, — наказ, чтобы шел к тебе Шолохов с повинной головою.

Князь повалился в ноги и крепко стукнулся лбом об пол.

— А ты, Онуфрий, — продолжал царь, обращаясь к дьяку, — немешкотно это с гонцом пошли да еще наказ боярину Терехову изготовь, дабы все описью принял: и казну, и хлеб, и зелье[39], и свинец, и весь наряд!

Дьяк поклонился.

XII

НЕЖДАННЫЙ ГРОМ

Боярин Терехов-Багреев ходил сам не свой, получив послание от своего друга, князя Теряева.

"Что это! — думал он. — И ума не приложу к такому окаянству. Для чего боярин Семен Антонович такое скаредное дело замыслил? Ни в дружбе-то они оба не были, и делить ничего не делили. Поди ж ты! Оплел воеводу этот Федька поганец, и все! Пишет вот князь: "Допытайся!" Когда ж это я в жмурки играл? Ишь, тоже, допытчика нашел!.."

---

[39] Порох. (Примеч. авт.)

Вконец измучился со своею тайною добрый боярин. Ольга Степановна стала приставать к нему.

— Свет Петр Васильевич, да поведай ты мне: или горе какое, или черная немочь напала на тебя! Глянь, сокол мой, Савелий наш извелся, на тебя глядючи. Что Савелий! Маремьяниха и та, слепая, твое горе чует. Кажется, все у нас есть, полная чаша. Олюша растет на радость, да и жених отыскался. А ты?..

— Уйди! — угрюмо отмахивался от жены боярин. — Не бабьего ума дело — кручина моя, вот что! Умственное дело.

— Так ты бы дьяка Егора Егоровича покликал.

— Ахти! — всплеснул руками боярин. — Ну, и что ты лотошишь такое! Дьяк! У дьяка душа продажная, а тут тайна!

— Ну, Семена Андреевича. Он — друг тебе, брат названный и думать горазд!

Лицо боярина просветлело. Он закивал головою.

— Вот что дело, то дело! Добрая ты жена, Ольга моя, свет Степановна! Вели-ка, чтобы Савелий спосылал кого за Сенюшкой. Кланяется, мол, боярин и по делу просит!

В тот же вечер, распивая черемховый мед и заедая оладьями, боярин Терехов долго беседовал с другом своим Андреевым.

— А главное, теперь и в толк не возьму, — жаловался боярин, — как мне вести себя с воеводою. Держать хлеб-соль или откачнуться. Прямить ли ему?

Андреев погладил бороду.

— Нет, Петя, сохраним все в тайности и за всем примечать будем. Словно и грамоты ты не получал, а я уж знаю, как дело повести.

Боярину стало словно легче. После того он не раз делил хлеб-соль с воеводою, и мысли о послании князя отошли у него в сторону.

В те поры был добрый обычай время от времени, скуки ради, пиры устраивать, и на тех пирах добрый хозяин дарил гостей кого чашей, кого блюдом, кого шапкою, а гости, опохмелясь, слали от себя доброму хозяину подарки, отдариваясь. Для корыстных воевод царских этот обычай обратился в большую пользу им. Как оскудеет казна воеводская, сейчас он пир устраивать начинал. Созывал он на пир гостей, людей торговых, купцов проезжих и дарил их скудно, а на другой день ждал от них добрых подарков, и плохо было тому, кто не угождал воеводскому оку корыстному.

Созвал гостей и воевода Семен Антонович Шолохов. Для приличия бил он челом и боярину Терехову, и Андрееву, и многим другим именитым в городе людям. И съехались гости на пир со своими холопами.

Огромная горница была уставлена столами с местами человек на двести; в голове стола сели воевода, губной староста, Андреев и боярин Терехов. Далее сели именитые купцы, еще далее гости именитые, чье отчество на "вич" писали, а затем уже там, где место нашлось, простые гости да посадские из толстосумов.

Воевода захлопал в ладоши, и пир начался. Слуги внесли на огромных блюдах жареных гусей и индеек. Воевода встал, низко поклонился гостям и просил откушать.

— Ешь, Ефимович, во здравие, — с усмешкою сказал рыжебородый купец соседу, — завтра расплачиваться будем.

— В этом году третий раз пирую, грехи наши тяжкие! — вздохнул Ефимович.

Тем временем вверху стола воевода беседовал со своими соседями. Недавно вернувшийся из Москвы дворянин Стрижов передавал московские новости.

— Батюшка-то патриарх, — сказал он, — все по-своему повернул. Поднял это суд да допрос о Хлоповой...

— О царской невесте-то, что сослали? Расскажи, Аким Сергеевич, все по ряду! — запросили гости.

Стрижов откашлялся, погладил бороду и начал рассказывать по порядку о следствии, о посыле в Нижний Новгород, о суде над Салтыковыми.

Тем временем слуги обносили гостей супами, несли щи, лапшу куриную, несли уху и рассольник, каждому по вкусу.

— Ишь ведь, — вставил свое слово боярин Терехов, — как нашему другу Тереше подвезло: вверх идет!

— Это кто? — спросил Стрижов.

— Да князь Теряев-Распояхин!

На лице Стрижова выразилось почтение.

— Важная особа! — сказал он. — Царь при мне его в окольничьи пожаловал, всякое отличие ему идет.

Андреев взглянул на воеводу и заметил, как его жирное лицо покраснело. Он ткнул боярина Терехова в бок и сказал:

— Да, кроме милостей, и счастье ему! Слышь, сына-то у него скоморохи скрали, а теперь...

— Что! Или еще родился? — хрипло спросил воевода.

— Нет! Сыскал князь сына-то!

— Врешь! — не своим голосом проговорил воевода, причем его лицо посинело, а жилы на короткой шее вздулись.

— Зачем врать! Пес врет! — ответил Андреев. — Да еще

107

поймал князь главного татя, Федьку какого-то Беспалого, пытал его, тот с дыбы ему доказывал!

— Меду! — едва слышно прохрипел воевода, быстро отстегивая запонку на вороте рубахи.

Даже гости испугались вида воеводы и повставали с мест.

Однако Шолохов оправился и грубо сказал:

— Чего повылезли? Чай, еще и не в полпире! Эй, медов!

Слуги торопливо забегали, разнося меды, томленые и вареные, малиновый, черемховый, яблочный, смородинный и прочих ягод.

Началось питье. Воевода, видимо, оправился и торопил гостей пить.

— Пей, душа меру знает! — выкрикивал он время от времени.

После питья началась снова еда. Понесли жирный курник, оладьи, варенухи, бараньи почки, одно за другим, все тяжелые блюда, от которых немцу давно был бы карачун. Наконец наступило время попойки. Слуги убрали все со стола, и поставив пред каждым гостем чашу или стопку, или кубок, начали разносить мед и вина.

Воевода встал и громко сказал:

— Во здравие и долголетие великих государей наших, царя Михаила Федоровича и родителя его, преславного святого патриарха всея Руси Филарета Никитича!

После этого он выпил до дна свою чару и опрокинул ее над своею головою.

— Во здравие и долголетие! — подхватили гости и всяк проделал то же.

После этого началось пьянство. Стали поочередно пить за воеводу, за губного старосту, за стрелецкого голову, за боярина Терехова, за Стрижова, за прочих дворян, а там за каждого гостя по особому.

— Пей, собачий сын! — орал то на одного, то на другого пьяный воевода. — Не то за ворот вылью!

Гости пили поневоле.

Стало темнеть. В горницу внесли пучки восковых свечей. Пьяный крик и смех смешались в общий гул, как вдруг дворецкий подбежал к воеводе и что-то зашептал ему.

Воевода словно протрезвился, гости стихли.

— Ко мне гонец царский! — громко сказал воевода. — Кличь его сюда, встречай хлебом-солью! — и он торопливо встал и, шатаясь, пошел к дверям.

В дверях показался посыльный дворянин Ознобишин. Воевода опустился на колени и стукнул лбом в пол.

— Воеводе боярину Семену Антоновичу Шолохову грамота от государей! — громко сказал гонец.

— Мне, милостивец, мне! — ответил воевода. — Пирование у нас было малое. Не обессудь!

Гонец подал две грамоты воеводе. Тот обернул руку полою кафтана, принял грамоты и благоговейно поцеловал царскую и патриаршую печати.

— Може, на случай здесь есть и боярин Петр Васильевич Терехов-Багреев? — спросил гонец.

— Здесь, здесь! — ответили протрезвившиеся гости.

— Здесь я, батюшка! — отозвался Терехов и встал.

— И до тебя грамота от государей, — сказал гонец, протягивая свиток, после чего сбросил с себя торжественный тон и просто сказал: — Ну, потчуй!

Воевода встрепенулся.

— Откушай за здоровье государей! — сказал он, беря с подноса, что держал уже наготове дворецкий, тяжелый кубок, — а кубком не обессудь на подарочке!

— Здравия и долголетия! — ответил Ознобишин и махом осушил кубок.

— Сюда, сюда, гость честной! — суетясь повел гонца воевода в красный угол. — Здесь тебе место. Чем потчевать?

Гонец как-то лукаво усмехнулся и ответил:

— Грамотки бы прочел сначала!

— Читай!.. Читай! — загудели гости.

Воевода и сам торопился узнать содержание грамот и теперь растерянно искал глазами своего дьяка, но на пустом месте, где прежде сидел дьяк, торчали только его здоровенные, железом подкованные сапоги, сам же он уж мирно храпел под столом.

— Свинье подобен! — со злобным отчаянием сказал воевода.

Андреев поднялся и сказал:

— Давай, что ли, боярин, я прочту!

— Прочти, прочти, светик, — обрадовался воевода, протягивая Андрееву свитки.

Последний взял их и, поцеловав печати, осторожно развязал шнуры и распустил один из свитков. Кругом все стихло.

Андреев откашлялся и стал читать:

"Воеводе рязанскому, боярину Семену Шолохову. Бил челом на тебя нам, государям, наш окольничий, боярин князь Терентий Теряев-Распояхин на том, что ты в умысле злом и лукавом заказал Матрешке Максутовой, бабе подлой, скрасть его сына Михаила".

— Господи помилуй! — пронеслось промеж гостей.

Воевода стоял, держась за край стола, и смотрел на Андреева безумным, недвижным взором. Его шея вздулась, лицо посинело. Он судорожно рвал на вороте рубаху.

"А та баба подлая сие дело скаредное, — продолжал читать Андреев, — поведала Федьке, прозвищем Беспалому, что в приказе обо всем с дыбы покаялся. И мы, государи, сие челобитие князя приняли и на том порешили: чтобы ты, боярин, сие дело скаредное учинивши, шел с повинною до князя, коему выдаем тебя головою!" А подписи, — закончил Андреев, — "Божьею милостью великий государь царь и великий князь Михаил Федорович и многих государств господарь и обладатель". А другая: "Смиренный кир Филарет Никитич, Божьею милостью великого государя царя и великого князя Михаила Феодоровича, всея Руси самодержца, по плотскому рождению, отец, волею Божьей по духовному чину пастырь и учитель и по духу отец, святейший патриарх московский и всея Руси".

Андреев замолчал. Наступила гробовая тишина.

Воевода тяжело перевел дух и прохрипел:

— Читай другую!

Андреев развернул.

"Боярину Семену Антоновичу Шолохову. Приказываем мы, государи, сняться с воеводства рязанского и все дела свои, и росписи, и весь обиход и наряд воеводский, зелье, казну, свинец, хлеб и пушкарский обиход сдать по росписи боярину Терехову-Багрееву, кому воеводство править и нам прямить!".

— Жжет! — не своим голосом крикнул воевода и гневно упал на стол.

— Дурно ему! Воды! Знахаря! — закричали смутившиеся гости.

— На воеводстве тебя, Петя! — сказал Андреев, подходя к Терехову-Багрееву.

Боярин с ужасом замахал руками.

— Господи, страсти какие! — прошептал он.

Тем временем воеводу слуги унесли в опочивальню. Гости стали расходиться, низко кланяясь новому воеводе.

Вдруг к последнему подошел дворецкий.

— Боярин просит тебя к себе!

Терехов быстро поднялся, несмотря на свою тучность, и поспешил к бывшему воеводе.

Тот лежал, как гора, на широкой постели и тяжело храпел.

110

Из свесившейся руки в глиняный таз текла черная кровь, ловко выпущенная татарином-знахарем. Увидев Терехова, он глазами подозвал его к себе и зашептал:

— За попом послал! Смерть идет. Где же мне до князя с головой... тебе покаюсь... Грешен я... сбил меня мой дьяк с тобой породниться... для того и княжонка я скрал... Прости!..

— Бог простит! — не веря своим ушам, смущенно пробормотал Терехов.

В это время в опочивальню вошел священник.

Воевода рязанский смещался со своего места Божьею властью.

А через несколько времени и в стольном городе Москве произошло событие великое и горестное. Князь Теряев-Распояхин уже отстроил свой дом и сад разбил, и церковку домовую освятил; перевез он жену со своим Мишею, оставил в вотчине славных немцев Штрассе и Эхе, но все еще медлил править новоселье.

Не до того было всем близким до царского верха людям. Все разделяли царскую тревогу и печаль и ходили унылые, словно опальные. С утра по Москве несся колокольный звон и народ толпился в церквях, молясь о здравии молодой царицы. С того самого часа, как встала царица из-за пира, занедужилась она, и вот уже третий месяц был на исходе, как хуже и хуже становилась ее болезнь. Приковала она ее к постели, высушила ее тело; очи ее ввалились, нос заострился, на щеках словно огневица горит, и все кровью царица кашляет, и рвота ее мучит. Доктора голову потеряли, видя, как тает красавица, Стали знахарей из Саратова звать, с Астрахани, с Казани — и ничто не помогало царице.

Измученный скорбью царь неустанно молился, и его уста только одно шептали:

— Божий суд! Наказует меня Господь за недоброе с Марьей Хлоповой!

Свою мать ему было боязно видеть. Свободное время он боялся оставаться один, окружая себя ближними, сидел между ними, не говоря ни слова, унылый и скорбный.

Только время от времени приходили к нему с верху и докладывали о здравии царицы. А она, голубка, лежала, медленно сгорая от злой болезни, и думала горькую думу о людской злобе, что позавидовала ее счастью и почестям.

Царь сидел за столом. Вокруг него стояли бояре. Ближе всех князь Теряев и Шереметев с Черкасским. Ждали часа, когда ударят к обедне, а до того царь принимал челобитные. Но ни на одного из вошедших даже не глянул царь, и бумаги отбирал Шереметев.

И вдруг среди тишины вместо звона церковного донеслась в горницу скоморошья песнь:

Эй, жги!
Ехал дьяк по улице
На сиротской курице,
А жена за ним пешой,
Заметая след полой...
Эй, жги!

Пел пьяный голос и слышался звон балалайки.

Бледное лицо царя окрасилось румянцем. Он выпрямился и гневно сказал:

— В час скорби скоморошья песня! Непригоже!

Князь Теряев вдруг рванулся с места. Его глаза загорелись.

— Государь! — сказал он, — скоморошье дело — бесово дело! Только людей сбивают с пути. А ныне и того оно богопротивнее. Дозволь скомороший обиход изничтожить!

Царь устало кивнул головою.

— Негожее дело, срамное дело, — тихо сказал он, — и отцы наши говорят: "И думал истинно, како отвратить людей от церкви, и, собрав беси, преобрази в человека и, идяще в соборе велице, пришед во град и вси бияху в бубны, друзия в козищи и в свирели и иные, сквернословя и плясахом, идяху на злоумышление к человеком; мнози же оставивши церковь и на позоры бесов течеху".

Но Теряев уже не слыхал царской речи. Как голодный зверь, выбежал он из дворца, прыгнул на своего коня и, крикнув челяди: "За мной!", — понесся по улице.

Пьяный посадский бренчал на балалайке, выводя тонким голосом:

Эй, жги, говори, говори!..

Князь наскочил на него, и в один миг балалайка вдребезги разлетелась о голову посадского.

Князь бросил обломанный гриф и сказал:

— Царь запретил скоморошьи приборы. Иди и бей их!

Посадский обалдело смотрел ему вслед, потом вдруг заревел: "Бей скоморохов!" — и бросился с этим криком по улице.

А князь скакал, направляясь в самое шумное кружало на Балчуге.

Как всегда, там стоял дым коромыслом: скоморохи пели и

112

плясали, дудели, играли и барабанили на потеху ярыжек. Князь ворвался и приказал именем царя отбирать от скоморохов гусли, свирели, домры, бубны и угольники. Скоморохи подняли вой, но князь с каким-то жестоким удовольствием разбивал их инструменты и кричал:

— Будет вам народ соблазнять!

Три дня он со своею челядью рыскал по городу, именем царя уничтожая скоморошьи инструменты. Разбитые, с порванной кожею, с оборванными струнами валили на возы и посылали в разбойный приказ на сожжение. Рассказывают, что в эти дни пять полных возов было сожжено палачами.

Князь Теряев словно успокоился, насытив жажду мести скоморохам: с того момента, как он получил от Терехова-Багреева отписку с рассказом обо всем случившемся, вся его ненависть сосредоточилась на одних скоморохах, и теперь сразу ему стало легче.

На другой день он даже вызвал слабую улыбку на лице царя, когда рассказывал про свой поход против скоморохов. Царь одобрительно кивал головою.

— Богу, слышь, сие угодно было, — сказал он, — царице полегчало!

Все окружающие благоговейно перекрестились.

— Слышь, — продолжал царь, — с Казани мурза прибыл, настой из трав ей дал, ей, голубке, и легче стало. Был у нее я ныне от утрени, говорил. Такая-то она ныне хлипкая стала! — Царь замолк, а потом он обратился к князю: — Ну а у тебя что? Был воевода головою?

— Нет, государь! Помер.

Царь широко перекрестился.

— Упокой Господи душу раба твоего... как его-то?

— Симеона...

— Симеона, — повторил царь. — С чего же он помер?!

Князь рассказал все по порядку.

Царь опять перекрестился.

— Видна карающая десница Господа. Истинно, суд Божий! Осудил и казни обрек слугу неправедного. Что там? Чего вы молчите? — Он вдруг поднялся с кресла и тревожно взглянул на Шереметева, который только что вошел. Слышно было, как в сенях тревожно бегали люди. — Что там? — повторил царь, бледнея.

Дверь распахнулась и в горницу с плачем вбежал князь Долгорукий.

— Кончается! — проговорил он, рыдая.

Царь выпрямился, но тут же покачнулся. Шереметев и князь успели подхватить его под руки...

Прорезая воздух уныло, гулко ударил колокол.

Царь опустился на колени и заплакал.

— Кончается!.. — произнес он. — Господи, я грешен, я виновен, меня и карай. За что ее-то!

Божья воля творилась: царица тихо и безболезненно кончалась, после трех месяцев непрерывной болезни, начавшейся с первого дня свадьбы.

ЧАСТЬ ВТОРАЯ

ЗАГУБЛЕННЫЕ ЖИЗНИ

I

В ДОРОГЕ

В апреле 1632 года, в конце Фоминой недели, по весенней распутице медленно подвигался по рязанской дороге богатый поезд. Впереди ехал отряд человек в двадцать на конях, вооруженный пищалями и бердышами, за ним двигалась огромная колымага, запряженная восьмеркою лошадей цугом; позади нее двигалась, везомая шестеркою, другая поменьше, а дальше целый обоз со всякою рухлядью и съестными припасами и толпа дворовых мужчин, женщин и детей, словно партия переселенцев.

В передней большой колымаге на широкой скамье лежала девушка красоты русской, удивительной и, обратив свое лицо к низкому потолку колымаги, казалось, дремала. На скамье против нее сидела полная, пожилых лет женщина а рядом с ней маленькая, толстенькая, в ватном шугае[40], несмотря на весеннее тепло, старушка, на сморщенном лице которой не было видно ничего, кроме живых, острых темных глаз.

Пожилая боярыня, откинувшись в угол полутемной колымаги, молча любовалась своею красавицею-дочкой, а старушонка беспрерывно суетилась и шамкала:

— Ох, ох! Уж и надумал же боярин с ума большого! На Москву, вишь, занадобилось! Всем домом; родного детища не жалеть! Что, Олюшка, изморилась? А утрясло всю? Может, касаточка, испить чего?

— Оставь, мамка! — капризно отозвалась молодая красавица.

— Ну, ну, лежи, золотце мое, жемчужинка! — И старуха, забывая о жарком дне, прикрыла ноги девушки теплым платком. Однако красавица нетерпеливо сбросила его ударом ноги.

---

[40] Шугай — женская кофта.

— Ну, ну, лежи, брильянтовая! — прошамкала старуха, поднимая платок с пола, и снова стала ворчать: — Ему што! Один себе разлегся там и лежит! Трясет его, не трясет — горя ему мало. То и дело кричит — браги ему! А как вам-то, золотые? И не спросит, толстый!

— Оставь, Маремьяновна! — остановила ее пожилая боярыня. — Пустое говоришь.

— Как пустое! — вскинулась Маремьяновна. — А на какую стать он нас потащил! Праздников не отпраздновали даже как след. Словно басурмане. Скучно ему без нас, что ли? А нам всего так-то трястись, словно масло бьют из нас. Еще вот, не приведи Господь, нападут какие лихие люди!

— Наше место свято! — вздрогнув, перекрестилась боярыня. — Что это ты какое страшное говоришь!

— И очень просто! — ворчала старуха. — Боярину и горя будет мало. Ну, скажи, на какую стать поволок он нас? А?

Боярыня лениво обернула к ней свое лицо и, видимо, уже не в первый раз, проговорила:

— Зачем? Познакомиться мне с княгинею Теряевой надо, Олюшка Москву поглядит, а там, глядь, и свадьбу справим. Душой успокоимся. Петр-то Васильевич все беспокоится, самому видеть хочется.

Молодая красавица, все время недвижно лежавшая, при словах матери взволновалась. Ее лицо вспыхнуло, потом побледнело, и она торопливо отвернула его в сторону, чтобы укрыться от зорких глаз Маремьянихи.

Но та словно загорелась от слов своей боярыни.

— Срам, один срам! — забормотала она. — Где же это видано, чтобы девицу к жениху везли! Сам-то он не может приехать, что ли? Накось! Нашу горлинку везем да чужим людям подбросим. Прямо срам один!

— Ну оставь пустое, мамка! Достань-ка квасу лучше испить. Уморилась я!

— И то уморишься, — заворчала старуха, шаря в рундучке под скамьею, — ишь ты, как встряхивает!

— Матушка, откинь занавеску! — попросила дочка-красавица.

Боярыня посмотрела на кожаные занавески, что закрывали двери колымаги, и грустно вздохнула.

— Боязно, доченька, по дороге народ всякий ходит.

— Чуточку, матушка!

Боярыне и самой было душно невмоготу. Она решилась и осторожно с краешка подняла занавеску. Воздух свежей струею влился в тесное помещение колымаги.

Маремьяниха достала квас и кружку, и боярыня жадно стала пить.

— Испей и ты, Олюшка, — обратилась Маремьяниха к девушке, но та только нетерпеливо махнула на нее рукою, быстро села и высунула свою головку за занавеску.

Однако мать тотчас отдернула ее в глубь колымаги.

— Что ты, что ты, бесстыдница! Вдруг еще батюшка увидит! — испуганно прошептала она.

Но батюшка увидать такое своевольство не мог. В следующей, что поменьше, колымаге, распоясавшись и разувшись, жирный, толстый, разморенный дорогою, он крепко спал на устроенном ему из двух сидений ложе.

Этим спящим человеком был не кто иной, как боярин Петр Васильевич Терехов-Багреев.

От 1619 года, с которого начинается настоящий рассказ, прошло тринадцать лет, и боярин сильно постарел и опустился в течение этого времени, чему немало способствовала его тихая, спокойная жизнь. Два года он повоеводствовал в Рязани, где за него все дела правил шустрый дьяк, Егор Егорович. В эти два года воеводства, по обычаю того времени, приумножил Терехов свои богатства и, порадевши славным государям, сошел с арены общественной деятельности и зажил как бы в полусне с любимою супругою Ольгой Степановной. Тишину их дома нарушала только полная жизни красавица Оля, которой пошел уже семнадцатый год.

Вырос в это время в Москве и молодой князь Теряев, и его отец уже напомнил своему другу их общий обет.

Думал боярин, как исполнить обещанное, чтобы успокоить свою душу, а тут вдруг и подошло подходящее случаю дело.

В Польше скончался король Сигизмунд и наступила временная смута. Пользуясь ею, надумали государи русские войну с Польшею и того ради созывали на Москву земский собор.

Воевода рязанский с торговыми людьми пришел поклониться боярину Терехову-Багрееву, чтобы он от Рязани ехал, и боярин, обленившийся и неповоротливый, тут сразу решил исполнить общую просьбу.

— Одно к одному, — сказал он жене, объявляя свое решение, — возьму вас с собою. Там мы и Олюшку отдадим. Познакомитесь вы, пока я в соборе сидеть буду.

— Твоя воля! — покорно согласилась боярыня и стала готовиться к дальнему пути.

Молодая же Ольга, едва прослышав про дорогу в Москву и намерение своего отца, сомлела и хлопнулась на пол в своей светлице. Маремьяниха, приводя ее в чувство, сожгла чуть ли не целый петушиный хвост и собиралась уже за знахаркой бежать.

Пришла в себя Ольга, и вся ее веселость словно отлегла от нее навсегда. Стала она задумчива и печальна, словно какая-то скорбь сосала ее сердце.

И никто не мог понять ее печаль. Маремьяниха ворчала и бранилась:

— Статочное ли дело девушку к жениху везти! Где видано такое? Известно, со стыда сохнуть Олюшка начала, потому дело невиданное!

— Просто боязно! — поправляла ее боярыня. — Впервой в дороге быть, ну и страховито!

— Одно глупство, — заявил боярин, прослышав про печаль дочери, — выйдет замуж, княжной станет. Москву увидит, и всю ее печаль как рукой сымет!

Никто не знал, отчего запечалилась так Ольга. Знали про ее печаль только сердце ее да еще сенная девушка Агаша, с которой боярышня привыкла делиться своими думами.

Сборы у боярина шли спешные. Прошли унылые дни Великого поста, настали светлые дни Пасхи Христовой, и на третий день праздника боярин стал уже торопить всех к отъезду, чтобы отойти от Рязани не позже Фомина воскресенья. Составил он обоз, снарядил охрану, определил челяди, кому идти с ним на Москву, и приготовил подарки.

И вот вскоре все очутились в дальнем путешествии.

Однако не одна Ольга запечалилась, прознав, что увезут ее в Москву в замужество с незнакомым князем. Запечалился в доме Терехова боярский холоп, кабальный человек Алеша Безродный. Он побледнел, осунулся, и боярин, разговаривая с ним, только диву давался.

— Да что у тебя, хворь какая-либо приключилася? — спросил он. — Так сходи к знахарю. Слышь, у Ефремыча от всякой болезни заговор или зелье есть.

— Ничего со мною, боярин, не сталось, — ответил на такие слова Алеша, — только так что-то закручинилось.

— Ну, ну! — тяжело отдуваясь, произнес боярин. — Эту-то кручину у тебя мигом в Москве снимут!

При этих словах еще бледнее стало лицо Алеши. Хоть и был он кабальным человеком у боярина, а вся семья, и дворня, и прочие кабальные люди любили Алешу за его силу, удаль и за добрый, веселый нрав. Маремьяниха, часто вздыхая, говорила ему:

— Эх, Алеша, Алеша, загубил ты свою жизнь! Не такая судьба тебе была писана.

А Алеша встряхивал головою и отвечал:

— Может, я сам того искал, бабушка!

Леонтий Безродный, рязанский посадский, захотел в люди выйти и торговлишкой заняться, а для того занял денег у боярина Терехова. Только ничего не вышло с этой торговли: проторговал он весь свой достаток, домишко и землю, что в пригороде имел, проторговал все деньги, что дал ему Терехов, и с горя повесился.

Сыну его, Алеше, тогда шестнадцатый год шел. Остался он сиротою круглою, да еще с порухою на имени, и не вынес того. Пришел к боярину, поклонился ему земно и отдался ему в кабалу[41] за отчий долг.

Боярин не хотел брать его, да Алеша стал просить его, и взял его боярин на десять лет.

Вскоре отличил Терехов его ото всех и поставил во главе своих служилых людей, доверив ему личную охрану.

Отличила его и Ольга среди всех прочих своим сердцем, только что открывшимся для любви, а что касается Алеши, то он только и дела делал, что не сводил взора со слюдовых оконцев светлицы боярышни.

И случилось раз ненароком им встретиться в густом саду за сиренями. В те поры цвела она, сирень эта, цвели и яблони, и черемуха. От одних весенних запахов кружило голову, а тут еще свистел соловей, задорно выкрикивал коростель; так где же было устоять молодым сердцам, переполненным жаркою любовью? И нежданно сплелись руки, и замерли уста на устах.

Потом признался Алеша боярышне, что подстерегал ее в кустах, когда она одна пойдет. Стерег для того, чтобы высказать свою душу и разом решить свою судьбу.

— А если бы ты не люб мне был? — лукаво спросила боярышня.

— Ушел бы, убег бы... ушел бы на Волгу, к зарубежникам и стал бы разбоем против ляха да татарина промышлять!

— Ой, что ты! — со страхом воскликнула Ольга и крепко приникла к юноше полною грудью.

И любились они, как голуби, ни о чем не думая, ничего не опасаясь, пока вдруг не услышала Ольга решение своего отца, громом разразившееся над ними.

— Агаша, милая моя, Агаша, я тебе ленту алую подарю...

---

[41] В XIV—XVII в. было общепринятым явлением, что долг уплачивали не деньгами, а службой, и это называлось кабалою. (Примеч. автора)

оповести Алешу, чтобы нынче в саду ждал меня! — молила Ольга свою наперсницу, узнав роковую весть.

— Чего уж ленту, — ответила верная подруга, — и так скажу.

И в тот же вечер свиделась Ольга с Алешею и горько плакала, а он стискивал зубы и хмурил брови, словно терпел мученическую муку.

— Что же ты, или не знала того ранее? — угрюмо спросил он.

Ольга заломила руки.

— Ой, знала! Матушка да Маремьяниха иногда шутя говорили про то, да мне и не в голову! Так, думала... далеко!..

— И что же он? Молодой?

— Мне в погодках... слышь, на два, на три старше. Да не люб он мне, не люб! — страстно воскликнула Ольга. — В могилу лучше, чем за немилого. Ты мне люб!

Алеша порывисто прижал ее к себе.

— А что сделаем? — прошептал он. — Бежать? Как зверям, по лесам рыскать, из оврага воду пить, коренья есть, а там тебя, голубку, в разбойное гнездо завести!..

Ольга вздрогнула.

— Подожди еще, что будет, — с горечью заговорил Алеша, — еще не отдают. Придет время, подумаем еще! А может, ты еще и батюшку с матушкой уговоришь как-либо.

Нерадостные расстались они, и отлетело от них веселье.

Спустя неделю сказал своей милой Алеша:

— Слышь, твой батюшка меня с собою берет, над охраною головой... тебя беречь. Ну, и то ладно. Не оставлю я, значит, тебя, ласточка, и в Москве. А там видно будет! Не кручинься, а то и мне невтерпеж становится!

— Тяжко мне, Алеша, до смерти!

— А мне-то!

А потом Ольга мучила Алешу:

— Слышь, князь-то, мой суженый, говорят, молодой и статный. Царем отличен; в иные земли посылали.

— Ой, не мучь ты меня! — стонал Алеша.

— Любый мой! Сокол! Да краше и лучше тебя мне никого нет! — отвечала Ольга и начинала ласкать его и целовать затуманенные очи Алеши.

И до самого дня отъезда ничего они не надумали против надвигавшейся на них грозы.

Тронулись они в путь, и миновали их красные дни. Все время Алеша ехал впереди своего отряда, зорко всматриваясь по сторонам, нет ли где засады, а боярышня томилась в душной колымаге и только изредка, урывками, где-нибудь на привале, доводилось им взглянуть друг на друга.

Ехали они все вперед и вперед, и оба думали почти одну и ту же думу: как они жить в Москве будут, как им свидеться там придется и что делать, когда ударит последний час. Думали, но ничего придумать не могли и только мучили свою душу тоскою и отчаянием.

II

НАПАДЕНИЕ

Медленно подвигался поезд Терехова-Багреева, приближаясь к Москве. Боярин вышел из своей колымаги размять ноги и подозвал к себе Алешу.

— Где будем теперь? — спросил он.

— Недалеко от Коломны, боярин, — ответил Алеша, — думаю, к ночи до Коломны добраться. Верст двадцать всего!

— Ну, ну! — сказал боярин, знаком руки отпуская его от себя, и задумался.

Вспомнились ему его поиски в этих местах Ольги, атаман шишей Лапша, поляки, князь Теряев. Он оглянулся вокруг и вздохнул. Может, тут вот не одна сечь была с ляхами. Дорога шла широкой, извилистой полосой посреди леса. Сколько тут было в свое время засад и засек. Ляхи отбивали обозы у русских, шиши — у ляхов; разбойничали Лисовский, Сапега, казаки и разный сброд.

Боярин подошел к большой колымаге и ударил рукою в кожаную занавеску. Княгиня отдернула ее и выглянула из окна.

— Ты, Петр? — спросила она.

— Я, Олюшка, — ответил боярин, — может, хотите ноги размять? Дорога очень хороша, воздух на удивление!

— Я-то не прочь; как с Оленькой только?

— А с ней что? — встревожился боярин.

— Да срамотно выйти-то так.

— И... тоже выдумала, матушка, — вмешалась Маремьяниха, — нешто тут сторонние люди есть! Одни холопы.

— И то! Выходите, выходите!

Боярин махнул слугам. Все мигом подскочили к колымаге и помогли вылезти из нее сидевшим.

121

Вслед за матерью козой выскочила Ольга и глубоко всей грудью вдохнула бальзамический весенний воздух.

— Прыгай, да не очень, — заворчала Маремьяниха, — ишь, бор кругом. Неравно еще зверь выскочит.

— Зверь!.. — засмеялся боярин. — А на что у нас стража надежная? Эй, Алеша! — зычно закричал он.

Алексей повернул коня, и его лицо вспыхнуло пожаром, едва он увидел, что любимая Ольга вышла на дорогу. Он ударил пятками коня, подскакав к боярину, спешился.

Ольга взглянула на него и порозовела, встретив его полный страсти и обожания взгляд.

— Слышь, Алеша, — улыбаясь, сказал боярин, — наша старуха сказывает, что здесь боязно нам.

Алексей тряхнул головою, отчего звякнула на его плечах кольчужная сеть, и ответил:

— Во все глаза гляжу, боярин! Ни зверю, ни ворогу не дам подойти близко даже, доколе жив сам.

— Ну, вот тебе, старая! — усмехнулся боярин. — Ишь, у нас какой воин да охрана! Иди, Ольга, созови девок да побегай малость, а мы с боярыней тихим шагом.

— Агаша! — звонко закричала Ольга, отбегая в конец обоза.

— Ау! — откликнулась ей верная подруга.

Боярин шел медленно, вперевалку, с женою, а невдалеке от них, ведя в поводу коня, шел Алексей. Боярин вспомнил старое время и князя Теряева.

— У него здесь неподалеку и вотчина есть... громадная! Из нее у него Мишуху-то украли, — сказал боярин.

— Где же она? — спросила его жена.

— Тут где-нибудь. Не видал, Алеша?

Алексей вздрогнул. Само имя князя Теряева было тяжко для его слуха.

— Не знаю, боярин! — ответил он.

— Да беспременно увидим ее. Слышь, она как есть на дороге... Что это? — вдруг прервал свою речь боярин и насторожился. — Ровно будто засвистел кто-то? А?..

Они приостановились на дороге. Боярыня испуганно прижалась к мужу.

Замолкли по городам, селам и дорогам звуки жалейки, свирели и гуслей, звон балалайки, ложек и накр, замолкли веселые песни скоморохов, их сказки да присказки, словно исчезли и сами скоморохи со своими медведями и учеными козами, разогнанные властным словом царя Михаила Федоровича. Но не на радость мирным жителям произошло все это. Вместо музыки послышались по лесам и дорогам молодецкие посвисты да лихие выкрики; вместо песен да сказок стали раздаваться ясачные крики[42], а веселые скоморохи обратились в лютых разбойников.

Знакомые нам раскосый Поспелка, Распута, Козел да косолапый Русин соединились в одну шайку под начальством Злобы, рыжего силача, и хозяйничали под Коломною. Эта шайка увеличивалась беглыми крестьянами, иными скоморохами и всяким побродяжным людом, и они дерзали нападать на большие обозы с товарами.

Добрую неделю ждали они обоза боярина Терехова-Багреева. Прознали они, что он чуть ли не со всем добром в Москву едет, и решились попытать свое счастье. Они расположились по двум сторонам дороги еще с ночи в ожидании боярина. С одной стороны сидел в кустах косолапый Русин с Козлом, Распутою и еще десятком человек, а с другой — расположился с шестью людьми Злоба.

— Как свистну трижды, в третий во всю — так и высыпай, ребята! — приказал Злоба.

— Ладно, свистни только вовремя! — отозвался Распута.

Все они были одеты в липовые лапти да простые сермяги, стянутые у пояса широким полотенцем, а вооружены кто чем. У гиганта Злобы был огромный бердыш, у других — у кого нож, у кого кистень, у кого пика, у кого пищаль.

Позади Злобы зашуршали кусты, и из них показался Поспелка.

— Уф! — проговорил он, вытирая вспотевшее лицо.

— Идут? — торопливо спросил Злоба.

Поспелка кивнул.

— Идут! Сам из колымаги-то вылез, пеший идет, и боярыня с ним, и девка! Только... того...

— Что еще? — нахмурясь, спросил Злоба.

— Стража при них. Гляди, с полсорока стрельцов да конных столько же... А челяди этой!

Поспелка лишь махнул рукой.

Злоба тряхнул головой.

— Не знаешь, что ли, боярских стрельцов да холопьев? Гаркни только, так они вроссыпь! Нас, чай, тоже с полсорока будет! А как идут?

— Впереди эта самая стража, а сзади — челядь, а в средине...

Злоба остановил его.

_____

[42] Ясачный крик — сторожевой и опознавательный сигнал, сигнал тревоги.

— Замолол! — презрительно сказал он. — Ты вот что лучше: иди к нашим, — он показал на другую сторону дороги, — и скажи: как свистну, так чтобы на охрану бросились прежде всего. А мы сзади поднапрем! Ну! Живее!

Поспелка выскочил из кустов и быстро, как заяц, перебежал дорогу. Злоба подтянул кушак, засучил рукава сермяги и взял в богатырские руки свой бердыш.

Обоз показался на дороге и медленно подвигался прямо на них. Злоба с товарищами притаился. Обоз двигался, не чуя опасности. Злоба увидел боярина с женою, рядом с ними пешего воина; со смехом пробежала сенная девушка мимо него. Злоба заложил два пальца в рот и протяжно свистнул.

Этот-то свист и услышал боярин Терехов и спросил о нем Алексея.

— Не иначе, как разбойники, — сказал Алексей, быстро вскакивая на коня.

В это время свист повторился.

— Семен, меч мой! — закричал Терехов, чувствуя, как вскипела его кровь.

Маремьяниха всплеснула руками.

— Олюшка! — завопила она. — Олюшка! Дитятко! Беги сюда!

Словно над самым ее ухом раздался в третий раз пронзительный свист, и дорога огласилась каким-то диким воплем. Грянул залп, а затем послышался шум битвы.

Семен, весь дрожа от страха, подал меч боярину и бросился под колымагу. Ольга, вся дрожа, прибежала к отцу, на руке которого повисла боярыня, и обернула свое побледневшее лицо к месту боя. Она видела, как ее Алексей махал мечом, скача то в ту, то в другую сторону.

— Мамушка, убьют! — закричала она, но Маремьяниха не поняла ее возгласа.

— Убьют, ежели слушать не будешь. Беги за мною!

Она потянула за собою Ольгу, и скоро они все укрылись за ольховым кустом у края дороги. Боярыня бессильная упала на траву. Ольга, сложив на груди руки, с мукою смотрела на бой, видя только одного Алексея, а сам боярин с мечом в руке готовился защищать себя и своих близких.

Злоба верно сказал. После первого залпа смутились воины боярина, и только один Алексей одушевлял их, готовых бежать каждую минуту. Уж очень стремителен и яростен был натиск разбойников. Стрельцы бросили свои мечи и бердыши. Косолапый Русин ухватил брошенную долбицу и махал ею, как легким кистенем, каждым ударом валя человека.

124

Алексей рубился нещадно. Козел полез ударить его лошадь, но тотчас покатился с разрубленным плечом.

Вдруг страшный вопль потряс воздух. Алексей обернулся и увидел, как вся челядь с женщинами и детьми в паническом ужасе бежит к ним, а за ними с ревом гонятся другие разбойники. Это Злоба ударил в хвост обоза.

Все смешалось. Страшный бердыш Злобы свистел в воздухе, валя людей рядами. Алексей бросился на Злобу, но предательский нож подсек жилы на ногах у его лошади. Она вдруг осела на задние ноги, и Алексей покатился на землю.

— Ах! — вскрикнула Ольга и упала к ногам своего друга.

Маремьяниха, испуганная, подбежала к ней.

— Вяжи его! Не бей! — приказал Злоба, опуская бердыш.

Битва кончилась. Разбитые слуги искали спасения в бегстве, сопротивлявшиеся были частью перебиты, частью связаны, челядь просила пощады.

— А где боярин с боярыней? — спросил Злоба. — Найти их!

Разбойники бросились к колымагам и, не найдя в них никого, рассыпались по дороге.

Скоро раздались крики. Злоба обернулся и увидел боярина с мечом в руке, а перед ним уже двоих убитых.

— Ах, волк тебя заешь! — проворчал он с усмешкою. — Ишь, жирный пес, а как сечется. Ну, вы! — обернулся Злоба к перепуганной челяди. — Коли не хотите по деревьям болтаться, берите его, боярина своего. Только живым, чур! Ну, разом! О-го-го!

Словно стая псов, бросились прежние холопы на боярина и дали ему только два раза махнуть мечом. Стоило это двух жизней, но минуту спустя боярин уже лежал на земле туго связанный, а Маремьяниха неистово ругалась:

— Холопы вы подлые! Вот ужо вам задаст боярин! Нате, на кого руки подняли! Душегубы вы, разбойники! Боярышню-то оставьте, волчья сыть! Уж и быть вам на виселице, подлые!.. Чего? Меня? Я вам все глаза выцарапаю! Троньте только.

Тяжкую картину представляло собою наглое торжество бездельных скоморохов. Они свернули весь обоз в сторону от дороги и под прикрытием леса отдыхали, готовясь отъехать в свое становище и там поделить добычу. Боярская челядь свободной толпою разместилась подле возов и лошадей вперемежку с разбойниками, которые уже успели достать жбан меда и упивались им, пересмеиваясь с челядинцами.

— То-то вы, холопьи души, — говорили они, — что баранье стадо! Везут и снедь всякую, и мед, а жрут толокно, запивают из гнилой лужи. То ли дело — житье наше. Веселись, душа! Чего мой сапог хочет! Есть и мед, и брага, и красная девица! Гуляй — не хочу.

— Эй, красавица, садись ближе! — крикнул пьяный, ухватив за подол девушку.

Та рванулась от него, и тесьмы на ее юбке лопнули.

— Ой, срамота моя!

— Го-го-го! — загудело кругом. — Власий, тащи сюда и другую. Мы их!

— Давай, девки, хоровод водить!

— Вот им у нас раздолье будет, как подуваним их!

Отцы и мужья оскорбляемых женщин хмуро исподлобья глядели на обидчиков, в то же время и боясь их, а молодые холопы разгоревшимся взором смотрели на наглые шутки разбойников.

А в стороне от них, у ручья, что бежал между двух старых берез, была иная картина. На лужайке рядом друг с другом лежали связанные боярин и Алексей, а подле них сидели рыжий Злоба с косолапым Русином. Тут же неподалеку, под надзором Козла, Поспелки и Распуты, сидели боярыня, боярышня и Маремьяниха.

Злоба сказал боярину:

— Слышь, боярин, мы тебе худого не сделаем, с честью отпустим, только ты нам в Рязань отписочку дай, чтобы нам за тебя и твоих отступного дали. Дашь пятьсот, можешь и волчонка прихватить с собою. Не дашь — кого-кого, а его повесим. Беспременно уж повесим!

Боярин молчал, а Алексей сверкал глазами, готовый порвать веревки и броситься снова в неравную теперь битву.

Ольга с тоскою глядела на него. Угроза повесить Алешу долетела до ее слуха и сжала ужасом ее сердце.

Вдруг со стороны раздались крики.

— Батюшка, бьют! — заорал один разбойник, бросаясь к Злобе.

Тот бешено вскочил на ноги.

Какие-то всадники мяли его разбойников. Один миг — и на поляну выскочил на дорогом сером аргамаке юноша-воин; кольчуга блестела у него как рыбья чешуя, легкий шлем горел звездою, в руке сверкал короткий меч.

Злоба с ревом кинулся на него, но молодой всадник вздыбил коня, и тот ударил разбойника копытами прямо в грудь; в ту же минуту в правой руке воина мелькнул чекан[43], и косолапый Русин со стоном повалился на землю.

---

[43] Чекан — боевой топор с узким лезвием и молотовидным обухом.

— Так их, так, душегубов! — кричала Маремьяниха. — Его берите! его, злодея! убежит! — И она вцепилась в Поспелку.

Тот стал рваться от нее и бить ее по голове; но сзади появился огромный воин на коне; он нагнулся, ухватил Поспелку за ворот и поднял его на воздух.

Ольга думала, что все это она видит во сне.

Молодой воин соскочил с коня и снял шлем. Черные волосы, остриженные в скобку, высокий белый лоб, ястребиный нос и яркие серые глаза делали его лицо прекрасным.

К нему подскочил всадник и, спешась, сказал:

— Разогнали всех, княже, а коих перевязали. Повесить их, что ли?

— Подожди, — ответил молодой воин, — свяжи-ка и тех!

Он указал на лежавших без чувств Злобу и Русина и подошел к боярину и Алексею.

— Хвала Богу, что поспел со своею помощью, — сказал он, мечом разрезая путы, — вставай, боярин! — И, к удивлению Терехова, он низко поклонился ему и прибавил: — Прости Христа ради, что запозднились!

— Что ты, молодец! Господь с тобою! Тебе ли у меня прощения просить, коли ты всех нас от лютой беды спас? Кто ты, поведай! Было бы ведомо, за кого Богу молиться.

— Княжой сын Теряев-Распояхин, — ответил молодой воин.

— Миша! — воскликнул боярин. — Да ты ли это, княжий сынок? Ольга, глянь! Сын нашего князя! Женишок наш!

— Родной ты мой! — бросилась к руке его Маремьяниха.

Только лицо самого князя при этом возгласе затуманилось, и он исподлобья взглянул в сторону боярышни, которая вдруг потупилась; да Алеша, сперва с восторгом глядевший на молодого воина, что явился словно архистратиг, сразу нахмурился и ревниво сжал кулаки. Но боярин с боярынею не заметили этого; они, забыв о недавней опасности, осыпали князя вопросами.

Он едва успевал отвечать им.

— Случаем набрел я на вас. Батюшка послал меня к вам навстречу, я и поехал, да в Коломне остановился, ждать хотел там. А тут мужичонка прибег, говорит — на обоз напали. Я и поскакал.

— И в самую пору, соколик! — сказала Маремьяниха. — Загубили бы нас лиходеи. Везти к себе хотели.

— Ну, с ними мы управимся! — сказал князь и вдруг, к их удивлению, обратился к огромному белокурому воину на

127

незнакомом языке. Тот ответил ему. Князь обернулся к боярину. — Мы, боярин, обоз сейчас на дорогу выправим. Дозволь боярыню да боярышню в колымагу посадить, а мы тем часом суд свой срядим!

— Вестимо, вестимо, князек! Ну, бабы! живо! — заторопил боярин. — Сажайтесь, что ли! Алеша, подсади!

Алексей порывисто рванулся помогать женщинам. Его глаза умоляюще взглянули на Ольгу. Она поняла его взгляд и, садясь, крепко сжала его руку.

— Только твоя! — прошептала она чуть слышно.

Обоз осторожно перевели на дорогу. Тем временем князь и боярин сели на сломанное дерево, и князь приказал своему слуге:

— Сходи-ка, Ерема, зачерпни воды да полей на голову вот этому! — И он кивнул на Злобу.

Ерема поспешно исполнил приказание.

Злоба очнулся. Княжьи слуги встряхнули его за плечи.

— Вставай перед князем! Ну, ну!

— Э! вот кто это! — вдруг закричал огромный воин.

Князь с удивлением обернулся.

— Чего ты, Эхе?

— Чего? Это — тот самый, что тебя украл тогда, маленьким! Я видал! Да! Да!

Злоба сверкнул на него глазами.

— Кого это я крал?

— А князя Теряева?

— Князя? — И Злоба, разинув рот, в ужасе отшатнулся.

— Повесить его! Сейчас повесить! — закричал боярин. — Ах ты, подлая твоя образина! Лиходей окаянный!

— Повесить! — тихо отдал приказ молодой князь и встал. — И будет, боярин! — сказал он. — Дать остальным по полусотне плетей да отнять оружие и взашей.

Скоро обоз двинулся в прежнем порядке.

Не хватало только нескольких человек, убитых в схватке, да иные шли перевязанные окровавленными тряпками.

— А ты, что же, пеший? — спросил вдруг князь у Алексея.

Тот хотел отвернуться, но не мог устоять против ласкового голоса князя.

— Коня подо мною убили, — ответил он.

— А мы тебе другого! Эй, Влас, спешься! Дай боярину коня!

Влас быстро спешился и подвел своего коня Алексею. Тот вскочил в седло.

— Не боярин я, — сказал он, выпрямляясь в седле.

— А кто будешь?

— Кабальный боярина, Алексей Безродный! — ответил Алексей и весь вспыхнул, но удивление охватило его, когда он услышал слова молодого князя:

— Все едино. Добрый воин! За что в кабалу пошел?

— За долг покойного батюшки, царство ему небесное.

— Доброе дело! — ответил князь и тихо отъехал к окну боярской колымаги.

Княжьи слуги окружили Алексея. Тот ехал задумавшись. Вот его соперник — совсем особенный человек: и красавец собою, и рода княжьего, и в обращении небывалый.

А в колымаге боярыня и Маремьяниха наперерыв восхищались молодым князем:

— Вот жених так жених! Ах, и счастливая ты, Олюшка! Хорошо надумал батюшка! Ах, хорошо!

— Уж чего и лучше! — подсказала Маремьяниха. — И бодр, и умен, и воин какой! Что бы без него? Пропали бы наши головушки! Ах, и счастливая ты у нас, Олюшка!

А "счастливая" сидела бледная, безмолвная, с горечью думая о своей горькой участи. Нет никого для нее краше ее Алеши, и напрасно прельщают ее и родом знатным, и богатством. А против отцовой воли разве пойдешь? Особенно теперь! Понимала она ясно, с горькой болью, что нежданное появление князя в роли избавителя только крепче связало ее тяжелыми путами.

Понимал это и несчастный Алеша.

Но так же нерадостно чувствовал себя и сам молодой князь. Увидел он свою невесту, и стало ему горько и за нее, и за себя. И зачем, не спросясь, поторопились родители связать их обещанием?

III

РОЗЫ И ТЕРНИИ ЛЮБВИ

Злосчастный цирюльник Эдуард Штрассе со своею сестрою Каролиною поселился в вотчине князя Теряева-Распояхина и вскоре приобрел полное доверие не только князя, но и княгини, и даже всех челядинцев. Добрый, ласковый, веселый, много знающий и всегда готовый помочь каждому, он сначала прослыл ведуном, а потом знатным лекарем; князь, переселившись во вновь построенный московский дом, перевел с собою и Эдуарда Штрассе, как домашнего врача, а с ним опять переехала и красавица Каролина.

Оставил у себя тогда князь и храброго капитана Эхе, чтобы обучить своих людей иноземному строю.

Эти "немчины" оказали неоценимые услуги в деле воспитания молодого князя Михаила. Сперва княгиня-мать глаз не спускала со своего ненаглядного и решалась отпускать его только в сопровождении Эхе, невольно чувствуя простодушную честность и мужество шведа, а потом, видя, с какою любовью относятся к ее детищу добродушные немцы, и совсем доверила им своего сына.

Князь не только не перечил ей, но одобрительно говорил:

— И хорошо! Мишенька лишь добру от немчинов научится. Народ они до всего дошлый, а наш Дурад (так все в доме переделали имя Эдуард) ко всему и добрый.

Михаилу в общении с немцами была дана полная свобода.

Полюбил он их и привязался к ним всею детскою душой. Нравилась ему ласковая, обходительная Каролина, кормившая его иногда печеньем; еще более нравился сам Штрассе, который не уставал учить любознательного Михаила, все показывая ему и разъясняя. И все интересовало маленького князя. Узнавал он великие вещи: и как какая трава называется, и отчего день с ночью чередуются, и как живут в иных землях люди, и как дышит всякая тварь, и какая от кого польза, какой от кого вред.

Не уставал слушать Михаил своего добровольного учителя, и потом, когда передавал все слышанное своему отцу, тот с удивлением слушал его и говорил:

— Истинно: учение — свет!

Едва ли не больше всех полюбил Михаил славного Эхе, да и тот привязался к своему ученику в воинском деле. Выучил его капитан ездить на коне и управлять им, выучил стрелять из арбалета и пищали, мечом владеть, кистенем и страшным шестопером[44], а рассказами о своих походах воспламенил его воображение и расположил сердце к воинским подвигам.

Вырос Михаил на диво окружающим. Говорил он на трех языках: русском, немецком и шведском; знал столько, что смело мог считаться по тому времени ученым, и при своей красоте был едва ли не первым по отваге и ловкости.

---

[44] Шестопер — боевое оружие, род булавы с головкой из шеста металлических ребер.

Когда в 1630 году из Москвы послали полковника вербовать солдат в Швеции, князь отпустил вместе с Эхе и своего сына. Повидал юноша иные земли и иные порядки, и Филарет сразу отличил его.

— Прославит он род твой, — говорил Шереметев князю.

— Давай Бог! — отвечал с самодовольной улыбкой князь.

И все-таки молодой князь Теряев все еще не был у государственного дела, не служил даже в ратниках. Князь не раз пенял ему на то, а он отвечал:

— Нешто не у дел я, батюшка? Глянь, у нас теперь своя рать готовая, не хуже тех, что Лесли привел! — И все свое время он посвящал то учению со своими солдатами, которые набирались из княжьих холопов, то учению со Штрассе, по указанию которого он навез много книг с собою. Свое время он проводил то в Москве, то в вотчине под Коломною.

И вот однажды озарилась вдруг его жизнь первым счастьем. Полюбилась ему дворянская дочь Людмила Шерстобитова. Раз зашел князь Михаил в Коломне в церковь к ранней обедне, увидел ее и потерял свой покой. С той поры, куда ни ехал он, везде ему была дорога через Коломну, и каждый раз то у обедни, то у всенощной видел он свою зазнобу.

Не выдержал он наконец и, вспомнив про знахарку Ермилиху, решил обратиться к ней за помощью. В те времена знахарки, бабы-повитухи, были и свахами, и своднями, и на всякое, даже воровское дело за деньги согласны. Князь Михаил пришел к ней и поведал ей свою тайну.

Она затрясла своею седой головой и лукаво прищурила гнойные глаза.

— Ладно, ладно, соколик, подожди денька два времени. Все выложу тебе как на ладонке и про твою любовь слово скажу!

Как в огне горел молодой князь эти два дня. Через два дня он снова пришел к старухе.

— Ну что?

— Узнала, сокол, узнала! Только птичка-то — невеличка, — сказала она, вздохнувши, — дворянская дочка, и бедная! Живет со старухой матерью, а та — вдова убогая. Только и добра, что огородишко да корова. С того и живут. Да дочка, слышь, мастерица жемчугом шить, так каким-то купцам немецким работает.

— Да кто она? Звать ее как?

— А звать ее Людмилою, рода Шерстобитовых. Слышь, у воеводы Шуйского отец ее служил ранее, а потом с Пожарским поляков отбивал, а там, слышь, со шведами дрался и убили его. Людмиле тогда всего два годочка было.

Князь нетерпеливо кинул ей несколько рублей.

— Говори дело, старая! Что про меня говорила ей... Видела ее?

Старуха обнажила улыбкою десны.

— А то как же! И про тебя говорила. Она-то, вишь, тебя заприметила. Только я не назвала тебя. Так, говорю, человек ратный! Хи-хи-хи...

— Ну!

— Ну а если ты сокол есть, иди к ее дому задами да на огород, как стемнеет, и иди. Частокол-то низкий. А там и она будет!

Князь радостно бросил старухе еще монету и выбежал из избушки. Его сердце билось как пойманная птица. Он увидит Людмилу, говорить с ней будет!.. Но когда настала минута свидания и он готовился прыгнуть через частокол, робость охватила его, что ребенка в лесу. Он стоял и медлил. И вдруг в сером сумраке вечера мелькнуло что-то белое. Миг — и князь был подле девушки.

Она робко закрылась рукавом.

— Ой, срам мне! — тихо молвила она.

— Что за срам! — промолвил князь.

И откуда вдруг взялась у него речь! Как жемчуг на нитку, нанизывал он слово на слово. Он говорил девушке про первую встречу, про первые мысли свои, про свою любовь, и Людмила, что соловьиной песни, заслушалась его слов.

— А я-то люб тебе? — тихо промолвил князь.

Она отняла руку от лица своего и улыбнулась.

— Нешто пришла бы?

Князь обнял ее и в первый раз в жизни прикоснулся устами к девичьим устам. Словно огонь пробежал по его жилам, словно вихрь закружил ему голову.

— Жизни за тебя не жалко! — сказал он на прощание.

— Когда придешь? — прошептала Людмила.

— Завтра!

С этого момента князь Михаил весь переродился. Даже малонаблюдательный Эхе, взглянув на него после его первого свидания с Людмилой, воскликнул:

— Что с тобою, князь, случилось?

Михаил понял его вопрос и смутился.

— А что? — спросил он.

— Да ты словно гетмана Жолкевскаго полонил! — сказал Эхе.

132

— Под Коломной полевал[45]... удачливо очень! — соврал Михаил и покраснел снова.

Однако от взоров проницательной Каролины он не мог укрыться. Та ничего не сказала ему, а только поглядела на него и тихо улыбнулась.

Все дивились, глядя теперь на Михаила.

Княгиня-мать сетовала ему:

— Что это ты, Миша, со мной нонче и словом не обмолвишься? Сижу я у себя наверху и все думаю, что заглянет сынок, а он — на! — опять на вотчине. Вчера батюшка искал, искал тебя!

— Скучно на Москве мне, матушка, — врал Михаил, — а там ратники мои, полевание...

Князь, занятый теперь в приказе, где на сильных челом бьют, тоже дивился на сына и говорил ему:

— Царь о тебе намедни спрашивал. Слышь, в дворцовые хочет взять, если ты охоч. Патриарх о тебе пытает, про что думаешь, а я тебя и в глаза не вижу — все на вотчине!

— Как повелишь, батюшка, — уклончиво ответил ему Михаил, — только я для верху негоден буду. Мое дело ратное!

— Ну, тем лучше!.. Князь Черкасский тебе, хочешь, полк даст!

— Молод я, батюшка, для чести такой. И опять воля своя мне всего дороже.

— Ну, ладно, гуляй до двадцатого, а там и в службу царю! Негоже князьям Теряевым далеко от верху быть!

Дивился и добродушный Штрассе.

— Почему ты так мало читать стал, княже? По три дня не видно тебя. Ни о чем не спрашиваешь. Или наскучило тебе? — спрашивал он.

— Поотдохнуть охота, — отвечал ему Михаил, — придет зима, там опять займусь поусерднее!

Но пришла зима, и все так же Михаил и от дома на вотчину отлучался, и занимался неохотно с добрым Штрассе. Знал про его дела сердечные только один его стремянный Власий. Только кивнет ему князь — и Власий, не говоря ни с кем, обряжает коней и, едва отойдет вечерня, уже едет с князем своим в Коломну, где ждет его Людмила.

Сжились, сдружились они, ни о чем не думая, вперед не загадывая, живя только своею первой молодой любовью, от которой горели оба жаром желаний и страстей. Прижимаясь к князю, рассказала Людмила ему час за часом свою монотонную

---

[45] Охотился.

жизнь, поведала ему свои девичьи мечты, встречу с ним, рассказы Ермилихи и свою любовь к нему.

— Только все мне думается, что таишь ты от меня что-то, — говорила она иногда князю. — Скажи по сердцу чистому, кто ты?

Князь старался скрыть свое смущение горячими поцелуями и говорил ей:

— Князя Теряева ловчий, касатка моя! Из кабальных я; только, Бог даст, скоро князь отпустит меня в вольные люди!

— Ах, пошли, Господи! Уж молю я про это Мать Царицу Небесную. А потом мне вдруг сдается, что ты так это, шутя говоришь!

Бесконечно любя Людмилу, князь однажды привез ей дорогое ожерелье все из жемчуга и толстых крестов.

Людмила вся побледнела.

— Не ловчий ты! — сказала она с упреком. — И только обманываешь меня. Ты боярин или князь! Посмеяться надо мной хочешь!

Князь испугался ее обиды и заявил:

— Если бы я и князем был, и даже до царя близким, и тогда не бросил бы тебя, моей голубушки!

Девушка успокоилась, а потом, спустя несколько времени, снова затосковала.

Все труднее и труднее становилось князю утаивать свое имя, и в то же время он понимал, что не позволят ему родители жениться на бедной дворянской девушке. Царь женился! Но царь и холопку возвеличить может, потому что пред ним все — холопы, а княжескому сыну такой брак невместен. И, думая эти тяжкие думы, князь таил от Людмилы свое княжеское звание.

Однажды она сказала ему:

— Слушай! Иди к матушке моей и откроемся. За меня сватов заслали! Горе мне!

Князь побледнел и растерялся.

— Кто?

— Ахлопьев Парамон.

— Кто он?

— Торговый человек!

Князь ухватился за голову.

— Подожди, дорогая, голубушка моя, я не дам тебя этому холопу. Подожди!.. Надумаю я, пока противься. Я же не могу идти с тобою.

Людмила сперва оторопела, потом ухватила его за руки и сказала:

— Теперь говори, кто ты есть? Может, и не Михайло вовсе? Кто ты? — настойчиво спросила Людмила.

— Князь Теряев, — тихо, словно винясь, ответил князь.

Девушка пошатнулась.

Он едва успел подхватить ее и осыпал поцелуями.

— Ласточка моя, рыбка, я князь и тебя сделаю княгинею. Матушка моя была Мельникова внучка, да батюшка не поглядел. И я упрошу их, подожди только! Видит Бог, я люблю тебя! Разве я обидел тебя, положил поруху, опозорил? Я тебя как очи свои берегу. Лисанька моя, не гони меня!..

— Люб ты мне и князем! — прошептала Людмила, обнимая его.

А на их счастье надвигалась новая гроза. Князь Теряев однажды зашел к жене и сказал ей:

— Вот что, матушка: Михаиле-то уже девятнадцать лет, и все он как-то не степенен достаточно. Пора женить его, а? Ты как мыслишь?

— А мне что же, батюшка князь, ты голова. По моему бабьему разуму и давно пора, да все говорить тебе опасалась. И мне-то скука. С молодою невесткою веселее будет. Опять же внучат погляжу. Мне радость!

— То-то! Я и сам так мыслю! Невеста, слава Богу, есть, искать не надобно. Отпишу боярину Терехову.

— Отпиши, родимый. И нам спокойней, как пожением!

На том и решили, не говоря молодому князю.

А тут и сам Терехов вдруг послание написал:

"Еду на Москву по государеву наказу и с собою дочь везу, свое слово помня".

— Михайло, — позвал однажды князь сына, — поди-ка ко мне. Потолковать надоть.

Михаил вошел в отцову горницу, где тот занимался своими приказными делами, и почтительно остановился пред отцом, сидевшим в кресле.

— Вот что, — заговорил князь, — самый ближний друг мой сюда, на Москву, едет. Ты его и не видел, разве понаслышке знаешь. Это боярин Терехов-Багреев. В московское разорение с ним мы побратались. — Князь задумался. На мгновение пред ним мелькнули эти годы борьбы и душевного перелома, неудачная любовь, измена отечеству, раскаянье, вражда с Тереховым и потом крепкая дружба. Но затем он очнулся. — Да! Так вот едет он сюда и, надо быть, в конце Фоминой у нас будет! Так-то! Так его с почетом встретить нужно. Возьмешь ты с вотчины своих ратников, тридцать, сорок, что ли, и встретишь

135

боярина с семьею и к нам сюда проводишь. Опять и опаски ему не будет. Шалят на рязанской-то!

— Слушаю, батюшка.

— А еще, — князь лукаво посмотрел на сына, — при нем боярышня будет, Ольгой звать. Иди, присмотрись к ней-то.

Сердце Михаила дрогнуло; смутно припомнились ему разговоры у матери в терему про заказанную невесту.

"Неужто и правда?" — мелькнуло у него в голове, и тотчас его догадка подтвердилась.

— С другом-то мы зарок дали, — сказал ему отец, — детьми породниться. Ну, так Ольга эта невестой тебе выходит. Да и пора тебе, Михалка, ей-ей, пора! Ну, так вот и собирайся в путь!

Князь встал, подошел к сыну и ласково похлопал по плечу, а Михайло стоял словно приговоренный к казни, а потом едва нашел двери и вышел из отцова покоя.

Одним ударом разбились все его мечты.

Он поехал в вотчину вместе с Эхе и своим Власием, но не решился в этот раз заехать в Коломну — до того смутно было на его душе.

Что делать? Нарушить волю родительскую в те времена не могло прийти ему в голову, равно как и его Людмиле. Мысль о женитьбе на немилой переворачивала всю его душу.

И с этими тяжкими мыслями, ничего не решив, он выехал навстречу Терехову, отбил его от разбойников и теперь провожал его на Москву.

Видал он мельком боярышню Ольгу, но остался равнодушен к ее красоте. На что она ему, если свою душу он другой отдал? И ему было так тяжко, что он думал: хоть бы послали его на границу под татар, легче было бы.

А боярин Терехов, не отпуская его от себя, все говорил и наговориться не мог, вспоминая свои молодые годы и походы с князем, отцом Михаила.

Обоз медленно подвигался к Москве, и Михаилу думалось, что это его везут на лютую казнь к лобному месту.

IV

ГОРЕМЫЧНЫЕ

Михаил послал вперед себя Власа известить отца о приезде его друга, и князь тотчас стал делать распоряжения о приеме дорогих гостей. Он для них отвел весь свой зимний дом, так как для летнего времени у него была соответствующая постройка, затем распорядился о размещении слуг и прошел к жене. Лицо у него было довольное.

— Ну, Анюта, — ласково сказал он, — рядись во что ни есть лучше. Вскорости мой друг приедет, ему чару поднеси, да опять и баба его с ним. Готовься!

К приезду Терехова все было готово. Ворота распахнулись настежь, на дворе столпились слуги, и князь подошел к колымаге в то время, когда из нее вылезал боярин. Они крепко обнялись и поцеловались трижды.

А на крыльце с хлебом-солью встретила гостя сама княгиня; едва принял из ее рук боярин блюдо резное, как служанка тотчас подала княгине поднос с чарою меда.

— Откушай, боярин! — кланяясь, попросила княгиня, и боярин выпил мед, после чего трижды поцеловал княгиню.

— Встречь жену да дочку друга моего, — сказал ей князь и повел боярина в покои.

Терехов по дороге стал рассказывать ему приключение с разбойниками и хвалить его сына:

— И молодец, и красавец, и умом смышлен.

Князь довольно улыбался. Он провел боярина в его покои и оставил на время одного.

А княгиня тем временем встретила женщин и проводила их в их помещения.

Трапезовали они порознь: мужчины с мужчинами, а женщины особняком.

Боярин и князь смотрели друг на друга и вспоминали старое житье. Шутка ли, прошло девятнадцать лет! Полысел в течение этого времени боярин, стал дороден, что бочка от пива, и прежний воинский пыл сменился у него добродушной апатией толстяка. А князь был по-прежнему строен и подвижен, и только седина в его черных волосах да легкие морщины выдавали прожитые годы.

И по костюму они разнились. Боярин одел шелковую рубаху, опоясался шнуром и в широких атласных штанах да в сафьяновых ноговицах чувствовал себя совсем как дома. А князь был словно в гостях. И на нем были желтые сафьяновые ноговицы[46], только они были так унизаны жемчугом и камнями, что кожи и видно не было; желтые же штаны из тонкой тафты слегка падали на ноговицы, шелковая красная

---

[46] Ноговица — отдельная часть обуви или одежды, покрывающая голень.

рубаха была вся расшита по вороту, подолу и рукавам хитрыми узорами, а в вороту была дорогая запонка; костюм довершали легкий зеленый зипун и вся унизанная камнями тафья на голове.

— И смотрю я на тебя, Петр Васильевич, — с улыбкой вымолвил князь, — не сломить меня тебе так теперь, как тогда в Калуге!

Боярин покачал лысой головою.

— Где уж! Ты при царе все, а я на воеводстве да на печи у себя. Отяжелел! А тогда-то... Господи Боже мой!

И они вслух стали обмениваться своими воспоминаниями, воскрешая молодые годы, молодые чувства.

— А что у вас на Москве делается? — спросил Терехов.

Теряев расправил усы и начал передавать боярину московские новости.

— Царь через год по кончине царицы снова оженился. И чудно вышло! Скликали на царский двор шестьдесят невест, и все-то на подбор, и все-то именитые, а он, батюшка, возьми да и выбери себе прислужницу! Все диву дались. Царица-то Марфа упрашивала: "Опомнись! Где видано!" — а он все свое. Взял жену, нам царицу, Евдокию, дочь можайского дворянина Лукьяна Степановича Стрешнева. Ныне ближний боярин, в думе сидит!..

— Диво! — покачал головою Терехов.

— И царица же! Красота и великолепие! Доброта всем на диво. И любятся они, словно голуби. Видно, Бог вразумил их на это! Поначалу родила царица царевну. Ириной нарекли, потом другую, Пелагею, а там и наследника дала царю, Алексея Михайловича. На радость, говорят, растет... третий годок пошел. Ну а что до остального прочего, так пожары одолели. Великие два были: один три года назад, другой — так лет шесть. Монастыри Чудов и Вознесенский, двор патриарший, дом, церкви, дворец, приказы, Кремль, Китай-город, ряды, лавки, разные магазины — все огонь пожрал. Великие бедствия!

— Ох, много Русь-матушка несет бед!

— Подожди, перемелется — мука будет!.. Однако надо бы нам и женок поглядеть. А? Пойдем-ка, боярин? — предложил князь.

Они встали и направились в терем княгини.

Там княгиня, одетая по дорогой московской моде, вся унизанная камнями и жемчугом, с грубо раскрашенным лицом, уже успела сдружиться с боярыней и ее дочкой и показывала им разные затейливые узоры и материи, что привозили в Москву немецкие купцы.

— А вот и женки наши! — весело сказал князь, входя в теремной покой, и низко поклонился боярыне Ольге Степановне.

Та ответила ему тоже поклоном и зарделась вся, вспомнив его прежнюю любовь и домогательство.

— Знакомь, боярин, с дочкой своею, нашей невестушкой! — продолжал князь Теряев. — Ой, и красавица же она у тебя!

— Как есть твоему молодцу! — засмеялся боярин.

Ольга стояла в углу, закрыв лицо рукавом, и горела вся, как маков цвет; но мало-помалу ее застенчивость прошла, и между всеми завязался общий разговор, начавшийся снова с описания нападения.

Всем было весело в этот день, кроме молодых. Алеше Безродному, как начальнику охранного отряда, отвели особое помещение — малую клеть во дворе; едва вошел в нее Алеша, как бросился ничком на постель и зарыдал протяжно и громко, не боясь быть услышанным. С приездом в Москву, казалось ему, кончилось его счастье. Можно ли отвоевать невесту у сильного князя, да еще когда к тому же этого брака хотят и сами родители? И при этих мыслях его сердце разрывалось на части.

Был уже вечер, когда Алеша, утомленный, вышел из своей клети. Вдруг перед ним, словно из земли, выросла Агаша.

— Ты, Алексей? — окликнула она его шепотом.

— Агаша! — радостно встрепенулся Алексей.

— Тсс! Иди за мною! Боярышня тебя повидать хочет.

Сердце Алеши радостно забилось; он осторожно пошел за Агашей.

А та вполголоса хвастливо болтала:

— Теперь самая что ни на есть пора. Все устали с дороги-то. Маремьяниха вовсе без ног лежит, все в доме спят. А я все досмотрела — и где сад, и где собаки, и ходы-выходы. Сюда! — Она быстро скользнула в маленькую калитку, и следом за нею Алеша вошел в густой сад. — Сюда, сюда! — торопила его Агаша. — Теперь заверни направо. Тут и боярышня. А я ждать буду.

Алеша быстро пошел вперед, свернул направо и увидел Ольгу. Она стояла прислонясь к дереву, вся облитая лунным светом. Алеша подбежал к ней и порывисто взял ее за руки. Вся его грусть пропала при виде любимой им девушки.

— Дорогая моя! ласочка моя! Золотце! Уж и затосковался я, тебя не видючи. Смерть, кажись, легче, чем разлука. А тут еще и ты подле меня, а словно дальше, чем за морем, за океаном! — поспешно говорил он, прерывая свои слова поцелуями.

Ольга прислонилась головой к его плечу и нежилась в его ласках.

— Вот так бы и умереть! — чуть слышно произнесла она.

От этих слов все сладкие мечты разом оставили Алешу. Грустная действительность снова встала пред ним неотвратимой бедою.

— Оля, да неужто нет тебе выхода? — с отчаяньем проговорил он.

Она тихо качнула головою.

— Сам знаешь! Только быстрая речка...

— Тсс! — он испуганно прижал ее к себе. — Не говори так! Мне страшно от таких речей. Нет, подожди малость, мы еще надумаем.

Она опять кивнула головою и горько сказала:

— Без нас все решено. Еще нас и на свете не было, как отцы все надумали и зарок дали. Слышь, на кресте зарок дали, нам ли переделать это! Еще немного деньков — и распрощаемся с тобою, Алеша, — Ольга вдруг обвила его шею руками и тяжко заплакала. — Горемычные мы! Бедные мы!

Алеша, сам, едва удерживаясь от слез, старался успокоить ее словами и ласкою.

Вдруг подле них появилась Агаша.

— Или ума решилась? — зашипела она. — Я свищу, гукаю, а они хоть бы что! Иди прочь скорее, обход идет! Слышь!

Среди наступившей тишины послышались удары палки о палку и смутные голоса.

— Уходи, милый! — сказала Ольга.

— До завтра!

Они обнялись.

— Ну, это как Бог доведет! — сказала Агаша. — Да расходитесь, что ли!..

Алеша оставил Ольгу и скользнул в кусты. Он видел, как Ольга обняла за шею свою верную подругу, как они медленно пошли по дорожке и скрылись за поворотом. Он тяжко вздохнул и отер рукою глаза. Видимо, конец! Оставалась одна надежда: говорить с самим боярином. Сказать ему все, а там будь что будет. Он решительно встряхнул головой, и в его глазах сверкнул недобрый огонь.

"Все же поведать то Ольге надобно, пусть она решит", — подумал он и медленно пошел в свою клеть.

В это время князь окончил свои вечерние молитвы и,

собираясь на покой, кликнул Антона, своего любимого стремянного, слугу и друга.

— А где князь Михайло? — спросил он его. — Что-то сегодня его будто с вечера не было?

— Так и есть, господин, — ответил Антон, — еще до трапезы уехавши!

— Куда?

— Надо быть, на вотчину. Всю дружину с собою взял и Власия и ускакал.

Князь покачал головою.

— Ишь ведь какой! Невеста в дом, а он из дома. Как прибудет, скажи, чтобы беспременно ко мне явился.

— Скажу, господин!

Антон ушел. Князь, окрестив со всех сторон свое ложе, улегся спать, а тем временем Михаил на взмыленном коне уже подъезжал к Коломне. Дружину только для отвода глаз послал он с Власием назад в вотчину, а сам один поехал решать свою судьбу, как ему казалось. Он понимал, что борьба против решения отца немыслима, и покорился ему, как неизбежному, но расстаться с Людмилою было выше его сил, и при одной мысли о разлуке его сердце переставало биться. Крепко и долго думал он, пока созрело его смелое решение, и теперь он ехал осуществить его.

"Любит или нет?" — мелькало у него в уме, и он гнал коня, охваченный страстным, непреодолимым желанием решить все дело скорее.

Конь шатался, когда Михаил соскочил с него у ветхой хибарки Ермилихи. Князь ввел его на пустой двор, поросший бурьяном и крапивою, и быстро вошел к старухе.

Та чуть не кубарем скатилась с полатей, когда увидела нежданного гостя.

— Пошли сына коня справить, — сказал князь, — и иди меня слушать!

— Мигом, соколик мой! — льстиво ответила старуха и торопливо вышла из избы.

За сенцами в развалившейся клети храпел ее единственный сын Мирон. Говорили про него, что он ходит на дорогу с кистенем, что немало его приятелей болталось на виселице, только никто не мог углядеть его. А он в кумачовой рубахе, здоровый, как дуб, с наглым лицом, ходил по городу заломив набок свой колпак, и, смеясь боязливым мещанам в глаза, задорно побрякивал деньгами, запустив руки в карманы. И сегодня он только за час до приезда князя вернулся домой и завалился спать богатырским сном, но мать растолкала его.

141

— Вставай, лежебок этакий! Скорехонько! Слышь, князь прискакал, коня загнал. Обрядить его надо! Ну! Скоро, что ли! Смотри, как я тебя ахну! — И старушонка, не боясь богатырского сложения своего сына, ухватила его за волосы и тряхнула.

Тот лениво освободил свою голову и, зевая во весь рот, поднялся.

— Ладно уж! Иди!

Старуха побежала назад в избу, где, нетерпеливо шагая из угла в угол, ждал ее князь.

— Слушай, — обратился он к ней, едва она вошла, — жить мне без Людмилы не можно, а меня жениться неволят. Невеста приехала...

— Приворот такой есть, — заговорила старуха.

Но князь тотчас оборвал ее:

— Молчи!.. Жениться я должен, а Людмилу отдать другому сил нет.

Старуха закивала головою.

— В вотчине мельница у меня есть, в стороне. Мельника я вон, а ее туда! Просить буду, не упрошу — силой уволоку! вот! А ты, — он наклонился к ней, — что тебе тут? С хлеба на квас. Иди к ней служить! Береги ее, как свой глаз, угождай ей! Я у тебя эту хибарку откуплю, а там — все дам: корову дам, лошадь, луг, сено косить двух холопов поставлю, муки, крупы и десять рублей на год! Иди!

Глаза старухи разгорелись. Она низко поклонилась князю.

— Что же! Я не прочь! Для кого иного, а для тебя, князюшка...

Лицо князя сразу повеселело. Он кивнул ей.

— Ладно! Так скажи сыну, чтобы ждал тоже. Ты сходи теперь, оповести Людмилу, что видеть мне ее надо. Я скажу ей. Согласна будет, так я ввечеру Власа пришлю к тебе и все сделаете: ее перевезете. Сын твой да Влас, а ты потом. Ну, живо!

— Мигом, сокол мой!

Старуха поспешно повязала свой чепец и вышла устраивать свидание, а князь снова заходил из угла в угол, то гневно сжимая кулаки, то схватывая себя за голову.

Радостно вздрогнула Людмила, услышав, что князь зовет ее на свидание, едва-едва могла дождаться минуты, когда ее мать после обеда завалилась спать. Тогда она вышла на огород ждать князя. Он пришел, и Людмила прижалась к нему и заговорила:

— Что же ты скрылся? И не в стыд тебе? Почитай неделя,

как я не видела тебя. Сердце изныло все. Думала, бросил ты меня, покинул.

Князь отвел ее руки и дрогнувшим голосом спросил:

— А если бы покинул?

Людмила задрожала, и ее глаза расширились, а лицо побледнело.

— Негоже шутить так, — с трудом переведя дух, ответила она.

Князь порывисто обнял ее и посадил, а сам сел подле и, держа ее руки, заговорил:

— Мне и самому смерть была бы с тобою расстаться. Слушай же, что скажу тебе.

И он начал рассказывать ей про свое горе. Рассказывал про дружбу отцов, про их уговор, про участь горькую, неизбежную, про то, что уже и невеста приехала и не уйти ему от своего горя, как от смерти.

Бледнее смерти сидела Людмила, слушая его слова. Чувствовал он в своих руках, как холодеют ее руки, как дрожит она вся, словно в ознобе.

— А тебе мать мужем грозится, замуж неволит, — тихо продолжал князь, — а мне без тебя смерть! Что невеста! Ты моя люба, и никто иной. А разве пойдешь против отцовой воли? Подумай! И вот что надумал я. Слушай.

И ласково, убедительно заговорил он о побеге. Пусть уйдет Людмила. Ермолиха и его люди укроют ее у него на вотчине, и будет жить она как княгиня, ни в чем не зная отказа. А он будет к ней ездить и жить у нее, и никто тогда не нарушит их тихого счастья.

Людмила слушала его склонив голову, и слезы текли по ее лицу. Любила она и любит, но не так, думала она, увенчается их любовь! Горе и позор!

— А матка как? Она затоскует! — воскликнула она.

Князь смутился.

— Я ей денег дам... много денег. Она догадается, а потом и сама к тебе переедет. То-то житье будет.

И уже увлеченный картиною, он стал рисовать их жизнь. Тихо, одни, в тесной семье. Тут и мать ее. Дом — полная чаша, слуги, и он подле нее, и любовь...

— Люба! Согласись!

Людмила обняла его и прильнула к его груди. Князь слышал ее прерывистое дыхание, его голова кружилась.

— Бери меня! — ответила она. — Не могу тебе противиться.

— Радость ты моя! — воскликнул князь и, подняв на

сильные руки, стал безумно целовать ее. — Увидишь, какое наше счастье будет! Так любишь, значит?

— Как душу, которую гублю для тебя! Только бы мать не прокл...

Но князь закрыл ей рот поцелуями.

V

ПЕРЕД ВОЙНОЙ

С добрый месяц уже жили Тереховы-Багреевы у Теряевых. Однажды князь пришел из думы и сказал боярину.

— Ну, Петр Васильевич, на завтра собор назначен. Царь приказал о том всех через дьяков оповестить. Ты ведь объявился уже?

Боярин всполошился.

— Да нет еще, князь. Я думал, ты оповестишь, и сижу себе. Вот поруха-то! Бежать, што ли?

Князь засмеялся.

— Эх ты! Был воеводою, а порядков не знаешь. Ну да Бог с тобою. Я скажу про тебя дьякам, а ты только беспременно на обедню в Успенский собор приезжай, потому с этого начнется.

— А ты?

— Я с царем буду!

Боярин почесал затылок.

— Ох, горе мне! Один я тут, что сиротиночка. Беда!

— Что за беда! Смотри, куда все пойдут, туда и ты. Горлатная шапка с тобою?

— Со мной, со мной, — закивал головою боярин, — большущая! И шуба со мною.

— Ну, шубы-то не вынимай! Шубу мы теперь только в самых особых случаях надеваем. Опашень надень да к нему ожерелье понарядней.

— Есть, есть! — ответил Терехов. — Все в жемчуге. Как воеводою я был, заказал немчинам жемчуг подобрать... бурмицкий![47]..

— Ну, и ладно!

На другой день с четырех часов утра волновался боярин

***

[47] Крупный жемчуг.

Терехов. Шутка ли: в думе с государями сидеть, речами меняться!

Князь пред своим уходом зашел к нему и сказал:

— Еду я, а ты в девять часов у собора будь. Государь к тому времени пойдет. Да, слышь, до Кремлевских ворот доезжай, а там пешком.

— Знаю, знаю! — замахал руками боярин и, позвав слуг, стал мешкотно одеваться в свое лучшее платье.

Время шло. Он велел подать колымагу, надел на голову горлатную шапку, высотой в три четверти, взял в руки высокую палку с роговым в жемчуге наконечником и вышел.

К земскому собору приуготовлялись торжественно. В Успенском соборе сам патриарх Филарет служил обедню, а после нее молебствие. Царь, окруженный ближними боярами, окольничими, горячо молился, стоя все время на коленях; а по его примеру и бояре, и окольничьи, и служилые люди, и все, призванные на собор, стояли коленопреклоненными.

Яркое солнце ударяло в собор и сверкало на дорогих окладах образов, на самоцветных камнях боярских уборов и веселило все вокруг, кроме строгой фигуры Филарета в монашеском облачении. По окончании службы он обернулся и поднял обеими руками напрестольный крест. Все склонили головы. Потом поднялся царь и подошел под благословение к своему отцу, а за ним потянулись и все бывшие в храме.

Служба окончилась. Бояре и окольничьи выстроились в два ряда, и между ними медленно пошел царь к выходу, через площадь, в Грановитую палату, где порешено было быть собору. Следом потянулись ближние ему, а там и все прочие.

Дьяки у входа суетились. Они стояли с длинными свитками и отмечали входящих. Одни занимались проверкою лиц прибывших, другие озабоченно рассаживали всех по местам, чтобы никто себя в обиде не чувствовал.

Хотя и было уже уничтожено местничество, но с ним еще приходилось считаться не только в мирное, но даже и в военное время.

Терехов назвал себя. Шустрый дьяк подбежал к нему и ухватил за локоть.

— А! Тебя, боярин, мне князь Теряев стеречь наказал! Сюда, сюда! Тут и слышнее, и виднее, а по роду ты не моложе князей Черкасских!

Он ввел Терехова в огромную длинную палату. В три рада обращенным покоем стояли длинные скамьи, покрытые алым сукном. Вверху на возвышении в три ступени стояли два кресла под балдахинами и подле одного из них невысокий стол.

145

На скамьи, говоря вполголоса, садились созванные на собор. Помимо ближних царю и думных бояр были тут присланные и от Рязани, и от Тулы, и от Калуги и Пскова, и Новгорода, и далеких Астрахани, Казани, Архангельска, даже от Тобольска и Вытегры. Все были в высоких горлатных шапках, в дорогих опашнях с драгоценными ожерельями у воротов.

Вдруг двери раскрылись настежь, и парами показались стрельцы в алых и синих кафтанах. Они шли держа на плечах блестящие алебарды, за ними шел отрок с патриаршим посохом, следом Филарет об руку с сыном, а за ними опять бояре и духовенство.

Все присутствующие обнажили головы и пали на колени.

Когда Терехов поднялся, все уже были на своих местах. Царь с патриархом сидели в своих креслах. На столике лежали скипетр и держава, вокруг стояли стрельцы, а подле Филарета — отрок с посохом.

Внизу пред ними за длинным столом сели дьяки с бумагою и перьями.

На время наступила торжественная тишина. Потом царь встал со своего кресла, и раздался его тихий голос:

— Благослови, отче!

Патриарх поднялся во весь могучий рост и, подняв руки над головою сына, произнес:

— Во имя Отца и Сына, и Святого Духа!

Царь выпрямился. В течение времени, истекшего со дня возвращения отца, он постарел и пополнел, но его лицо сохранило все ту же кротость и простодушие и его взор глядел все с тою же нерешительностью.

— Князья и бояре, — тихо заговорил он, кланяясь во все стороны, — и вы, земские люди! Созвали мы вас на общий собор, потому что от поляков большое государству и нам, государю вашему, теснение. Для общей думы вас созвали. Ведомо вам, что декабря первого в лета тысяча шестьсот восемнадцатое мы с поляками на Пресне мир подписали на четырнадцать лет и шесть месяцев и тому миру теперь конец выходит; и они, ляхи, то ведают и всякое нам зло чинят... — И Михаил Федорович стал перечислять все обиды, понесенные Русью от поляков: на окраинах они разбойничают, царского титула не признают, со шведами и турками против Руси зло замышляют и похваляются всею Россией завладеть, от чего посрамление и убытки немалые. — И так порешили мы в уме своем, — продолжал Михаил, — злой враг наш, король Сигизмунд, помер, а враг злейший, Владислав, еще не царствует, отчего и смута у них в государстве. Станет он королем и поведет на нас рати, а коли мы упредим его, в наших руках более силы будет. На том и решили собор созвать. Начинать войну али нет? Рассудите!

Михаил поклонился и сел, вытирая рукою лоб.

— Война, война! — раздались со всех сторон голоса.

Лица царя и патриарха просветлели.

— Так пусть и будет! — решил царь.

Потом стали обсуждать средства, войско и его размеры, назначать полководцев, определять действия каждого и делать наряды.

Целую неделю длился собор, и с каждым днем ненависть к полякам и жажда войны все сильнее охватывали сердца русских. "Война!" — передавалось из уст в уста, и о войне говорили в домах и кружалах, на базарах и рынках, в Москве и на окраинах. Воинственный дух наполнил сердца русских, и, кажется, никогда еще не вспыхивала у русских ненависть к полякам с такою силою, как в эти дни. Все обиды, начиная с Дмитрия Самозванца до последнего приступа ляхов на Москву, вспоминались теперь и стариками, и молодыми, и служилыми, и торговыми, всеми — от простого посадского до всесильного патриарха.

Последний подолгу теперь беседовал с князьями Черкасскими, Теряевым и боярами Шереметевым и Михаилом Борисовичем Шеиным.

— Наступили дни расплаты, — сказал гордо и решительно он, — все взятое отымем и им мир предпишем!

И в это время он походил не на смиренного служителя Божьего, а скорее на прежнего Федора Никитича, которого убоялся Годунов.

— Князь Пожарский дюже искусен, — сказал Черкасский.

Шеин вдруг вспыхнул и, грозно глянув на князя, грубо ответил:

— И без него люди найдутся.

— Истинно! — подтвердил Филарет. — Михаила Борисовича пошлем. Он и в бою смел, и разумом наделен!

— Услужу! — ответил Шеин, низко кланяясь Филарету.

Князь Черкасский удивленно посмотрел на Шереметева и Теряева.

Патриарх подметил их взгляд.

— Ну, да про это потом, — сказал он, — а ныне сборы определить надо. Иноземных людей много, тяготы большие.

Действительно, готовясь к войне, царь Михаил взял на службу английского генерала Томаса Сандерсона с 3000

147

войска, полковника Лесли с 5000 и полковника Дамма с 2000 солдат. Требовались большие расходы.

— Я сам отдам всю свою казну на общее дело, — сказал царь на соборе, и его слова воодушевили всех.

— Не пожалеем имений своих! — ответили ему бояре.

Тотчас были составлены списки, и во все стороны полетели приставы собирать оброчные деньги, на конного двадцать пять рублей, на пешего десять рублей. Богатые помещики и монастыри выставляли от себя целые отряды.

Князь Теряев призвал к себе сына.

— В думе сидеть мне должно, — сказал он, — а то был бы и я на войне со всеми, но ныне ты за меня пойдешь. Возьмешь людишек наших и будешь над ними с капитаном Эхе. Иди и готовься к походу!

Михаил ускакал в Коломну.

В то же время Терехов позвал к себе Алексея.

— Все людей посылают, — сказал он ему, — так и мне негоже от других отставать. Вот тебе мой перстень. Вернись на Рязань, в вотчину, и там собери сто человек конных да сто пеших. Казны возьми, одень их как след и сюда веди. Тебя старшим сделаю. А как приедешь, поклонись Семену Андреевичу. Он тебя во всем наставит.

В тот же день Алексей стал собираться в дорогу.

— Что ж, — сказал Терехов князю, — мы не хуже других! Люди ставят, и мы можем. А хотел я тебе одно сказать: пока что до войны, обвенчать бы нам детушек! А?

— А то как же иначе-то! — ответил, усмехаясь, князь. — Первое дело! К тому времени, как походу конец, у нас, глядишь, и внук будет!

Вечером к князю пришел Шереметев.

— Нехорошее деется, князь, — сказал он.

— А что?

— Да помилуй, Шеина в голову! Что он за воевода? Князь-то Пожарский прослышал стороною и говорит, что недужен. С этого добра не будет!

— Ну, говори! — остановил его князь. — Прозоровский пойдет, Измайлов, иноземцы.

— А Шеин над ними!

Кругом были недовольны назначением Шеина, но боялись громко говорить, зная волю патриарха и царя. Шеин еще выше поднял голову и смеялся над прочими боярами, называя их в глаза трусливыми холопами.

Ненависть к Шеину среди бояр росла, но за такими заступниками, как царь и патриарх, Шеин был в безопасности.

— Горделив он больно, — задумчиво сказал о нем царь Михаил, — смут бы у них там не было!

— Отпиши, чтобы без мест были, — возразил патриарх, — а против него ни по уму, ни по силе не быть никому.

— Твоя воля! — согласился Михаил.

Главных начальников назначили. Над всеми поставили Шеина, потом окольничего Артемия Васильевича Измайлова ему в помощники и князя Прозоровского во главе запасного войска. Иностранцы оставались при своих войсках, но в подчинении Шеину.

Все было готово к войне. Спешно собирались даточные деньги. Со всех сторон в Москву стекались отдельные отряды от помещиков, городов и монастырей. Ратные люди готовились уже к походу и делали последние распоряжения.

В чистенькой горнице домика Эдуарда Штрассе за столом сидел сам хозяин, Каролина и капитан Эхе. Последний был задумчив, и его глаза уныло глядели на Каролину, а грудь вздымалась от тяжких вздохов.

— Пей, пей, Иоганн, — сказал ему Штрассе, — а то уйдешь на ратное дело, уж там так не посидишь!

— Где уж! — ответил Эхе. — Я, бывало, по три месяца сапоги не снимал, белья не менял. Сколько раз вместо постели в болоте лежал.

— Тяжелое дело! — вздохнув, сказала Каролина.

— Это тебе, женщине, — задорно ответил Штрассе, — а я очень хотел бы на войну. Я хотел идти лекарем, но князь не пустил. Говорит, я в доме нужен!

— Ты? — и Каролина громко засмеялась. — Да ты бы на войне от одного страха умер. Послушай Иоганна только, что он рассказывает! — И она с восхищением взглянула на плотную фигуру Эхе.

Он тряхнул головой и воскликнул:

— Не знаю почему, а мне теперь очень неохота идти. Так тоскливо и скучно. А отчего? — он развел руками. — Один я, никого у меня нет... никто не пожалеет... а скучно.

— И неправда! — пылко ответила ему Каролина. — Если бы вас убили, я глаза бы себе выплакала!

— Вы? — воскликнул Эхе, и его лицо озарилось улыбкой.

Штрассе кивнул головой.

— Она любит тебя, — сказал он.

— Каро...

— Дурак! — вскрикнула Каролина и, вспыхнув как зарево, выбежала из горницы.

— Го-го-го! — радостно заговорил Эхе. — Я ее сам спрошу!

149

— Спроси, спроси! — засмеялся Штрассе.

Эхе бросился следом за Каролиной и нашел ее в кухне. Она стояла, уткнув лицо в угол. Эхе тихо подошел к ней и притронулся к ее плечу.

— Правда, Каролина? — спросил он.

— Глупости Эдуард болтает, а дураки верят.

Эхе совершенно смутился.

— А я думал...

— Что? — Каролина быстро обернулась, и Эхе увидел ее сияющее лицо. — Что?

— Что вы согласитесь быть моею женой, — тихо сказал Эхе, робея от ее лукавого взгляда, и замолк.

Каролина вдруг весело расхохоталась.

— Ах, глупый, глупый!

— Чего же вы? — смутился Эхе.

— Да, понятно, соглашусь!

— Да? Согласны? Ох! — капитан сразу повеселел и, обняв, поднял на руки Каролину. — Эдуард! — заорал он. — Она согласна!

Штрассе вбежал в кухню и захлопал в ладоши.

— Я говорил тебе! Я говорил! Они, девушки, все такие!

— Теперь запьем эту радость! — сказал Эхе и на руках понес Каролину в горницу.

И в этот вечер не было счастливее этих людей.

А в это же время наверху, в своей светлице, тосковала боярышня Ольга, делясь своими горькими думами с верной Агашей. Неделю назад, ночью, в саду прощалась она с Алешею. Он ехал по поручению ее отца в Рязань и заклинал ее подождать его возвращения. Как они оба плакали! Как целовал он ее!..

— Если выйдет не по-нашему, сложу я под Смоленском свою голову! — сказал он Ольге, а она могла в ответ только крепко прижаться к его груди, говоря:

— Прощай, мой соколик!

И так и вышло. Вчера пришла матушка и сказала, что будут теперь все к свадьбе готовиться, чтобы до похода дело окончить.

— Ах, Агаша, Агаша! Подумать боюсь даже, как Алеша вернется! — воскликнула боярышня. — Что будет с ним!

— Полно, боярышня! — ответила более практичная Агаша. — Нешто он ровня тебе? Потешилась ты с ним в девическую вольность, а теперь и в закон пора. Смотри, князь-то какой красавец!

— Не смей и говорить ты мне этого! — рассердилась Ольга.

— Не люб он мне... хуже ворога, татарина! Что с Алешей будет? — заплакала она снова.

А княгиня Теряева и боярыня Терехова по приказу мужей спешно готовились к свадьбе. Ввиду событий и торопливости не собирались править ее пышно, а все же надо было хоть и к малому пиру приготовиться, а потом помещение молодым приспособить, приданое пересмотреть, одежды справить. Мало ли женского дела к такому дню! И, справляя все нужное, женщины, по обычаю, лили слезы, девушки пели унылые песни, а Ольга ходила бледная, как саван, с тусклым взором и бессильно опущенными руками.

Маремьяниха сердилась и ворчала:

— Что это, мать моя, ты и на невесту не похожа! Срамота одна!.. Словно тебя за холопа неволят.

— Хуже!.. — шептала Ольга.

VI

СВАДЬБА

От Москвы надо было проехать до Коломны, от Коломны до вотчины князя Теряева да за вотчиной, проехав верст семь, свернуть с дороги в густой лес и ехать по лесу просекою до Малой речки, а там, вверх по ней, берегом, и открывалась тогда на полянке, у самой речки, что была запружена, старая мельница. Была она князем временно поставлена, когда строилась усадьба, для своей потребы, а потом заброшена. Плотину давно прососало, и она обвалилась, колеса погнили, и два жернова недвижно лежали друг на друге, покрытые паутиною и мхом. Изба и клети покосились на сторону, и эта старая мельница являла полную картину запустения снаружи, но внутри все говорило о жизни и счастье.

Оживилась мельница в последние две недели. В клетях ее поселились: в одной — старая Ермилиха со своим сыном-богатырем Мироном, в другой — три девушки: Анисья, Варвара да Степанида, безродные сироты, которых Влас отыскал в тягловой деревушке. А в самой избе две горницы со светелкою обратились в пышные теремные горенки.

Чего в них не было!.. Дорогие ковры покрыли лавки, поставцы с хитрой резьбою, укладки с финифтью, образа в пышных окладах, а наверху, в светелке, стояла кровать с горою перин, с богатым пологом. В углу у оконца стояли пяльцы, и, нагнувшись над ними, сидела Людмила. Ее лицо немного побледнело, глаза стали словно больше, но вместе с этим какое-то строгое, покойное выражение лежало на лице, а во взоре светилось мирное счастье. Подле нее на низеньком кресле сидела пожилая женщина с некрасивым, сморщенным лицом и маленькими жадными глазами.

Некоторое время они сидели в молчании, потом пожилая женщина вздохнула и заговорила:

— Ох, и дура я, дура, что этой подлой Ермилихи послушалась, на корысть пошла, родную дочь продала словно бы!..

— Вы только добро мне сделали, маменька, — тихо проговорила Людмила, — без князя я умерла бы!

— Князя! А где князь-то этот? Не видела я его что-то! Завезли нас сюда, словно в разбойничье гнездо, а князя и в глаза мы не видели!

Людмила побледнела и низко опустила голову.

— Приедет! У него дела много, служба царская! — тихо проговорила она.

— Жди, пожалуй! — подхватила ее мать. — Приедет! Теперь-то еще ничего — выйти можно, лесочком пройтись; а придет зима — волки завоют, медведь придет, кругом снег... Ох, дура я, дура! Выдала бы я тебя за Парамона Яковлевича и была бы вовек счастлива.

— Утопилась бы я! — твердо сказала Людмила.

— Доглядели бы! — ответила мать. — А теперь что? И на что мне корысть эта? Ох, ду...

Она не договорила и встала с кресла. Людмила тоже вскочила, и ее лицо вспыхнуло, как зарево. На дворе послышались конский топот и голоса. Людмила выглянула в оконце, вскрикнула: "Он!" — и опрометью бросилась вниз по лесенке.

— Князь! — всполошилась ее мать. — Ох, посмотрю-ка я на него! Правда ли, тароват он, попытаю. — И она быстро поправила на голове своей повойник и платок и еще сильнее сморщила свое лицо, что означало у нее улыбку.

Людмила сбежала вниз, выбежала на крыльцо и упала в объятия князя, который взбегал в эту минуту на ветхие ступеньки.

— Князь Михайло! Сокол мой!

— Людмилушка!

Они замерли в поцелуе, забыв, что во дворе стоит Влас с

152

Мироном, а из клети глядят сенные девушки. Их лица сияли счастьем. Только молодые любовники в первые дни своей любви могут понять их состояние.

Первый очнулся князь. Он нежно освободил одну руку и, обняв Людмилу, повел ее в избу.

— Ну что, рыбка моя, хорошо тебе тут? Я про все подумал.

— Соскучилась я без тебя! Все ждала и ждала. Дни шли, недели.

Князь вздохнул.

— Не мог я ранее. В Москве поход решали, да кроме того дела разные, а тут еще в доме гости. Суета. Был я тут дважды, все тебе горницы убирал.

— Приедешь, взглянешь — и нет тебя.

— Э! Зато я, лапушка, теперь неделю, а то и дольше все подле тебя буду, в очи твои смотреть, ласкать да голубить тебя.

— Не уедешь?

— Говорю, неделю пробуду!

— Ах! — только и сказала Людмила, но в этом возгласе вылилось все ее счастье.

Они, обнявшись, сели под образа.

— Расскажи, мое золотце, как сюда перебрались. Все ли по-хорошему? А это кто? — вскрикнул князь.

В горницу, кланяясь и улыбаясь, вошла мать Людмилы.

— Матушка моя, — сказала Людмила.

Князь Михаил быстро встал и отвесил Шерстобитовой низкий поклон. Та даже растерялась от смущения, а князь с жаром сказал ей:

— Благодарствую тебя, государыня, за твою милость к нам! Не попусти ты быть Людмиле моею — горькая была бы моя жизнь.

Шерстобитова поклонилась в ответ.

— Полно, полно! — заговорила она. — На то ты и князь, чтобы нам, маленьким людишкам, тебе угождать. Да и Людмила-то моя уж затосковала по тебе больно. Ребенка своего жалеючи, попустила я грех такой!

Князь вздрогнул и побледнел.

"Действительно, — мелькнуло в уме его, — гублю я душу неповинную".

— Все поправлю. Не покается в том Людмилушка! — произнес он.

— Оставь! Разве я каюсь? — с упреком шепнула Людмила.

— Только скучно нам тут, — заговорила Шерстобитова, — ровно в яме. А придет зима!..

— Я ужо дом вам выстрою. Вот с похода вернусь!

153

— А надолго поход? — встрепенулась Людмила.

— Нет! Может, месяца три — и домой! А ты вот что, — и князь засмеялся, — я ведь голоден и есть страх хочу!

— Милый ты мой! И молчишь! Да я в минуточку! — И Людмила весело выбежала из горницы, увлекая за собой мать.

Михаил с улыбкой посмотрел ей вслед.

"Ах, если бы она была не в потаенности! Сколько счастья и радости!.." — подумал он и вздохнул, но мимолетная грусть снова сменилась радостью.

Людмила и ее девушки несли вино и посуду с едою. Она поставила пред князем горячий курник.

— Ермилиха изготовила, словно чуяла! — сказала она улыбаясь и, кланяясь, прибавила: — Не побрезгуй!

Михаил обнял ее и посадил на скамью рядом.

— Будем вместе, по немецкому обычаю! — сказал он.

Ночью он вошел в светелку своей милой. Луна ярко светила в горенку, пред иконой теплилась лампадка, и ее бледный свет боролся с лунным. Ароматный воздух волною вливался в светелку, и где-то щелкал соловей.

Людмила прижалась к Михаилу полною грудью и сказала ему:

— Что грех? За такое счастье мне не жаль загубить свою душу!

Михаил улыбнулся, целуя ее глаза, губы.

"Что грех!" — подумал и он.

День проходил за днем в сладком очаровании. Ежедневно капитан Эхе или Влас приезжали к князю с вотчины и говорили о положении дела. Наконец медлить более стало нельзя.

— Еду, — сказал раз Михаил рано утром.

Людмила побледнела и пошатнулась.

Князь успел подхватить ее.

— Перед походом я, рыбка, еще заеду к тебе, — ласково прибавил он.

Она сладко улыбнулась ему.

— Худое предчувствие сжало мое сердце, — грустно прошептала она, — мне не удержать тебя, только... не забудь ночей этих.

— Что ты! — воскликнул князь.

Людмила вышла проводить его. Он взял коня в повод, обнял Людмилу и тихо пошел с нею просекой. Впереди ехали Влас и Эхе.

— Неделю спустя заеду, — говорил Михаил.

Людмила медленно шла и не поднимала от земли глаз, полных слез.

— Слушай! — вдруг сказала она. — Если у нас с тобою дитя будет, ты не покинешь его?

Князь вспыхнул.

— Разве я нехристь!

— Клянись!

— Всем святым клянуся и Иисусом Христом, и Святою Троицей! Пусть не держит меня земля, если я говорю облыжно. Не покину младенца своего! — твердо произнес князь.

— Помни! — сказала Людмила.

Князь Михаил вернулся в Москву, и в тот же день его отец зашел в покой боярина Терехова и обратился к последнему:

— Что же, Петр Васильевич, сын мой вернулся с вотчины Пока что до похода и справим свадьбу, как говорили? А?

Терехов твердо кивнул головою.

— Хоть завтра, князь! Наши бабы, смотри как уже хлопочут. Только поговорили мы, а у них в терему девки уже и песни поют подблюдные.

— Ин так! На неделе и округтим. Дела теперь такие, что пиры не у места. Мы потихоньку и сделаем. С дочкой-то ты говорил?

— А что говорить с ней? — удивился Терехов.

— Может, не люб ей Михайло?

Боярин даже покраснел при таком предположении.

— Не люб? Да смеет ли она даже такое слово сказать, если ее отец обет дал? Да будь твой сын горбат или умом скорбен, и тогда она выйти за него должна!

— Ну, ну, распалился! — улыбнулся князь. — Так на неделе?

— У баб спросим и день назначим.

В тот же вечер князь позвал вернувшегося сына и объявил ему свое решение.

— Ольга — девка добрая, — сказал он, — с ней тебе мирно и покойно будет. Да и нам утеха. Кроме того, идешь ты на войну. В животе и смерти Бог волен, а мне, старику, на душе легче, что я обет свой выполнил. Так-то! Пока что подыщи тысячника да дружков, а про остальное я сам подумаю!

Бледный, смущенный, растерянный вышел Михаил от отца. Мысль сопротивляться его воле не приходила ему в голову и в то же время казалось ужасным жить с немилою, а ту, которую любил он, как душу, держать, как тайную полюбовницу. На дворе с ним встретился Эхе. Лицо капитана сияло счастьем; он широко улыбался, дружески кивнул молодому князю и спросил у него:

— Что ты такой печальный?

— А чего ты такой радостный?

— Я? О, я теперь очень счастлив, как король! — и Эхе громко засмеялся. — Я люблю Каролину, и Каролина любит меня. Мы обвенчаемся с ней.

Михаил с завистью посмотрел на него.

— Правда, счастливый! А я и не знал! Пойду, сейчас поздравлю ее!

Он быстро перешел двор и вошел в домик Штрассе.

Добрый лекарь-цирюльник встретил его как родного сына.

— О мой дорогой! О мой любезный!.. — заговорил он с волнением. — Я думал, ты забыл своего друга и учителя, а ты и пришел. Садись здесь, рассказывай про себя.

Михаила растрогала эта доброта.

— Я был занят, а вот сейчас узнал, что мой Эхе женится, и пришел поздравить Каролину.

— О, да, да! они давно любят друг друга. Я сейчас! Каролина! — закричал Штрассе.

— Иду! чего тебе? — послышался ее голос.

— У нас князь... тебя поздравить хочет. Иди!

— Иду! — и Каролина вбежала в горницу, смеясь и краснея. — Кто тебе наговорил про меня? — спросила она Михаила. — Вероятно, Эдуард?

— А вот и нет! Сам хозяин!

— Ах он болтун! Я покажу ему!

— Ты скажи мне лучше, — сказал Михаил, — ты счастлива?

Каролина серьезно посмотрела на него и кивнула головою, а потом села на лавку и, всматриваясь в лицо князя, сказала:

— А ты нет? Я никогда не видела тебя таким печальным, как теперь.

Ее нежный голос проник в самое сердце Михаила.

— Горе на мою голову! — глухо ответил он.

— Что? Что с тобою? Скажи нам! — встрепенулся Эдуард. — А мы думали, ты счастлив. Твоя невеста приехала.

— В этом и горе мое! Не невеста она, а разлучница! Вам все скажу как на духу.

И он рассказал про свою подневольную женитьбу, про свою тайную любовь, про свои терзания и муки.

У Каролины выступили на глазах слезы, Эдуард тяжко вздыхал и качал головою. Михаил окончил свой рассказ и закрыл лицо руками.

— Бедные вы, — тихо сказала Каролина, — мне Людмилу, как сестру, жаль!

Михаил схватил ее руку.

156

— Каролина, сестра моя названая, я уеду, посмотри за ней, чтобы ей худа какого не было! Я скажу тебе, где она живет, и ей пред расставанием про тебя сообщу.

— Хорошо, — просто ответила Каролина.

Эдуард глубоко вздохнул.

— Да, — задумчиво сказал он, — трудно... нельзя отцу напротив делать. Нигде этого нет!

— Знаю! — воскликнул князь. — Но вот ни ты, ни Каролина не пошли бы к алтарю клясться ложно?

— У нас нет этого. У нас спросят, мил или нет, и тогда венчают. Без благословения отца никто не пойдет, но и отец не дает слова за дочь или сына.

— Ну, ну, — сердито сказал Эдуард Каролине, — что ты понимаешь! И у нас, и везде так делают. Крикнут: "Иди!" — и идет, как бычок на веревке. Да! В сердце не смотрят!

Михаил вдруг вспыхнул.

— А я, — воскликнул он, — я клянусь пред вами, — и он поднял кверху руку, — если будут у меня дети, вовек не поневолю их идти против сердца. Дочь холопа полюбит — отпущу ее, сын — тяглую — поженю их... не дам испытать такой муки!

Долго сидели они втроем и говорили. Каролина собрала ужин. Давно так задушевно не проводил времени Михаил, и, когда вышел от Штрассе, его душа была покойнее.

Темное небо было все усеяно звездами. Летняя ночь жгла горячим дыханием. В саду щелкал соловей.

Михаил остановился у ограды и замер в сладком мечтании. Пред ним словно встали старая мельница среди густого леса, горницы и Людмила. Воспоминания пережитых ночей наполнили его сердце.

Вдруг до него донеслись рыдания. Он вздрогнул и поднял голову.

Да, это не обман слуха. Из теремного оконца неслись рыдания, глухие, беспомощные. Михаил поднял кверху руки. Ведь это плачет Ольга, его невеста!.. Значит, и он ей не мил! Что же это с ними делают?..

Рыдания становились все глуше и глуше. Наверху хлопнуло окно, и все смолкло. Смолк и соловей, вероятно, испуганный выражением человеческой скорби.

Михаил опустил голову и тихо побрел к себе.

Это действительно рыдала Ольга. Михаил угадал. Она рыдала, прощаясь навеки со своей девичьей волей, со своими мечтами и первой, чистой любовью, которой забилось ее сердце.

Боярин Терехов готовился опочить и пил шестой стакан сбитня, приготовляясь к вечерней молитве, как вдруг к нему с таинственным видом вошла Маремьяниха.

— Чего тебе, старая? — спросил он.

Маремьяниха вплотную приблизилась к нему и зашептала:

— Смотри, шума не делай! Я к тебе с добрым словом пришла. Ведь беда у нас.

— А что? — встрепенулся боярин. — Говори! Какая такая беда?

— Слышь, не шуми, — зашамкала Маремьяниха. — Ведь князь-то нашей Ольге не люб. Вот!

Боярин тряхнул бородою.

— Э, стерпится — слюбится. Что она знает!

— Глупый ты, — заговорила опять Маремьяниха, — я все дознала. Хотела боярыне сказать, да что толку-то в этом!.. Сомлела бы она только! Я к тебе...

— Тьфу ты, старая, да скажешь ли ты толком! — рассердился боярин.

— Не шуми, говорю! — Маремьяниха совсем понизила голос и прошептала: — Наша-то Ольга Алешку любит. Вот... верно... Алешку Безродного.

— Врешь, баба! — заорал боярин, вскакивая, но тотчас опустился на лавку, тяжело переводя дух, причем его лицо покраснело как кумач, и он торопливо расстегнул ворот рубахи.

Маремьяниха укоризненно покачала головою.

— Ишь, что вымолвил! В жизнь я неправды не говорила, а он такое!.. Нет, не вру. В бреду Олюшка про то говорила. А ты не пужайся. Я ведь с добром к тебе... Ты вот что...

— Ну?

— Напредки отпиши, чтобы Алешке сюда не ворочаться, а там округим Олюшку с князем, так у нее и дурь вон. Девичья дурь-то.

Боярин тяжело перевел дух и кивнул головою.

— А промеж нею и Алешкой ничего не было?

— Ни, ни! — уверенно сказала Маремьяниха.

Боярин оправился.

— Ан быть по-твоему, — сказал он.

— Так и сделай! — Маремьяниха поклонилась боярину и вышла.

Терехову было не до молитвы. И досада на дочь, и робкое сожаление наполнили его душу. На Алешу гнева не было. Вспомнил боярин, как сам тайком виделся со своею женою, и понял его сердце.

"Все же старухи послушаюсь, — подумал он, — завтра

158

отпишу, чтобы со своим ополчением Алексей шел прямо на Смоленск вперерез нашим. На дороге и сойдется. Так и отпишу. А с Ольгой..."

Он вдруг встал, обул ноги, накинул легкий зипун и поднялся в терем.

Жена с удивлением взглянула на него.

— Покличь Ольгу, — сухо сказал Терехов, садясь на низкий рундук.

— В светелке она... ложится.

— А ты приведи!

Боярыня встала и через минуту ввела в горницу Ольгу. Лицо девушки было белее полотна.

— Пришел я на тебя, Ольга, взглянуть, — сказал боярин, — как ты в невестах себя чувствуешь. Что такая бледная? А?

— С истомы, батюшка, душно летом, — тихо ответила Ольга.

Боярышня потупилась.

— Мил, спрашиваю?

— Мил, — едва слышно ответила Ольга.

Лицо боярина просветлело. Ее ответ сразу успокоил его.

— Ну, ну, я к своему покою это, — ласково сказал он и встал. — Покойной вам ночи!

Терехов ушел успокоенный; боярыня улеглась, не понимая, чего муж всполошился, а Ольга вернулась в свою светелку и, упав на лавку, громко и жалобно зарыдала.

Маремьяниха вбежала и стала корить ее, торопливо вспрыскивая наговоренною водою с угольков.

Увы! Ничему не помогли слезы и горе невольных жениха и невесты — день их свадьбы был назначен.

С самого раннего утра началась брачная церемония. Рано-рано пришла сваха рядить брачное ложе. Ей указали помещение, избранное для спальни молодых, и она торжественно пошла туда, неся в руках рябиновую ветвь. А следом за нею вереницею потянулись тысяцкий и ясельничий, а там дружки, свадебные дети боярские, свечники; каждый из них нес какую-либо принадлежность брачного ложа или брачной комнаты.

Шереметева (она согласилась быть свахой) важно обошла кругом комнату, в каждый угол с молитвой воткнула по длинной стреле. Дружки быстро подавали ей соболя, и она накидывала шкуру на стрелу; другие тотчас подавали калачи, и сваха натыкала их на концы стрел.

Затем быстро стали застилать и завешивать горницу коврами, чтобы нигде голого места видно не было, а потом, в предшествии образов Спаса и Богоматери и большого креста, дружки внесли широкую кровать и поставили ее в красный угол.

Сваха стала стелить постель: постлала сорок снопов, на них пышный ковер, на ковер три перины. После этого она покрыла перины шелковою простынею. А тем временем дружки установили кадки с пшеницей, овсом и ячменем.

Часа три возились они с этим, а в это время Ольгу и Михаила обряжали к свадьбе и наконец повели в горницу, где собрались гости и свидетели. Пред ними свечники несли двухпудовые свечи, другие несли обручальные кольца, каравайники на пышных носилках несли караваи хлебов. Не поскупился князь Теряев и устроил пышную свадьбу.

Первой вошла в горницу невеста и заняла свое место, а спустя немного вошел и жених с поезжанами. Он был бледен как мертвец, и его глаза смотрели совсем не весело. Белее полотна было и лицо Ольги, только скрыта эта бледность была под слоем румян, а до венца и покрывалом. Когда уселись жених с невестой за стол, тотчас стали обносить гостей кушаньем.

— Дозволь невесту чесать и крутить, — сказала сваха Тереховой.

— Благослови Бог! — ответила боярыня дрогнувшим голосом, и сваха тотчас подошла к Ольге.

Между нею и женихом развернули тафту и, скрыв Ольгу от жениха, сняли с нее покровы и быстро стали расчесывать густые ее длинные косы. Сваха мочила гребешок в меде и чесала им волосы; потом быстро скрутила их, надела волосник, кику, подзатыльник и накрыла снова невесту.

Затуманилась голова у Ольги. Не помнила она дальше, как отец с матерью благословили ее и как на ее пальце очутилось золотое кольцо, как трижды плеть ударила ее по плечам и перешла из отцовых рук в жениховы. Только на воздухе очнулась она, по дороге в церковь, и поняла, что настал конец ее девичьей воле. И на прощанье она не увидела даже Алеши, да и посейчас нет его у них в доме.

А вокруг уже поздравляли ее. Еще миг — и зерна хлеба посыпались на ее голову. И снова она в поезде едет назад на брачное пирование. Князь Теряев созвал на свадьбу всю знать московскую. Были у него на свадьбе и его друг Шереметев, и Шеин, и князь Черкасский, и воеводы, и бояре думные, и именитый Иван Никитич, царский дядя.

Гудели сурмы и бубны, пелись песни о тяжкой женской доле, и Ольга, сняв фату, залилась горькими слезами. Таков был обычай, и никто не думал, что молодая льет непритворные слезы.

Начался пир.

— Горько! — первым закричал Шеин.

— Горько, горько! — подхватили поезжане и свахи.

Ольга встала и поцеловалась с мужем. На своей щеке она почувствовала легкое прикосновение усов, и на миг ей сделалось обидно — словно муж нехотя целует ее!

Долго пили и ели гости, пока дошли до третьей перемены. Тут встал дружка и, кланяясь родителям, сказал:

— Благословите молодых в опочивальню весть!

— Бог благословит!

Молодые поднялись. Длинною вереницей двинулось шествие к брачному сеннику. А гости продолжали пить, есть и веселиться.

Заливаясь слезами, Ольга сняла с немилого ей мужа сапоги. Не смотря на жену, томясь и тоскуя, ударил князь Ольгу плетью и после принял ее в равнодушные объятия.

По крыше сенника застучал частый дождик, яркая молния прорезала темноту ночи, загрохотал гром.

"Бог не благословит нашего брака", — с горечью подумал Михаил.

Ольга в испуге прижалась к нему.

— С нами крестная сила!

— Не бойся! Это Бог гневается на ложную клятву, — сказал ей князь.

Она отпрянула от него в новом испуге: "Неужели он знает?" Гости хмелели.

— Пожарский тоже! — громко кричал Шеин. — Великий воевода! Брал Москву два раза, а взял лишь на третий, когда поляки с голода померли! Вот я покажу, как войну вести!

— А кто Смоленск сдал? — задорно закричал князь Одоевский.

— Я! Да ведь мне помощи ниоткуда не было! Зато теперь и назад отберу!

— Не хвались, идучи на рать, — с усмешкой крикнул ему князь Черкасский.

— Я не бахвал. Не бойся, тебя в помогу не позову, князь!

Спор стал горячим. Князь Теряев ухватил Черкасского за руку и стал уговаривать.

— Не люб он мне! — возразил Черкасский. — Бахвалится много!

— Мне вчера дорогу загородил, — злобно сказал Масальский.

— Выскочил, да и на — пред нами!

— Схизматик! — проворчал Одоевский.

Между тем Шеин на уговоры Шереметева кричал во весь голос:

— Да что они все на меня, ровно псы борзые, право! Завидки берут, вот и лаются!..

— Это ты про кого, пес католицкий? — заревел Масальский.

— Да хоть про тебя!

— Про меня? — и Масальский, вскочив, ухватился за поясной нож.

— Други! — закричал Иван Никитич Романов. — Ведь мы на брачном пиру. Радоваться надо, а не озорничать да ссориться!..

Под утро разошлись гости. Князь Теряев угрюмо качал головою.

— Озорной народ!

— Пир омрачили ссорою, — с сокрушением сказал Терехов. Князь усмехнулся.

— Ну, это нас с тобой не коснется, а одно скажу: плохо будет Михаилу Борисовичу, коли ляхи его одолеют. Не простят ему бояре обиды и его гордости.

— Истинно! Горделив уж он очень и заносчив! — согласился Терехов.

VII

ПОХОД

Девятого августа 1632 года все в Москве заволновалось. Бряцая оружием, скрипя колесами пушечных лафетов, двигалось из Москвы несчетное войско; на площадях и базарах толпился народ всякого звания, а пред толпами дьяки, окруженные бирючами, громко читали царский манифест, в котором он, перечисляя все козни поляков, объявлял им войну.

— Бить их, схизматиков! — в исступлении выкрикнул старик в толпе. — Не будь мои кости старые...

— Ужо им боярин Михайло Борисович покажет! — сказал, усмехаясь, приказный.

Бабы остановили юродивого:

— Фомушка, что молчишь, голубь?

Фомушка, огромный лохматый детина с железными веригами на плечах и на шее, замотал головой и глухо проговорил:

— Кровь, кровь, кровь! Много крови будет!

— Господи, Владыко, горе нам! — заголосили бабы.

В то же время в дворцовой церкви шла торжественная обедня с молебствием о даровании победы. Патриарх стоял рядом со своим венчанным сыном на коленях и горячо молился, а сзади стояли Шеин, Прозоровский, Измайлов, которым было вверено царское войско, и все ближние бояре государевы. Тут же был и молодой князь Теряев со своим отцом и тестем.

Медленно и протяжно пел клир, торжественно проходила служба; государь молился со слезами на глазах, и всех молящихся соединяло с ним одно чувство.

Служба окончилась. Государь обратился ко всем идущим на войну и тихим голосом произнес:

— Бог с вами и Пречистая Матерь, с Нею же победа и одоление! Идите стоять за государево дело и не посрамите нашего славного имени.

Все двинулись к целованию руки. Боярин Шеин стал на колени и бил государю челом сто раз, потом поцеловал руку государеву и бил снова пятьдесят раз. За ним подошли Прозоровский, Измайлов, а там тысяцкие и начальники отдельных отрядов.

Поцеловав руку государю, они потом подходили к патриарху и падали ему в ноги, а патриарх благословлял их, говоря: "За веру Христову и государя! Благослови тебя Бог и Пресвятая Троица!" — и после каждому говорил напутственное слово.

Увидев молодого князя, он улыбнулся ему и произнес:

— Тяжко расставание с молодою женой, но вернешься победителем, и слаще будет счастье твое! Будь доблестен, как отец и дед твой!

Государь вышел на Красное крыльцо. Военачальники садились на коней. Тут же оказались теперь и Дамм, и Лесли, и Сандерсон. Народ толпился кругом и дивился на красоту коней и вооружение. Блестя серебром и золотом, отчищенной медью и полированным железом, гремя конской сбруей и оружием, группа начальников, с плотным, коренастым Шеиным во главе, была очень эффектна.

Войска выходили из Москвы, подымая облако пыли. Гром литавр и бубнов далеко разносился по воздуху.

163

Филарет поднял руки и благословил начальников. Они медленно повернули коней и поскакали следом за войском.

Михаил Федорович медленно вернулся в покои в сопровождении бояр.

— Каково будет для нас счастье? — задумчиво проговорил он.

— Победить должны, — уверенно ответил Стрешнев.

— Истинно! — Филарет взглянул на него и кивнул головой. — Боярин Михаил Борисович — знатный военачальник, хоть многие на него и клеплют.

Князь Черкасский потупился и переглянулся с Шереметевым, но хитрый царедворец словно не заметил его взгляда.

— Люди все славные, — подхватил Стрешнев, — и войска много!

— Пошли, Господи, одоление супостата! — молитвенно произнес Михаил. — Много бед нам от поляков чинится.

— Аминь! — заключил Филарет.

А тем временем по дороге к Можайску огромным сказочным змеем тянулось русское войско — конные отряды, тяжелая артиллерия, стрельцы и иноземная пехота. Позади этого войска ехали пышною группою Шеин, Прозоровский, Измайлов, Лесли, Дамм и Сандерсон.

— У Можайска разделимся, — сказал Шеин, — мы все пойдем на Смоленск прямо, а ты, князь Семен Васильевич, иди кружным путем другие города воевать и тоже к Смоленску ладь!

— Хорошо, — ответил Прозоровский.

— А оттуда далее пойдем, до Варшавы.

Измайлов усмехнулся.

— Там видно будет, боярин. Поначалу нам бы до Смоленска добрести только.

— Молчи! Говори подумавши, — грубо оборвал его Шеин, — теперь, чай, вы не со своим Пожарским али Черкасским идете, а со мною! У меня во как все удумано! — И Шеин хвастливо вытянул руку и сжал ее в кулак. Во главе войска, среди отрядов конницы ехал и отряд Теряева в сто двадцать человек, во главе которого стояли Эхе и молодой князь. Оба они ехали задумчиво, молча. Эхе думал о Каролине, с которою недавно обвенчался у пастора, и переживал тяжелые минуты разлуки с нею. Она не плакала, провожая его, не голосила, как молодая жена князя Теряева и его мать, но ее печаль была, наверное, сильнее и глубже. Как крепко она обняла его и

164

поцеловала! "Не говорю: прощай, — твердо сказала она, — а до свидания! Ты не смеешь умереть, потому что..." — и тут она тихо-тихо сказала Эхе такое, отчего у него всколыхнулось сердце и кровь прилила к лицу. А теперь, когда он вспоминал все это, ему становилось тоскливо и грустно. Не дай Бог, убьют. Тогда что?.. Он косился на Михаила и вздыхал, слыша и его вздохи.

Но Михаил вздыхал не по своей молодой жене, которая, провожая его, голосила на весь двор, не любя его ни капли; грустил он по Людмиле, с которой ему предстояло последнее свидание.

— Иоганн, — сказал он.

— Что, князь?

— Я подле нашей вотчины отойду, а завтра догоню тебя.

Эхе молча кивнул головой.

Князь тихо отъехал в сторону, но едва редкий перелесок скрыл его, что было мочи погнал своего коня, направляясь к старой мельнице.

В тот же день из Рязани выступил Семен Андреевич Андреев, стрелецкий голова, во главе рязанского ополчения, а с ним и Алеша Безродный со своим отрядом. Грустен и уныл был юноша, думая про Ольгу и томясь тяжкой неизвестностью. Он уже собрался было в Москву, как вдруг получил от боярина наказ идти с Андреевым не из Москвы, а прямо с места. Волей-неволей остался он в Рязани и не знал, вышла ли Ольга уже замуж или все еще в девицах.

Князь Михаил быстро мчался к своей милой. Та же дорога перелеском, потом вдоль берега речушки, та же рассосанная плотина; все то же, что видел князь месяц тому назад, но какая разница была в чувствах!.. Тогда он ехал по этой дороге полный счастья и радости, думая только о том, как встретится с Людмилой и какие речи поведет с ней, а теперь какая-то неясная тоска сжимала его сердце и туманила очи. Злое предчувствие неминучей беды сосало его сердце.

Сам того не заметив, князь подъехал к воротам мельницы и даже вздрогнул от неожиданности. Быстро спешившись, он привязал коня к крыльцу у столба и тихо вошел в калитку. Огромный цепной пес рванулся на него с ревом. Князь недовольно оглянулся. Где слуги? Где Мирон?.. Правда, ведь его люба словно в неволе лютой.

— Миша! — вдруг раздался радостный возглас, и Людмила, спрыгнув с трех ступеней крыльца, бросилась к нему на шею, обвила его руками и замерла на его груди.

— Голубка моя!..

165

Князь забыл свои думы, свои недовольства. Он только чувствовал любимую женщину у своей груди и, прижимая ее, осыпал горячими поцелуями.

— Приехал! Не обманул! А я ждала тебя, ждала... Пресвятая Богородица сжалилась надо мною!..

— Голубка моя!.. — повторил князь.

Людмила освободилась из его объятий.

— Пойдем же ко мне! Нынче я уж покормлю тебя. Помню прошлое! — весело сказала она и вдруг побледнела. — Что это ты такой? — дрогнувшим голосом спросила она.

Только сейчас она разглядела костюм князя. Его голову покрывала не обычная шапка с выпушкой, а шлем со стрелой между бровей и острым наконечником. На плечах поверх кафтана висела кольчуга, у пояса болтался меч, а в руке на коротком ремне висел блестящий чекан.

Князь смущенно улыбнулся.

— Голубушка моя, да ведь я с похода! Наши дорогой идут, а я заехал на тебя взглянуть. В ночь нагоню...

— В ночь? — побледневшими губами проговорила Людмила.

— Ну, в утро, — поправился князь и про себя подумал: "Далеко не отойдут за ночь!".

Веселье оставило Людмилу. Она провела князя в горницу, усадила за стол, уставленный флягами, бутылками и разными блюдами, села подле него и замерла, припав головою к его плечу.

Князь тоже чувствовал, как к его горлу подступали слезы, но крепился.

— Рыбка моя, — шутливо сказал он, — да как же есть мне, коли ты и угощать не хочешь меня и сидишь такая грустная?

— А откуда веселье мне, если ты на войну идешь и не знаю, когда воротишься?

— Не долго походу быть, яхонт мой! Месяц, два... и я уж всегда у тебя буду. Неделя — и я у тебя. Вот как! А пока погляди, что я для тебя припас!

Князь вспомнил, что в тороках[48] увязал для Людмилы ларец с подарками, и, быстро встав, вышел за ворота.

Слуги уже прознали про приезд князя и все вышли на двор. У дверей стоял Мирон. Князь хотел побранить всех за нерадение, но сердце, полное любви, не распалилось гневом, и он только пригрозил всем.

---

[48] Торока — ремни у задней луки седла для пристежки, приторочки чего-либо.

— Проведи коня да засыпь ему корма, — сказал он Мирону, вынимая из тороков ларец. — На заре уеду.

Мирон подобострастно поклонился ему.

Князь вернулся в горницу и раскрыл пред Людмилою ларец.

— Все для тебя, моя ясная! — сказал он, выкладывая драгоценности.

В ларце было много ценного: хитрой византийской работы подвески и запястья, богатое монисто, унизанное жемчугом, кольцо и серьги с самоцветными камнями и нитки жемчуга для работы. Но Людмила равнодушно смотрела на вещи.

— Зачем мне? Пред кем рядиться я буду? — сказала она. — Едешь ты и с тобою счастье мое. Я молиться пойду...

Князь смутился.

— Что же, с Богом!.. Только идти не надо — я тебе поезд снаряжу. Молись, а там вернешься и меня поджидать станешь. Приеду я — нарядись. Ну, поцелуй меня! — И он привлек Людмилу к себе и поцелуями снимал слезы с ее глаз.

Ее грусть на время прошла. Она улыбнулась и стала угощать его.

— Кушай, князь, во здравие, — сказала она, кланяясь ему в пояс, — для твоей милости старалась. Не погнушайся!

— Горько! — засмеялся князь, наливая чарку вином.

— Ну, уж и привередливый гость у меня! — ответила Людмила и звонко поцеловала князя.

А там наступила ночь. В темноте, в тишине Людмилу то охватывала безумная страсть, то поражал страх. Она целовала князя, а потом — вдруг холодела и шептала:

— Что, если тебя убьют? Умру я...

— Я сам семерых убью, — шутил в ответ князь.

— Ах, оставь!.. Поклянись лучше беречь себя!..

— От стрелы или пули нешто убережешься...

— А у тебя наговоренные шелом и панцирь?

Князь уже не верил наговорам, но подумал и ответил:

— Наговоренные!.. Мне в Швеции наговорил колдун один.

— То-то, а то у нас Ермилиха может.

— Нет, у того наговор крепче, — сказал князь, желая успокоить Людмилу.

И та успокоилась.

— Милый, только одно прошу, — заговорила она, — вот тебе ладанка, — она быстро в темноте накинула ему гайтан, — сама шила. Наговоренная. Тут мощей частица и, — она понизила голос, — колдовство это, а ты прости! Волосы я свои тут зашила. Ермилиха присоветовала. Не сбрось ее! Носи.

— Богом клянусь! — ответил тронутый князь.

— И еще, — она прислонилась к самому его уху и зашептала: — Коли ребеночек будет, я и для него такую же сделала.

Князь обнял ее и порывисто прижал к себе.

Чуть забрезжило утро, когда проснулся князь и взглянул на Людмилу. Измученная слезами и ласками, она теперь крепко спала, раскинувшись на постели. Князь долго с любовью глядел на нее, и ему жаль стало будить ее.

"Плакать будет, убиваться, — подумал он, — долгие проводы, лишние слезы. Господь с тобою, голубка!"

Он тихо поцеловал Людмилу, она во сне улыбнулась и ответила ему поцелуем.

Князь осторожно встал, оделся и начал молиться Богу.

— Господи, не допусти какой беды над ее головой!.. Не покарай ее за грех мой и мое окаянство! Огради, защити и помилуй ее, Мати Пресвятая Богородица!..

После этого князь поднялся с колен, еще раз поцеловал Людмилу и, смахнув с глаз слезы, осторожно спустился вниз. Там он надел кольчугу, опоясался, надел шелом, взял чекан и вышел во двор, прямо к Ермилихе.

Та уже не спала.

— Сокол-свет! Что так рано? — воскликнула она.

— Молчи! Вели Мирону коня сготовить и слушай!

— Ну, ну, кормилец наш!

— В поход я еду, так ее, — он указал на дом, — беречь, как свои очи! За все заплачу, довольна будешь, а коли упустишь, то не прогневайся! Созови слуг!

Он вышел во двор.

Ермилиха уже созвала дворовых девушек, и тут же стоял Мирон с конем в поводу.

— Беречь свою государыню, — строго наказал князь, — как косы свои беречь. Вернусь и, ежели что приключится, не пожалею!.. Ты, Мирон, из леса выведешь меня! — сказал он Мирону и вышел за ворота.

Все тихо проводили его туда.

Князь сел на коня. Мирон шел подле его стремени, и князь сказал ему:

— Хоть знаю, вор ты, но в слове тверд! С тебя и взыск будет. Вот казна тебе, — он дал ему мешок, — государыня хочет молиться ехать; снаряди обоз ей, людей найми. А коли беда, упаси Господь, стряхнется, Богом молю, сыщи меня и весть подай!.. Клянись!

Мирон торжественно поднял руку и кивнул князю.

168

— Спасибо тебе! — сказал князь. — Вернусь — награжу!

Князь ударил коня и выехал из леса.

Вдали пред ним облаком стояла по дороге пыль. Он погнал коня и поскакал, словно спасаясь от врага бегством.

Но никакой конь не умчит от кручины, и когда князь поравнялся наконец с Эхе, он был темнее ночи.

— Князь, что с тобою? — участливо спросил его немец.

— Оставь! — ответил князь и, отмахнувшись от него, отъехал в сторону.

Представлялась ему Людмила, как проснулась она и его не нашла, как горько заплакала...

"Лучше разбудить ее было бы!" — терзался он, а потом подумал, что тогда он и вовсе не расстался бы с нею.

Кругом стоял неумолчный гам. Бряцало оружие, громыхали подводы, кричали люди, ржали кони, мычали быки, но князь ничего не видел и не слышал, думая о своей любви, о Людмиле, о горькой разлуке, совершенно забывая, что у него в терему, в Москве, оставлена молодая, красивая жена.

VIII

В ПОХОДЕ

Наперерез главной армии, стягиваясь к Можайску, со всех сторон шли ратные ополчения, от Казани, от Саратова, от Калуги, от Астрахани, от Рязани. Главную силу таких ополчений составляли стрелецкие войска, а подле них группировались повинные ратные люди, отряды которых снаряжали монастыри, богатые помещики, сельские и мещанские общества.

От Рязани вел немалое войско, в тысячу сто человек, стрелецкий голова Андреев, и с ним шел Алеша Безродный во главе своей сотни, собранной в вотчине Терехова.

Андреев вовсе не изменился, только в его лохматых волосах появились серебристые нити да оспенные рябины скрылись под мелкими морщинами. Невысокий, коренастый, неладно скроенный, да крепко сшитый, он представлял собою тип русского воина того времени. Рядом с ним ехал Алеша

169

Безродный, а в стороне, мерно топая по крепкой земле ногами, шла рать.

— Брось кручину, — с убеждением сказал Андреев своему молодому спутнику, — сам знаешь, нестаточное затеял, так надо скорее вон и из головы, и из сердца, а не баловать себя. Вот!

— Да ведь не идет! Я больше про нее, не про себя думаю. Радость ли за немилого идти ей? Сердце рвется!.. — тихо ответил Алеша.

— Стерпится — слюбится! — сказал Андреев. — Не она первая. Девки всякого любят.

— Невмоготу отказаться.

— А надо.

Надо — это понимал и Алеша, но не мог ничего поделать со своим сердцем. Томилось оно у него тоскою по Ольге. Разум подсказывал, что ее свадьбы не миновать, что, может быть, уже совершилась она, а все-таки какие-то смутные планы роились в его голове, какие-то неясные надежда поддерживали его дух.

"В войне отличусь, — думал он, — царь честь окажет. Буду челом бить, чтобы сосватал!"

А если замужем? Он холодел при одной мысли, но опять надежды шевелились в его душе. Может, князя убьют.

"С нами крестная сила! Сгинь!" — и Алеша крестился при этих мыслях, но они снова лезли ему в голову и не давали ни сна, ни покоя.

Даже мысли о войне не занимали его.

— Будешь такой совой бродить, — шутил с ним Андреев, — и ляхи тебя живым заберут!..

У Можайска, у самой границы с Польшей, раскинулись лагерем наши войска, готовясь к вторжению в неприятельскую землю.

В средине была ставка самого Шеина — огромный шатер и подле него у входа хоругвь с иконою Божьей Матери. Вокруг шатра ходили с пищалями стрельцы. Недалеко от его шатра стояли шатры Прозоровского и Измайлова, а там — Лесли, Дамма и Сандерсона. Весь лагерь был наскоро окопан валом и огорожен стадами волов, телегами и пушками.

Рязанское ополчение подошло к самым окопам и было остановлено отрядом рейтаров.

— Нельзя дальше, — сказал их капитан, — надо генералу доложить. Куда поставить, куда послать!

— Да ну тебя! — отмахнулся Андреев. — Иди, говори! Нам бы передохнуть с дороги.

— Откуда? Кто?

— С Рязани, скажи!

— А вы тут стойте!..

Андреев кивнул капитану, и тот ушел.

— Шут гороховый, — сказал Андреев, — поди, в двенадцатом году полякам служил или за свою душу грабил, а теперь у нас! Меч продажный!

— А знатно дерутся.

— Дерутся-то хорошо, да веры в них нет. Вдруг к недругу и перейдут... что казаки...

В это время вернулся капитан.

— Иди! — сказал он Андрееву.

— Ты за меня побудь, — распорядился Андреев, обращаясь к Алеше, и пошел за капитаном.

Они прошли почти весь лагерь и вошли в палатку Шеина. Боярин сидел за столом с Прозоровским и Измайловым. Андреев снял налобницу, перекрестился на образ, что висел в углу, и низко поклонился воеводам.

— Бог с тобою, — ответил ему Шеин, — откуда? Кто?

— С Рязани... стрелецкий голова Семен Андреев.

— Много людей-то?

— Своих восемьсот да ополченцев триста будет. Над ними Алексей Безродный, а надо всеми я.

— Пушки есть?

— Две малые только.

— Ну, ну! Станом у заката станете, там место есть, а после с князем Семеном Васильевичем пойдете, — распорядился Шеин. — С ним вот!

Андреев поклонился Прозоровскому. Тот дружески кивнул ему и сказал:

— Приходи вместе с Безродным в мою ставку.

Андреев вернулся и повел свой отряд на указанное место.

— Князь-то Прозоровский — добрый человек, а боярин не пришелся мне по сердцу.

— Говорят, он воевода хороший, — сказал Алеша.

— А то в деле узнаем!

Отряд рассыпался и стал торопливо устраиваться. Каждое отделение устраивалось в общем лагере своим лагерем. Окопов не делали, но огораживались обозом и ставили у себя сторожевые посты. Андреев с Алешей деятельно хлопотали со своими служилыми, и через три часа утомленные ратники уже сидели за горячим толокном.

Андреев с Алешей прошел к Прозоровскому. Тот сидел за длинным столом с чарою меда в руке. Тут же сидели тысяцкие,

171

сотники, иные стрелецкие головы и Лесли, с которым Прозоровский был в большой дружбе.

— А, честные воины, будьте здоровы! — приветствовал их князь. — Садитесь! Мальчик, меда и чары!

Андреев и Алеша отвесили общий поклон и сели.

— Ну, кто из вас с ляхами бился?

— Я, — отозвался Андреев, — в шестьсот двенадцатом году их из Кремля высаживал!

— Да что ты, князь, — заговорил Лесли, — кто из нас ляха не бил? Разве безусые.

— А тех выучим. Ха-ха-ха! — сказал со смехом старый воин с выбитым глазом.

— Да! — изменив тон, серьезно заговорил Прозоровский. — Нам много дела впереди. Боярин-воевода напрямки к Смоленску придет, а нам надо и на Белую, и на Рославль, и на Невель, и на Себеж — на все, что по пути будет, а там и к Смоленску. Силы у нас не Бог весть. Так надо все скоро делать.

— Когда выступим?

— Я думаю, завтра еще дать передохнуть, да и, благословясь, прямо к Серпейску идти, благо ляхи еще промеж себя дерутся.

— Верно, — сказал Лесли. — Я бы уже завтра тронулся.

— Ну, надо и людишкам отдохнуть, а там выпить! Пейте, гости дорогие!

Гости стали пить. Алеша не отставал от прочих, думая затопить свою тоску. Почти до полуночи длилось пирование, когда гости встали наконец и попытались двинуться в путь.

Алеша вдруг почувствовал прикосновение к своему плечу и услышал голос:

— Друже, не ты ли Алексей, кабальный Терехова?

Алеша задрожал, узнав голос Михаила Теряева. "Что ему нужно?" — подумал он и сдавленным голосом ответил:

— Я. А ты кто?

— Я-то? Князь Теряев, Михаил, — ответил князь, которого Алеша едва различал в темноте, — может, помнишь? А я тебя не забыл с того времени, как боярина из полона выручил. Лицо твое тогда приглянулось мне.

— Спасибо за ласку, — проворчал Алеша и быстро отошел от князя.

— Вот тебе на! — воскликнул с изумлением Михаил. — Что я ему сделал такого?

А Алеша вернулся в свой шатер и, сев на землю, где ему была постлана солома, сказал Андрееву:

— Разлучник-то мой здесь... с нами вместе.

172

— Ну и ладно! — сквозь сон ответил Андреев.

Но для Алеши это была мученическая мука. Он чувствовал, что с князем ему придется и говорить, и сталкиваться; сознавал, что князь ничем не виновен пред ним, и в то же время не мог победить свою ненависть к нему.

Целый следующий день он не выходил из своего шатра, боясь роковой встречи, а когда заиграли в трубы поход, выстроился со своею сотнею в стороне от князя, которого заприметил во главе войска. Прозоровский велел ему соединиться с другими отрядами и надо всеми дал начальником дворянина Аверкиева, старого заслуженного воина. Войско выстроилось и выступило в неприятельскую землю.

Началась военная страда. Князь Теряев на время забыл и про Людмилу, и про свою любовь. Новизна обстановки, участие в настоящей войне заняло его ум и сердце.

Войско Прозоровского подвигалось медленно. Дороги почти не было: наступила осень, и ее размыло дождями. Дождик лил без перерыва, и войско шло, шлепая по грязи.

— Зелье береги! — раздавались постоянные приказания, но по такой погоде трудно было уберечь порох — у стрельцов он был просто насыпан в мешок вместе со свинцовой сечкой, и, как его ни прятали, сохранить сухим не было никакой возможности.

Уже месяц, как с малыми остановками двигалось войско, а врага все не было. Случались по дороге деревни и села, мелкие города. Русские без боя занимали их, грабили, а затем шли далее, оставляя за собой смерть, слезы и разорение.

Прозоровский то и дело посылал Теряева с его конным отрядом на разведки. Князь рыскал по узким тропинкам, по непроходимым дорогам и возвращался к Прозоровскому.

— Ничего не видать. Стоит деревнюшка, и в ней с полсорока домов. Взял я языка, пытал его: никого нет!

— Нет — и слава Богу, — говорил Прозоровский, — побережем людишек наших подоле!

Князь вздыхал и говорил Эхе:

— Иоганн, да что это за война! Вот уже месяц идем, и хоть бы что. Только, словно разбойники, жжем да грабим.

— Ха-ха-ха! — смеялся Эхе. — Подожди, и война будет!

— Скучно!

Но, кроме скуки, становилось и трудно. Дождь и холод донимали людей. Есть приходилось только холодное и сырое, потому что нельзя было развести костер при такой погоде. Люди стали болеть цингою.

173

Однажды Теряев выехал на разведки, как всегда, вместе с Эхе. За день перехода должна была находиться крепость Белая — первая крепость, где было войско.

Крошечный отряд Теряева выехал с опушки леса, и вдруг Эхе резко ухватил княжьего коня за узду и осадил назад.

Князь вздрогнул от радости и посмотрел в сторону, куда указывал Эхе. На полянке подле высоких, одиноко растущих кустов верхом на лошади сидел всадник и осторожно оглядывался по сторонам. Длинное копье торчало у него из-за спины; в руках была пищаль. Князь не выдержал. Не успел Эхе опомниться, как Михаил рванул коня и помчался на одинокого всадника, высоко подняв в руке тяжелый чекан.

Всадник увидел его и навел пищаль. Пуля прогудела над головою князя. Он подскочил уже к всаднику, тот уклонился от удара и выхватил саблю. В тот же миг из-за куста выскочили шесть других всадников и бросились на Теряева.

— Матка Боска! Пан Иезус! — кричали поляки, скача и махая саблями.

Князь, не помня себя, махал чеканом, и тот со свистом резал воздух. Вдруг его конь вздыбился и с криком повалился наземь — подлый удар подсек ему задние ноги. Однако князь успел вскочить на ноги.

— Держись, князь! — раздался в это время голос Эхе, и он бурею налетел на поляков со своими двадцатью воинами. Поляки рассеялись.

Князь перевел дух и весело сказал:

— Нигде не ранен!

— А коня загубил, — угрюмо ответил швед. — Эх, воин! Чуть ты и себя не погубил!.. И все по глупости.

Князю стало совестно.

— Ну, да что, — усмехнулся Эхе, — едем назад скорее, скажем воеводе. Может, тут и засада есть! Эй, Терентий, отдай князю коня, а сам пеший иди. Да сними с княжьего коня сбрую!

И они поскакали с вестью о неприятеле.

Прозоровский приготовился к битве. Он разделил войско на фланги и центр, отвел часть в резервы и двинул вперед артиллерию. Но враг оказался ничтожным: пред крепостью выстроилось все войско — восемьсот жолнеров да человек триста пехоты.

Прозоровский ударил на них и смял в мгновение ока. Они бросились в крепость и на плечах внесли за собою русских. Князь Теряев опьянел от крови, дыма и криков. Как безумный, носился он по узким улицам крепости и бил тяжелым чеканом направо и налево. Кровью залились улицы. Крепость пылала.

Спустя час Прозоровский чинил допрос пленным:

— Знает ли король ваш, что мы войной идем?

— А мы откуда знаем. Пришли холопы, говорят, войско идет. Мы и встали на защиту, а дальше ничего не знаем.

— Вешать! — распорядился Прозоровский, и шестьсот жолнеров были повешены после мучений.

Прозоровский отдохнул неделю и двинулся дальше.

От Шеина прискакал гонец с вестями. Боярин взял Серпейск, Дорого буж и подошел уже к Смоленску, куда ждал и князя.

— Будем, будем! — ответил Прозоровский. — Пусть он Смоленск берет.

Войско двигалось дальше, и Теряев уже увидел войну. Брали Невель, Рославль, Почеп, Трубчевск и Себеж. Поляки, один против десяти, сражались с отчаянной храбростью и жестокостью. Несколько взятых ими пленных вернулось с отрубленными руками и отрезанными ногами. Русские платили тем же.

Однажды Эхе захватил языка. Это был маленький рыжий еврей. Эхе привязал его за шею веревкою и, сидя на коне, привел его в стан. Полузадушенный еврей долго не мог опомниться.

— А ну-ка, дайте ему плети понюхать! — сказал Прозоровский.

— Ай, ну! — закричал еврей. — Зачем бить! Я все скажу, что знаю! Пусть меня спрашивают!

— Откуда ты? Куда шел?

— Откуда? Меня пан Заблоцкий послал. "Иди, — говорит, — в Смоленск, скажи, что мы идем!"

— Кто "мы"?

— А пан Заблоцкий и его гайдуки!

— Много?

— У-у! Много! — И еврей даже зажмурился и поднял руки.

— А по какой дороге? Далеко отсюда?

Еврей показал. Это были первые поляки, заведомо шедшие на войну.

Прозоровский устроил засаду и врасплох напал на отряд Заблоцкого. Победа далась без труда. Двадцать восемь пушек и восемьсот гайдуков сделались добычею русских.

Ликующий Прозоровский пошел дальше.

— Ежели мы их так бить будем, то, смотри, в январе в Варшаву придем.

— Ну что еще под Смоленском ждать! — говорили другие начальники.

— А будь там не Шеин, что у всех на шее, — ответил Прозоровский, — так Смоленск уже взяли бы.

Был ноябрь месяц, когда Прозоровский с войском подошел к Смоленску, под которым уже стоял Шеин со своим помощником Измайловым и иностранцами.

Прозоровский прошел к Измайлову.

— Как дела? — спросил он Измайлова и стал расхваливать свои подвиги. — А у вас что, Артемий Васильевич? — окончил он.

— И не говори! — Измайлов махнул рукою. — Мы с боярином — что волки в одной яме: одни ссоры. Мы скажем одно, а он сейчас другое, хоть бы сам о том думал раньше. А цари пишут — жить в мире! Беда! Окопались и ждем, когда ляхи одумаются и помощь пришлют. Два раза уже Смоленск взяли бы!

— Ты здесь, князь? — вошел в ставку молодой Черкасский, который был на посылках у Шеина. — Боярин тебя и Артемия Васильевича на совет зовет!

— Будем сейчас! — ответил Измайлов и сказал Прозоровскому: — Пойдем, князь.

В большой палате сидел Шеин. При входе Прозоровского он встал и дружески поцеловался с ним.

— Спасибо, князь, на старании государям! — сказал он. — Садись теперь советчиком нам. Видел Смоленск?

— Снаружи, боярин, крепость добрая!

— Что? — торжествующе сказал всем Шеин. — Говорю и я! Иначе, как измором, не взять ее. Стены не пустят.

— Мы стену-то, почитай, проломили с юга, — сказал Сандерсон, — чего ждать?

— Ну, ну! А я говорю — измором брать! А созвал я вас на то, чтобы князю место указать! — решительно сказал Шеин.

Все смолкли.

— По мне, стать ему станом на Покровской горе, — решил Шеин. — Ты, Артемий Васильевич, укажи место.

Крепость Смоленск, против поляков укрепленная еще Борисом Годуновым, была по тому времени одною из сильнейших крепостей. Боярин Шеин, сдавший ее в Смутное время полякам, знал ее силу и потому избегал бесполезного штурма, решив вести правильную осаду. Она стояла на берегу Днепра, и Шеин прежде всего занял оба берега. Прямо пред воротами крепости, у моста, на высотах он поставил Матиссона с сильным войском, на северо-западе стал сам с Измайловым, на северо-востоке поставил Прозоровского, занявшего Покровскую гору, а вокруг с южной стороны широким полукругом расставил станы под начальством Лесли и Дамма и приказал оттуда громить стену из пушек. С каждым днем он суживал и суживал осадное кольцо, зорко оберегая крепость от посторонней помощи, и жителям Смоленска приходилось все тяжелее.

— Знаю, что делаю! Знаю, что делаю! — хвастливо и упорно твердил Шеин, когда все советовали ему идти на приступ. — Приступу будет время!

Страшные холода мучили и изнуряли войско. Осада едва ли не тяжелее, чем для поляков, была для русских, но Шеин продолжал упорствовать в своем плане.

Теряев и его молодые товарищи бездействовали и роптали.

— Доколе, — жаловались они Прозоровскому, — нам без всякого дела быть?

— А вот подождите, — усмехался он, — приедет король с поляками!

И действительно, всем казалось, что Шеин словно нарочно медлил с окончательным приступом, потому что обороны крепости уже нечего было бояться.

IX

ДВОРЕЦ И МОНАСТЫРЬ

Тихо, строго и чинно было в Вознесенском монастыре. Временно смирилась мать Михаила, Марфа (игуменья Ксения). Поняла она, что не под силу ей бороться с Филаретом Никитичем, и отступилась с наружным смирением от власти. Ее друг и наперсница, старица Евникия, томилась в Суздальском монастыре, и государыня редко получала о ней весточки.

Все, кто прежде приходил к ней на поклон и простого царского приказа не слушался без ее благословения, перешли на сторону патриарха. Только князь Черкасский еще прямил ей, да хитрый Шереметев нет-нет да и навещал ее в ее келье.

— Ой, не лукавь ты, Федор Иванович, — говорила Ксения, — что тебе во мне, смиренной?

А он бил ей челом и со вздохом говорил:

— Счастье и мир ушли с тобою. Больно тяжела рука у владыки! Гляди, все стонут. Одним монастырским житье, а прочие волком воют. Не две, а четыре шкуры дерут: и с сохи, и с общины, и за соль, и за дорогу, и палубные, и за водопой. Больно уж строг владыка!

Слаще меда были такие речи для Ксении, но, опустив глаза вниз, она смиренно говорила:

— Отошла я от дел мирских. Ему лучше они ведомы.

Тем не менее стороною она всегда узнавала про дела государские и в душе таила воспоминания о былой власти.

И теперь, когда царь приехал к ней тих и светел лицом и, земно поклонившись, поцеловался с нею, она знала уже государевы новости.

— Отчего ты светел так? — спросила она царя.

— Радость велика, матушка, — ответил царь, — кругом врагов одоление. Боярин Шеин и князь Прозоровский уже под Смоленск пришли. Слышь, и Дорогобуж отвоевали, и Белую, и Серпейск, и Почеп, и Невель.

— Пошли Бог, пошли Бог! — тихо сказала Ксения, перебирая четки.

— А ныне пишут, что их воеводу Гонсевского отбили.

— Радость, радость, — сказала Ксения, — завтра закажу молебствие отслужить Владычице. Наши молитвы тоже, может, до Нее, Царицы Небесной, дойдут. А ты бы с царицею нас пожаловал, помолился бы вместе!..

— Непременно, матушка!

— А то совсем забыли меня. На смех Филарет Никитич меня в сане возвеличил, а всю радость отнял у меня: и сына любимого, и дружбу рабскую.

Лицо Михаила покраснело, он потупился, а Ксения, подняв на него свой блестящий взор, продолжала:

— Теперь ты хоть ради радости милость мне оказал бы. Верни мне Евникию! Что тебе в ее немощи! А мне она — утеха велия. И за что казнишь ее? Что она — мать Бориске да Михаиле? Так они тебе, как ты, служили и за тебя кару приняли. Не любы были отцу твоему твои други. Оставил он тебя одного и над тобой! верх взял. Млад ты был тогда, а теперь муж. Покажи им мощь свою!

Голос Ксении все крепчал; глаза ее горели живым огнем. Царь снова подчинился ее власти и подумал: "Что же, и правда. Велики ли беды Салтыковых? Может, и впрямь о Хлоповой как о порченой думали, меня же ради. А мать их и ни при чем. Крут батюшка!"

Он поднял голову, и в глазах его сверкнула решимость.

— Ладно, матушка, — сказал он вставая, — сделаю, как ты хочешь. Ради старости верну Евникию тебе в утешение и Михалку с Бориской ворочу. Жди!

Лицо Ксении осветилось торжеством.

— Узнаю царя! — сказала она в ответ. — Спасибо тебе, сынок, на утешении! — И она поясно поклонилась сыну.

Тот упал ей в ноги.

— Прости, матушка!

Ксения проводила его во двор монастыря и вернулась бодрая и радостная в свою келью.

Михаил сказал Шереметеву, вернувшись из монастыря:

— Хочу добрым делом добрые вести отметить. Напиши указ, по которому я прощаю вины братьям Салтыковым и ко дворцу ворочаю, и чтобы мать их из Суздаля назад в Вознесенский перевели!

Шереметев поясно поклонился, а у дьяка Онуфрия затряслись руки при таком приказе.

— А как же владыка? — пролепетал он, но Шереметев только грозно повел на него очами.

На другой день отстоял царь раннюю обедню и прошел в свой деловой покой до отъезда в Вознесенский монастырь дела послушать; вдруг в этот покой вошел Филарет не по чину быстро.

Михаил спешно вскочил и упал ему в ноги. Патриарх благословил его и затем, принимая из рук своего боярина свиток, протянул его царю и сухо сказал:

— Это нельзя!

Царь смутился.

— Прости, отче, меня просила матушка, и я обещал ей на радостях!

— Нельзя! — проговорил патриарх. — Воры и прелестники не могут вернуться к престолу. Мы не ложно судили! Слово государево должно быть твердо, иначе где ему вера! Милости его велики, но и гнев его страшен! Иначе что? Баловство! Скажут: ради меня казнили, ради нее простили! Нет моего благословения, нет!

Он кинул свиток на стол.

Царь беспомощно опустил голову.

Филарет снова заговорил:

— Прости их, верни их, и они затеют крамолу. Не будет покоя у твоего трона. Опять произвол. Ксения ищет смуты не по сану своему. Ты хотел к ней в монастырь ехать?

— Молебствие за победы она служить заказала, — только ответил царь.

179

— Не надо! Свою опалу показать ей надо. Кто есть? — обернулся патриарх к своему боярину.

Тот выбежал и тотчас вернулся назад.

— Окольничий князь Теряев!

— Зови! А ты наказ дай! — предложил Филарет царю.

Князь Теряев вошел и отбил поклоны. Царь обернул к нему побледневшее лицо и сказал:

— Иди в Вознесенский монастырь. Скажи нашей матушке: быть не можем... недужится!

Теряев вышел.

Ксения готовилась к торжественной встрече царя. Далеко вперед были высланы служки, чтобы издали заметить царский поезд; но время шло, а поезда все не было видно. Ксения волновалась. Ударили по церквам к обедне, а царя все не было, и Ксения делалась все беспокойнее.

"Неужели и тут Филарет поперек стал, прознал про его обещание и удержал?"

Горькая усмешка сжала ей губы. Крут и властен патриарх, но она поборется с ним!..

Вдруг появился служка с докладом:

— Едет, мать игуменья!

Ксения встрепенулась.

— Звоните в колокола!..

— Не царь, а посол царский!..

Лицо Ксении побледнело.

Через несколько минут пред нею стоял царский окольничий, князь Теряев, с царской оговоркою, что за недугом легким на молебствии царь-батюшка быть не может.

А спустя какой-нибудь час от Филарета принесли свиток и в нем строгий наказ, чтобы в дела государские она, Ксения, не совалась.

"То не бабьего ума дело. Ежели же тебе и за молитвами досуга много, то есть дальние обители, где смятенному духу для размышлений вельми укладно будет".

Потемнела как туча Ксения и... смирилась...

В тот же вечер был у нее князь Черкасский и тяжко вздыхал, сочувствуя ей.

— А теперь, ежели его ставленник Смоленск возьмет, еще круче повернет владыка! — сетовал он.

Действительно, владычество Филарета приходилось всем в тягость, хотя и было оно во славу родины. Слишком тяжкими поборами обложил патриарх все сословия, особенно крестьян и посадских. Светские люди жаловались на духовенство, которое, напротив, пользовалось всякими льготами; но роптало, в свою очередь, и духовенство, в личной расправе с которым Филарет был беспощаден. Не только попов, но даже архиереев учил он свои жезлом, и нередко до крови.

Тяжко было и малодушному Михаилу, которому Филарет оставил охоту, богомолье да теремные дела. Все писалось от имени Михаила — и приказы, и наказы, но ничего не решал он сам, без патриаршего слова и указа.

А Филарет все горделивее подымал свою голову, зовя себя в то же время смиренным иноком.

В неустанном труде проходил его день, в долгой молитве проводил он ночи. Его глубокий ум умел обнимать все разом, зоркий глаз видел больше всех окружающих. Это был изумительный человек, и история мало отвела ему места. Его характер и его государственный ум несомненно унаследовал его великий правнук Петр.

Немудрено, что личность Филарета подавляла собою все окружающее и царь Михаил не имел силы противостоять воле своего отца, тем более что тот еще и был облечен.

X

НОВАЯ ГРОЗА

Заскучал на Москве боярин Терехов-Багреев. Хоть и были для него отведены просторные хоромы и слуг было довольно и хоть князь постоянно заботился о своем друге-госте, а теперь и свойственнике, все же боярин чувствовал себя как в гостях. Помолился бы он, да своего попа нет; взял бы палку, пошел бы по двору — на чужих холопов кричать негоже. По Москве пойдет — все чужие; не то что в Рязани! Там выйдет боярин — всякий шапку ломит, со всяким поговорит; не базар пройдет — все посмотрит, поторгует. Глядь — и день прошел.

Однажды, трапезуя вдвоем с женою (Ольга уже в своем терему жила со свекровью), Терехов отодвинул от себя миску и сказал:

— А что, Ольга, не пора ли нам и ко двору? А?

— Как ты, Петр Васильевич! Твоя воля!

— Знаю, что моя, — ответил боярин, — я тебя спрашиваю: заскучала ты или нет?

— Скучно, Петр Васильевич, да Олюшку жаль: как

181

подумаю, что расстаться надо, сердце щемит! — И боярыня слезливо заморгала глазами.

— Глупости! На то она и девка, чтобы из дома уйти, на то и растили.

— Знаю, Петр Васильевич, а все-таки тяжко, ой как тяжко! — И боярыня закрылась рукавом и заплакала.

— Глупости бабьи! Едем на неделе, и сказ весь. Готовься, а я князю скажу!

Он поднялся, тяжело сопя, и прошел в опочивальню, а боярыня позвала к себе Маремьяниху и стала с нею печалиться.

— И, Олюшка, — зашамкала старуха. — Не на век расстаешься, матушка. Еще не раз свидитесь, а дом бросать тоже не след! Разворовали, поди, холопы добро все.

— Не знаю, как Олюшке-то сказать. Больно ей тяжко будет!

— Ништо, — шамкала Маремьяниха, — ее княгиня-то, что мать родная, любит. Утешится Олюшка. Гляди, война кончится и муж вернется. Не до нас ей будет! То-то...

Но Ольга чуть не умерла, услышав весть про отъезд отца с матерью. Тяжко ей было в первые дни замужества. Чуткой женской душой поняла она, что для своего мужа она также постылая жена, и, не любя его, она была оскорблена. Еще тяжелее были ей дни до его отъезда, и ко всему прибавились мысли об Алеше: ведомо ему или нет о ее замужестве? Может, с горя загубил себя, а может, еще не знает и прилетит сюда соколом.

Черные думы свили гнездо в голове Ольги, а свекровь Анна Ивановна вьется над Ольгой, что горлица и каждую свободную минуту только и говорит ей о постылом муже.

Вяло тянется теремная жизнь. В большой горнице стоят пяльцы: у окошка, друг против друга, пяльцы Ольги и свекрови, подалее — сенных девушек.

Помолятся утром, попьют сбитня — и за пяльцы.

— Что это ты, Олюшка, какая бледная нынче? — тревожно пытает ее княгиня.

Ольга только клонит вниз голову.

— Не знаю, матушка, будто ничего со мною!

— Ну, ну, а ты не труди своих глазынек, посиди так! Хочешь, я тебе про Мишу расскажу?

Ольга садилась на низкую скамью у ног княгини и в сотый раз слушала, как Мишу скоморохи скрали, как Миша с коня упал, как Миша к басурманам ездил, наконец, про Штрассе, Каролину, про Эхе.

— Из похода вернется Мишенька, царь его пожалует. Ждешь ли ты его? — спрашивала княгиня.

— Жду, матушка!

— А я-то! Кажись, приди Господь и скажи: "Хочешь увидеть и умереть?" — "Хочу, Господи!" — отвечу, — восторженно говорила княгиня, и слезы умиления падали на ее работу.

Иногда, чтобы потешить Ольгу, она приказывала девушкам петь, но их пение только мучило Ольгу. Нет радостных песен по теремам — и пели девушки про монотонную девичью жизнь, про выход силком за немилого, про грозного мужа и тоску-змею.

— Ох, девушки, перестаньте! — качая головою, останавливала пение княгиня, а Ольга плакала неудержимым плачем.

Только и утехи было у нее, что сойти вниз, к матушке, уткнуться лицом в ее колени и плакать — плакать о своей молодой, в корне увядшей любви, о своей горькой доле, о своем тоскливом одиночестве.

Лаская ее, начинала плакать и боярыня.

— Лебедь ты моя белая, — причитала она, — рыбонька ты моя златоперая!.. Аль ты несчастливая, что все убиваешься? Или князь не мил?

— Скучно, матушка, сиротливо! — сквозь слезы твердила Ольга.

И вдруг пришла матушка и поведала роковую весть. Ольга вскрикнула, взялась за грудь и сомлела. Всполошились все, забегали. Сама княгиня нагнулась и стала пером от черной курицы ее окуривать; Маремьяниха свяченой водою с угольков стала брызгать, а боярыня упала на рундук и громко заплакала.

Ольга очнулась, взглянула на мать, и снова скорбь поразила ее.

— Матушка, не покинь меня! — вскрикнула она и опять упала.

— Ой, порченая! — пугливо заговорили девушки. — Гляди, как бьется!

— Не иначе как за знахаркой надо, — сквозь слезы вымолвила боярыня. — Олюшка, очнись!

Княгиня первая догадалась.

— Князь задаст вам за знахарку. Зовите Дурада, спешно!

Но Ольга очнулась. Вся трепеща, прижалась она к матери и осыпала ее нежными ласками.

А тем временем на половине князя боярин говорил с князем о своем отъезде.

— Напрасно, Петр Васильевич, — сказал ему князь омрачаясь, — думал я, здесь умирать вместе будем, внучат качать. Я уж с Федором Ивановичем говорил. Слышь, открывается тут приказ. Новой чети. Тебя воеводою посадить можно. Покойно и почет! Ой, оставайся!

— И не проси, князь, — уперся боярин, — невмоготу мне ваша жизнь. Все при царе... ходи и дрожи. А там я себе голова. Да и суета не по мне. То к тебе посланец, то ты посланцем: утром наверх иди, дужится или недужится. Негож я, обленился. Мне и в Рязани-то воеводство не под силу было. Куда мне, простому? Мне бы лежанка теплая да банька.

Князь засмеялся.

— Что же, неволить не будем! Честью проводим. Когда же отъехать думаешь?

— Да на неделе, князь.

— Ин быть по-твоему. А жалко!.. Не по моим мыслям вышло! — со вздохом сказал князь.

Ольга словно успокоилась, примирившись с неизбежностью разлуки. Только в последние дни она не отходила ни на шаг от матери и временно спала с нею.

По настоянию князя к ней пришел Штрассе, осмотрел ее, ласково ей улыбаясь и добродушно кивая головою.

После его осмотра все вдруг стали с ней еще ласковее.

— Смотри, чтобы князь был! — шутливо погрозила ей княгиня.

Ольга вспыхнула как маков цвет и поняла, что беременна. Но мысль об этом наполнила ее не радостью, а ужасом.

— Помру я, Агаша, — тоскливо шептала она ночью своей верной подруге.

Наконец боярин Терехов уехал. Как подстреленная птица билась в рыданиях Ольга, прощаясь с отцом и матерью, и ее на руках унесли в терем.

Задумчив сидел боярин в тяжелом рыдване, и одна и та же мысль неотвязно мучила его душу: "Ишь, за немилого выдал. Знал ли про то! Обет-то давали, еще и ее не было. А все дура старая: не уберегла! Ну и задам я Алешке, как свидимся!"

Но от этих дум не становилось легче боярину и, вспоминая прощание с дочерью, он чувствовал укоры совести. "Сгубил девку!" — горестно думал он.

Горько было молодой княгине Теряевой-Распояхиной, осталась она одна-одинешенька в Москве в доме нелюбимого мужа, а над ними собиралась новая беда, туча грозовая.

Нет на свете муки тяжелее муки ревнивого сердца, любящего без взаимности. Молодые сердца не испытывают ее, и она выпадает только на долю пожилых или безобразных лицом.

Такие муки испытывал коломенский торговый человек

Парамон Ахлопьев. Был он и годами не молод, и лицом не красив, но любил Людмилу Шерстобитову всею силою своей души. Торгуя панским товаром, не раз продавал он Людмиле и ее матери и камку, и парчу, и атлас для вышивки и пленился Людмилою. Но, как ни искал он ее взаимности, девушка только отворачивалась от него.

Мрачнее тучи ходил Парамон, обдумывая, как бы завладеть Людмилою, и решил действовать через мать. Хитрые глаза да лисий облик Шерстобитовой словно подсказывали ему, что за деньги мать продаст дочь свою, и Парамон Ахлопьев издалека повел речи с дворянскою вдовою.

— Видим мы даже очень, что не по чину живешь ты. Тебе бы сидеть да сенным девушкам приказывать, а ты вон на людей работница! — вкрадчиво сказал ей однажды Ахлопьев.

Шерстобитова вспыхнула и обидчиво сжала губы.

— Я к тому, собственно, что в твоей воле судьбу свою переменить! — продолжал Ахлопьев.

— Это как же переменить ее? — спросила Шерстобитова на его подвохи.

Ахлопьев нагнулся к ней и произнес:

— Отдай, Надежда Петровна, дочь свою за меня. Вот и перемена!

Вдова даже вздрогнула от радости.

— Казны у меня на всех хватит. Дом — чаша полная!

Шерстобитова недолго думала над этим предложением и быстро ответила:

— Засылай сваху!

В три дня порешилось дело. Много слез в ту пору пролила Людмила, но ее мать была непреклонна. Не знала она тогда про свидания дочери с князем, ничего не ведала про их уговор и думала только о перемене жизни с голода на сытость, с хлопот на покой и почет.

Но когда явилась к ней Ермилиха да поведала ей про тайную любовь, да, суля золото, стала сманивать на согласие, голова кругом пошла у дворянской вдовы. Чего не случается? Пока что полюбовница, а там и княгиня! Шутка ли это!.. А денег-то у князя Теряева уж куда больше, чем у Ахлопьева. Кто не знал в Коломне князя Теряева-Распояхина!

А тут Людмила и заговорила:

— Не быть мне за Парамоном. Лучше с камнем в воду!

— Что думаешь, глупая? — зудила Ермилиха. — Счастье-то раз дается. Смотри, как помрет сам князь-отец, в усадьбу перейдем. Всей владей. Холопов одних ста три будет!.. А теперь казны даст, беречь как очи будет!..

185

И Шерстобитова согласилась.

— Только одно, милая, — запросила она, — чтобы ото всех потаенно!

— Это-то уж будь покойна! Мой Мирон да и княжий стремянный все сделают!..

И действительно, потаенно скрылись они из Коломны; только тайну Людмилы знали почитай все соседи, кроме Парамона.

Пришел он к Шерстобитовым в воскресенье после обедни и диву дался: калитка настежь, а что и того хуже — и дверь нараспашку. Шагнул он в двери со словами: "Господи Иисусе Христе..." — да и остановился с разинутым ртом посреди горницы. Все разворочено; пяльцы опрокинуты, другие с начатой работой стоят, образа сняты, словно разбойники были!

В голове Ахлопьева помутилось; выбежал он на улицу и заорал благим матом:

— Убили! Ой, убили мою голубушку!

— Парамон Яковлевич, ты чего? — посыпались на него вопросы.

— Чего?! — кричал Парамон. — Шерстобитовых нету! Гляньте, православные!

Народ гурьбою ввалил в брошенную избу Шерстобитовых, и соседи лукаво закачали головами, но имя князя, хотя и просилось у многих с языка, пугало всех как гроза.

— К воеводе иди! — советовали одни. — Сыск сделает!

— Ой, поопасись! — говорили другие.

— Може, они на богомолье поехали, — догадывались третьи.

— Ермилиха их на богомолье повела, — ехидно заметил кожевник, что жил напротив.

Но Парамон ничего уже не слышал. Словно что оборвалось внутри него; в уме потемнело, и он со стоном упал.

С неделю пролежал без памяти Ахлопьев, а потом, когда очнулся, снова стал как безумный. Мысль, что Людмила потеряна, не давала ему покоя.

Он передал торговлю приятелю и собрался в дорогу.

— Куда ты? — спрашивали его.

— На Угреш, угодникам помолиться, — ответил Ахлопьев и уехал.

Месяца через два он вернулся в Коломну, угрюмый, молчаливый, сосредоточенный на одной думе.

— А хочешь, по приятельству скажу тебе, где твоя Шерстобитова? — сказал однажды ему купец из красного ряда.

— Где?

— Пойдем, скажу! — Купец отвел Парамона к пустырю за рядами и там, озираясь по сторонам, тихо сказал ему: — Молодой князь Теряев сманил их. Слышь, молодую-то в полюбовницах держит.

— Где?! — закричал Ахлопьев.

Купец даже отскочил от него.

— Тсс!.. Что орешь, непутевый! — воскликнул он и зашептал снова: — Где хоронит, того не знаю, а что сказал — верно. Теперь князь-то на войну уехал.

Купец ткнул Ахлопьева дружески в бок и отошел.

Как у волка, вспыхнули глаза у Парамона, стан выпрямился, кулаки сжались. Вся тоска, испытанная горечь, сожаление об утрате — все разом обратилось в мучительную ненависть.

— Найти бы только! — бормотал он про себя, возвращаясь домой, и наутро вновь исчезал из Коломны с твердым намерением разыскать тайное убежище Людмилы.

Тихо и уныло протекали дни Людмилы в ее тихом убежище. По отъезде князя ездила она в Москву к Иверской Божьей Матери, завернула в Троицу и Угреш и словно успокоилась духом. Только о князе и были все ее думы, а ко всему чуяла она, что забеременела, и тихая радость наполняла ее.

Не знала она теперь ни тоски, ни скуки. На дворе ненастье, хлещет дождь и гудит ветер, ломая деревья, иногда издалека доносится волчий вой, а ей хорошо и уютно в своей светлице. Сидит она и шьет бельецо для крошечного-крошечного тельца, и мурлычет про себя песню или за пяльцами вышивает хитрым узором дорогой покров и думает: "Как вернется с войны Михаил, упрошу его, чтобы он пелены эти к себе в усадебную церковь отдал".

И никого ей не надо.

Наведается к ней мать.

— Что ты, Людмилушка, все одна да одна?

— Мне хорошо, матушка.

— Все же хоть бы девок позвала. Смотри, как Степанида ладно сказки сказывает. Умора!

— Не хочу, матушка. Мне одной со своими думками всего веселее!

— Ну, и сиди так, коли нравится, — с неудовольствием замечала мать и шла в избу к Ермилихе.

Собирались туда и девки. Ермилиха и дворянская вдова тянули наливку, а девки пели им песни. Шум и веселье, а у Людмилы тишина и покой, что в монастырской келье.

Раз сидела так Людмила, думая о своем любимом князе, а потом, улыбаясь своим мыслям, подняла глаза — и замерла на мгновенье. Пред нею стоял ненавистный ей Ахлопьев и нагло улыбался, в то время как глаза сыпали искры.

— Что, сомлела? — насмешливо заговорил он. — Думала, полюбовник пришел. Ан это я.

Людмила быстро встала.

— Уйди отсюда! Как ты вошел сюда?

— Двором, лебедь, двором. К бесстыдным девкам дорога всем открыта! Небось, ты вздумала укрываться, а худая слава бежит до самого порога. Да не с мошной я пришел к тебе, распутница, а пришел я ответ искать! — И с этими словами он резко шагнул к ней. — Что ты со мной сделала?

Людмила быстро отскочила в сторону и распахнула слюдяное окно.

— Матушка! Мирон! Девушки! — раздался ее пронзительный крик.

— Убью, паскуда! — кинулся на нее Парамон, но в тот же миг сильная рука Мирона рванула его и опрокинула навзничь.

— Ах ты, пес непотребный! — крикнул богатырь. — По светлицам лазать! Я ж тебя! — И, не дав опомниться Парамону, он волоком потащил его вниз по лестнице, куда бежали мать Людмилы, девушки и Ермилиха.

Шерстобитова вгляделась в Парамона и завопила:

— Ах, разбойник! Ах, оглашенный! Он это с убивством пришел... не иначе!.. Бейте его, девки, бейте окаянного! — И нагнувшись, она провела острыми ногтями по его лицу.

У Парамона из щеки брызнула кровь.

Она опьянила всех!

— Бейте татя! Бейте разбойника! — завизжала Ермилиха.

Мирон приподнял Парамона и выбросил на двор. Девки ухватили кто веревку, кто палку, и на Парамона посыпались несчетные удары. Окровавленный, в изодранной одежде, он едва вырвался от них и бросился бежать.

— Пса спусти, Мирон! — кричала Ермилиха.

Парамон обернулся, потряс кулаком и быстрее пса пустился по лесу.

— Го-го-го! — диким голосом кричал ему вслед Мирон. — Приходи за остатним!..

— Приду, небось! — побледневшими губами шептал Парамон, подходя к Коломне темною ночью.

Ненависть, ревность создали в его душе ад. Только кровавая месть могла смыть всю обиду его поруганной любви, и он надумал страшное дело.

188

Три дня спустя после рассказанных событий, собрался он в путь-дорогу и в одноколке, несмотря на осеннюю распутицу, затрусил на Москву. Твердо решил он извести всех своих обидчиков и ехать к самому князю Теряеву-Распояхину с подлой ябедой на его единственного сына.

XI

НАЧАЛО БЕДСТВИЙ

Десять месяцев стояли уже русские войска под Смоленском, все теснее и теснее окружая его. Вожди уговаривали Шеина броситься на приступ и взять Смоленск, но воевода упорно отказывался.

— Боярин, — взволнованно сказал ему Измайлов, — гляди, мы в южной стене уже знатный пролом сделали. Пойдем!

Шеин лишь покачал головою и произнес:

— Пролом! Эх, Артемий Васильевич! В те поры, когда здесь стоял Жигмонд, а я за стенами Смоленска сидел, ляхи у меня две башни разрушили, а войти не могли, голодом только и одолели... Пролом!.. Нет, подождем, когда они с голода пухнуть станут.

— Боярин! Невозможно так дольше! — с неудовольствием заявили Шеину иностранцы. — Там всего две тысячи четыреста воинов-ляхов; в один день Смоленск наш будет, а мы ждем, время тратим. Смотри, изнурение какое!

— Недолго теперь, — ответил им Шеин, — еще месяц, и нам ворота откроют!

— Жди! — угрюмо заявил ему князь Прозоровский. — Придет наконец Владислав из Польши и снимет осаду!

— Небось, князь, сумеем и Владислава встретить! — раздражился Шеин и продолжал упорствовать.

Сидя в своей ставке, он иногда бессонной ночью тяжко вздыхал и думал: "Не возьму в толк: вороги вокруг меня али понять не хотят, что я кровь русскую берегу! К чему лить ее, ежели без крови возьмем Смоленск? Ох, люди, люди! Князь-то Черкасский схизматиком, изменником меня назвал! И он туда же... Да нет! Боярин Шеин не изменял Руси, царям правил; знает меня Филарет Никитич и боронит, а не будь его..." — и при этой мысли Шеин невольно вздрагивал.

Над станом Прозоровского, казалось, разверзлись все хляби небесные. Ветер рвал и стонал, дождь лил не переставая, несмотря на то, что стояли последние дни июля месяца. Выкопанные землянки обратились в мелкие колодцы, ратники вылезли из них и предпочитали оставаться снаружи, чем снова лезть в воду.

Но несмотря на это, во всем русском войске царило веселье, и, казалось, ничто не могло испортить хорошего настроения россиян.

На краю лагеря, у валов, на вышке расположился стрелецкий сторожевой наряд. Подложив под себя мокрое сено, накрывшись зипунами, стрельцы равнодушно смотрели вдаль сквозь чистую сеть дождя и лениво переговаривались.

— Шеин! — с презрением сказал старик. — Нешто это голова? У него сноровка за окопом как кроту сидеть, а чтобы действовать — николи! Помню я, покойник — царство ему небесное! — Михайло Васильевич Шуйский! Тот орел!..

— Дядюшка, — сказал молодой стрелец, — расскажи, как он ляхов бил!

— Ляхов? Всех он бил! Москву очистил! Как соединился это с Делагарди, и пошли мы...

— Дядюшка! Михеич! Гляди-ка, кто-то скачет! — перебил его другой стрелец, всматривавшийся вдаль.

Михеич оборвал свой рассказ и обернулся.

— И то! — сказал он. — Ну, вы! положить самопалы!

Двое стражников тотчас установили козлы и положили на них свои ружья.

Действительно, прямо на них скакал всадник. Не доезжая стражи, он замахал шашкою и что-то закричал.

— Стой! — успокоившись, сказал Михеич. — Ишь, несет его! Стой! Кто? Какое слово?

— Орел! — ответил всадник, соскакивая с коня и вытирая полой кафтана лицо. — Поляки!

Стрельцы сразу всполошились.

— Где? Много?

— Полчища! И не счесть! Смотрите лучше! — И всадник, вскочив на коня, погнал его к ставке князя Прозоровского.

Князь, всегда недовольный Шеиным, сидел в ставке с Сухотиным и Ляпуновым, своими помощниками, и говорил:

— Грех Пожарскому, что уклонился. Был бы теперь и Смоленск наш, и в Польшу в нутро самое забрались бы. А теперь что? Год почитай стоим.

— Голодом, слышь, воевода выморить хочет, — заметил Сухотин.

190

— Сами, пожалуй, еще голодом помрем!

— Ну, сказал тоже!

— А что же? — вспыхнул князь. — Придут поляки, перегородят реку — и умирай!..

В это время в палатку вошел Алеша Безродный. Вода с него лилась в три ручья, он был весь забрызган грязью.

Прозоровский недовольно обернулся на него.

— Что ввалился? Кто такой?

— Алексей Безродный, сотник над дружиною боярина Терехова.

— Чего надо?

— Поляки идут. Туча!

Князь и его собеседники вскочили на ноги.

— Поляки? Где? Кто видел?

— Я же и видел, — ответил Алексей. — Ездил это я с утра охотиться. На берегу в камыше сижу, а ляхи тут как тут... человек десять. Погутарили и уехали. Я вышел, глянул, а их-то идет да идет... туча!

Прозоровский взглянул на собеседников.

— Говорил я вам про это?.. Ну, теперь все испорчено. Снимайся, вот что! — Он обернулся к Алеше и сказал ему: — Возьми своих людей человек двадцать и поезжай на разведки. Дознай, много ли ляхов да где станом стали. Языка достань! А ко мне князя Теряева пришли. Знаешь — его?

Алеша вздрогнул.

— Знаю! — ответил он глухо и вышел.

Судьба словно нарочно сталкивала его с князем.

У последнего была построена избушка с печью. Он сидел у стола и разговаривал с Эхе, поверяя ему свои печали, когда в избу вошел Алеша. Князь Михаил встал и быстро подошел к нему, узнав его сразу и говоря:

— А, Алексей, Божий человек, чего хоронился так долго? С чем пожаловал? Садись! Иоганн, давай меду!..

Алеша резко затряс головою.

— Я к тебе с посылом от князя Прозоровского. Тебя он зовет. Немедля!

Теряев отшатнулся.

— Теперь? Для чего?

— Поляки пришли, — ответил Алеша и вышел.

Теряев встревожился.

— Слыхал, Иоганн? Поляки!

Эхе кивнул головой и спокойно сказал:

— Вот драться и будем!

— Я пойду! — произнес князь. — Верно, надо что-нибудь.

"Поляки пришли!" — эта весть уже облетела весь лагерь и взволновала всех.

— Теперь хоть подеремся! — говорили кругом.

— Хошь не хошь, боярин, а воюй! — усмехались другие.

Князь Прозоровский сказал Теряеву:

— Седлай коня! Скачи к боярину Шеину и скажи, что невдалеке от нас поляки показались. Какой приказ будет? Назад поедешь, заверни к Сандерсону, его оповести... А то нет! — перебил он себя. — К Сандерсону я пошлю другого. Ты назад так же спешно. С Богом!

Спустя пять минут князь Теряев бешеным галопом скакал в лагерь Шеина, до которого было верст пятьдесят по берегу Днепра.

Почти в то же время из лагеря выехал Алеша с малою командою в восемь человек и тихо поехал вверх по Днепру. Был уже вечер. Темнело. Не зная покоя, не находя себе места, Алеша все время проводил на коне, гоняя его по степи, или на охоте, сидя часами в густых камышах. Это шатанье ознакомило его с местностью, где он знал каждую тропку, а потому вечерняя мгла в порученном ему деле разведки была только на помощь. Он медленно подвигался берегом, поросшим мелким ивняком, и вдруг остановился и спешился.

— Слезьте и вы, — тихо сказал своим дружинникам. — Ты, Ванька, и ты, Балда, со мною пойдете. А вы, — сказал он остальным, — ждите! Коли до зари не вернемся, ворочайтесь в лагерь; значит, сгибли мы... Ну, с Богом!

Он подтянул поясной ремень, попробовал нож, легко ли вынимается, и спустился к камышам. Ванька и Балда спустились за ним. Добрый час они двигались в камышах по колено в воде.

Вдруг невдалеке послышался говор; следом раздался глухой, смешанный шум. Алеша тотчас подал знак и высунул голову из камышей. В темноте вокруг и вдоль на всем пространстве, которое мог окинуть глаз, горели костры. Возле них виднелись силуэты людей и коней. Невдалеке от притаившегося Алеши у костра сидели трое. Спутанные кони стояли подле, тут же торчали воткнутые в землю пики, и их наконечники горели красными огнями.

— Всех не убрать! — прошептал Алеша.

Балда замотал головою.

— Я возьму левого, ты правого, а на переднего Ванька навалится, — продолжал Безродный. — Живьем возьмем! Можно?

— Можешь, Ванька?

192

Ванька только кивнул головою.

— Подожди, кляп сделаю, — пробурчал он, снимая пояс и свертывая его.

— Тогда с Богом! Только разом!

Они легли наземь и поползли как змеи.

Поляки, довольные отдыхом, беспечно болтали и не думали об опасности. Вдали шумел лагерь, впереди расстилалась степь и вилась река; казалось, не для чего было выставлять и сторожевые пикеты.

— Один порядок только! — засмеялся молодой жолнер.

— Для видимости! — подтвердил другой.

— Именно! — начал третий, но тотчас захрипел под тяжестью навалившегося на него тела.

Мокрый и толстый жгут с силою вдвинулся ему в рот. Он упал ничком. В то же время два его товарища извивались в предсмертной агонии, убитые ударами кистеней.

— Вяжи! Тащи! — хрипло крикнул Ванька товарищам.

Перевязанного кушаками ляха Алеша и Балда подняли и потащили камышами к своим коням. Костер горел. Пики, воткнутые в землю, торчали, а спутанные кони храпели и испуганно смотрели на своих корчившихся хозяев.

В то же самое время домчался до главного лагеря под Смоленском и князь Теряев, и привезенная им весть о наступлении поляков словно гром с ясного неба поразила Шеина.

— Врешь! — заревел он, услышав слова Теряева.

Князь побледнел.

— Теряевы никогда не врали, — гордо ответил он, — а теперь я и не свои слова передаю!

— Прости на слове... Сорвалось! — смутился Шеин и тотчас разразился криками и угрозами своим слугам. — Коня! — орал он. — Коня, холопы! Живо!

Дрожащие слуги подвели ему коня.

— Князю! — закричал он снова.

Теряеву тотчас подвели свежего коня.

— Скачем! — И Шеин вихрем помчался в лагерь Прозоровского.

Прозоровский вышел ему навстречу.

— Боярин! — сказал он. — А тут мне и языка добыли. Сразу все и вызнаем!

— Где? — быстро спросил Шеин.

— А тут! — И Прозоровский провел главнокомандующего на зады свой ставки.

На расчищенном месте у слабо горевшего костра стояло

несколько стрельцов и между ними приведенный Алешею жолнер со связанными назад руками. Его красивый алый жупан был изорван и весь испачкан грязью, лицо исцарапано, распустившийся чуб висел растрепанною косою.

— Этот и есть? — спросил Шеин и, подойдя к ляху, быстро заговорил по-польски: — Откуда ты и чей? Много ли вас пришло? С вами ли король?

— Ищь ты, как лопочет по-ихнему! — перешепнулись стрельцы и стали ждать ответа ляха.

Но жолнер молчал.

— Прижгите ему пятки! — приказал Шеин.

Стрельцы быстро разули поляка. Один из них взял головню, другие подняли поляка на руках, и горящая головня с тихим шипением прикоснулась к обнаженным подошвам. Поляк закричал не своим голосом:

— Все скажу, панове! Честное слово, все, как есть...

Шеин махнул рукою. Поляка отпустили.

— Ну, говори, как звать тебя и кто ты?

— Ян Казимир Подлеский, улан из Радзивиллов!

— Много вас?

— Тысяч двадцать есть, и еще сегодня к нам пришли казаки, тысяч пятнадцать.

— Кто у вас главный?

— Король Владислав с нами.

— Еще?

— Генералы: пан Казановский, ясновельможный пан Радзивилл, Казиевский, Песчинский, Данилович, Воеводский...

Шеин круто отвернулся от поляка и вошел в ставку Прозоровского. На лице последнего светилась злая усмешка.

— Что же, — решительно заговорил Шеин, — мне с ляхами не впервой биться. Их тридцать пять тысяч, а нас сорок, да немчинов шесть, да казаков десять. Управимся!

— Надо битву дать, — сказал князь.

— Это зачем? Пусть они на нас лезут. Мы, слава Богу, в окопах!

Прозоровский пожал плечами и произнес:

— Если они соединятся со Смоленском, мы будем промеж их как в клещах.

— Не дадим соединиться. Ну, да с тобой не столкуешься. Ты ведь, князь, за Черкасского, — гневно перебил себя Шеин. — Приезжай завтра ко мне. Я всех соберу. Столкуемся!..

Брезжил рассвет, когда Шеин оставил ставку Прозоровского, а вскоре за ним отъехал и князь, оставив лагерь на Ляпунова и Сухотина. Те то и дело высылали разъезды, и почти каждый привозил с собою языка, а через него они узнавали, что Владислав решил пройти в Смоленск и выручить осажденных.

Поздно вечером вернулся Прозоровский темнее тучи.

— Что? — спросили его товарищи.

Князь махнул рукою.

— Ждать будем, пока поляки на нас насядут!

— Ну?!

Князь развел руками.

— Видит Бог, в ум не возьму, что наш воевода-голова думает. И Измайлов за ним! Как кроты в норе!.. Нас пятьдесят тысяч, а ляхов и сорока нет.

Князь Теряев горел весь в нетерпении боя. Он созвал свое ополчение и сказал ему:

— Помните, ребята, умирать один раз. Так будем умирать с честью!

— Да уж постараемся, князюшка! — добродушно ответили его ополченцы.

Потом он пошел к Аверкиеву и сказал ему:

— Иван Игнатьевич, честью прошу, коли где жарче будет, пошли меня!

Аверкиев засмеялся.

— Ладно, ладно! В самое пекло пошлю. Ужо попомнишь.

На другое утро по всему лагерю раздался тревожный звон литавров. Все быстро повыскакивали из своих землянок.

Теряев вскочил на коня и вывел свое ополчение.

— Бой?

— Будет! — спокойно усмехнулся Эхе.

Рядом с князем Теряевым выстроилась дружина Алеши. Князь весело кивнул ему, но Алеша отвернулся в сторону.

"Ах, и за что он не любит меня?" — с обидою подумал князь.

А кругом шла суета. Аверкиев строил конницу и летал на коне из конца в конец лагеря, стрелецкие головы равняли свои полки. Потом все стихло.

От своей ставки медленно на коне ехал Прозоровский, а за ним Сухотин, Ляпунов, Аверкиев, Андреев и другие старшие. Прозоровский останавливался то тут, то там и что-то говорил. Наконец он поравнялся с Теряевым и тоже остановился.

— Дети мои милые! — громко заговорил он. — Вот и довелось нам ляха увидеть, а скоро, может, и в бой с ним вступить. Не осрамитесь, милые! Бейте, не жалея животов своих. За царя-батюшку будете! За Русь православную! Бог нам в помощь!

Он осенил себя крестом и поехал далее.

— Не пожалеем животов! — кричали кругом, и этот крик эхом прокатился по лагерю.

Армия в полном походном снаряжении простояла весь день, а затем улеглась на покой.

Мирно спал князь Теряев в ночь с шестого на седьмое августа, как вдруг вздрогнул и проснулся от пушечного гула. Он вскочил. В воздухе чуть светало.

Князь быстро оделся и выскочил следом за Эхе. В лагере была суматоха. Внизу, под валами, гремели пушки, и русские пушкари отвечали тем же. Князь быстро вскочил на коня. К нему подскакал Аверкиев.

— Ну, за мною!

Теряев обернулся на свой отряд и поскакал. Несколько сотен мчались вместе к одной цели. Они доскакали до ворот и вышли в поле.

Князь увидел стройные польские полки, за которыми клубами дыма обозначались пушки. Сбоку стояла недвижно конница. И вдруг вся она дрогнула и вихрем помчалась на русский лагерь.

— Бей! — закричал Аверкиев и бросился вниз на несущуюся конницу.

Теряев видел впереди себя Аверкиева, сбоку Эхе и Алешу, видел, как вдруг все они перемешались с красными, желтыми и синими жупанами, и больше ничего не помнил. Его конь носился взад и вперед, опрокидывая собою всадников, чекан со свистом кружил в воздухе, что-то теплое брызгало в лицо князю, текло по рукам и склеивало пальцы...

— Довольно, князь, далеко уехал! Назад! — раздался подле него голос, и Теряев очнулся.

Подле него, держа лошадь под уздцы, очутился Алеша. Конь его был в пене, короткий меч дымился кровью.

Князь осмотрелся. В лагерь медленно отходили русские полки, вдали к Днепру в расстройстве бежали поляки, а несколько жолнеров мчалось прямо на князя и Алешу. Князь понял опасность и ударил коня. Они помчались и через несколько минут были в лагере.

— Победа! — кричали кругом.

— С победой, князь! — поздравляли Прозоровского, но он был мрачнее тучи.

— Нет! — с горечью наконец ответил он. — Нас обманули и победили! Вон где победа. Глядите! — И он указал на далекий лагерь Сандерсона.

Там, видимо, шла еще жаркая битва, а от лагеря тонкой

196

линией виднелся движущийся обоз. Он направлялся прямо в Смоленск и скрылся за его стенами.

— Поляки прошли в Смоленск!

— Ударим на них!

Прозоровский усмехнулся.

— Нас не пустят эти полки! — И он указал на только что разбитое им войско.

Со стороны поляков был обдуман и выполнен блестящий маневр.

Если смотреть на Смоленск с берега Днепра прямо, то пред его воротами, за мостом, на некотором возвышении расположился стан генералов, нанятых русскими, а именно Матиссона и Сандерсона; вправо от них, по берегу, на котором расположен Смоленск, крепкую позицию занимал Прозоровский, и, наконец, налево стоял лагерь Шеина и Измайлова.

Польские войска остановились на одной стороне с Прозоровским. Им надо было прежде всего снабдить провиантом Смоленск, а для этого следовало пробиться к нему.

И вот в ночь с шестого на седьмое августа Владислав навел два моста через Днепр и перевел главные силы на другой берег в тыл Матиссону. Для того же, чтобы русские не имели возможности помочь последнему, он велел Казановскому напасть на лагерь Прозоровского, а Розенову на ШеиНа.

Завязались битвы, но все внимание поляков было сосредоточено на Матиссоне с Сандерсоном. Мост был взят, и обозы прошли в Смоленск. После этого поляки на время отступили.

Взятие Смоленска русской армией стало несбыточной мечтою. Надо было думать, как отбиться от Владислава и с честью для оружия снять неудавшуюся осаду. Шеин словно смирился и торопливо созвал новый, совет в своей ставке.

XII

КРУТАЯ РАСПРАВА

В терему князя Теряева-Распояхина была тихая радость. Ольга родила отсутствующему мужу князя Терентия и лежала еще расслабленная на пышной постели. Подле нее сидела верная ее Агаша и толкала ногой крошечную зыбку, в которой, туго-натуго перетянутый, лежал новорожденный князь. Радость была по всему дому. Князь-отец распорядился выслать пива и водки своим дворовым и весело смеялся от сознания, что он уже дед. В то же время один гонец был уже на полпути до Рязани — послан к боярину Терехову, а другой гнал коня под Смоленск к счастливому отцу, Михаилу.

Князь Теряев сидел в своей горнице, думая, кого звать кумом к себе, кого кумою, как вдруг в горницу осторожно вошел Антон и сказал:

— Слышь, княже... какой-то человек пришел. Сказывает, тебя видеть беспременно надо, говорить хочет.

— Кто такой? Сказывал?

— Из Коломны купец...

— Ну, кто там? Веди!

Князь повернулся в кресле и стал ожидать, смотря на дверь.

— Вот он! — сказал Антон и втолкнул Ахлопьева.

Последний тотчас же упал князю в ноги. Теряев увидел небольшого роста коренастого человека. Его рыжие волосы торчали в разные стороны, раскосые глаза словно хотели уследить за ними; широкий приплюснутый нос и огромный рот придавали лицу что-то разбойничье.

— Что тебе? — спросил его князь.

— Слово до тебя есть тайное, — ответил, стоя на коленях, Ахлопьев, — прикажи своему холопу уйти.

Князь взглянул на его разбойничье лицо, попробовал рукою, на месте ли поясной нож, и, усмехнувшись, сказал Антону:

— Уйди!

Антон вышел.

Ахлопьев тотчас поднялся на ноги и проговорил:

— Ведомо ли тебе, князь, что сына твоего оплели?

— Как? — не понял Теряев.

— Оплели! — повторил Ахлопьев, и его глаза зло сверкнули. — Дворянская вдова Шерстобитова с дочерью, да на помогу знахарку Ермилиху взяли.

Князь вздрогнул, призрак опасности мелькнул пред ним.

— Ермилиха? Бабка-повитуха?

— Она! Она и наговоры великие знает и с нечистым — Господи, помилуй! — вожжается. Сделали они то, что князь Михайло взял вдовью дочку в полюбовницы.

Князь грозно нахмурился и ухватился за нож.

Однако Ахлопьев смело продолжал:

— И для той полюбовницы занял он старую мельницу в усадьбе, их всех перевел к себе. А они замыслили теперь его жену, молодую княгиню, извести и род ее весь.

Князь стоял уже на ногах и грозно смотрел на Ахлопьева. Кровь кипела в нем.

— Брешешь, смерд! Не может сын мой после того, как у алтаря клялся, против закона идти!

— Ведовство... опоили...

— Брешешь!

— С дыбы скажу!

Лицо князя осветилось злою усмешкою.

— Ин будь по-твоему! Антон! — крикнул он и захлопал в ладоши.

Антон вошел.

— Возьми этого молодца да отведи его в Зачатьевский монастырь. Знаешь? Сам отведи! А мне коня закажи! Живо!

— Идем, что ли! — грубо схватывая за плечи Ахлопьева, сказал Антон, и они вышли.

Князь подтянул кушак и вышел на крыльцо, а через минуту скакал по Москве к страшному земскому приказу. Через полчаса он уже сошел с коня у ворот, где, вкопанные в землю, мучились обреченные.

— Боярин здесь?

— Здесь! В избе! — ответил стражник.

Теряев быстро прошел в знакомую избу.

— А, князь! — приветствовал боярин Колтовский Теряева. — С чем пожаловал? Здравствуй!

— Здравствуй, боярин! Да не с доброю вестью! — ответил князь. — Слышь, пришел ко мне купец из Коломны. Говорит, сына моего зельем опоили, сердце привораживая. Взял он девку в полюбовницы, а она и жену его, и внука извести норовит, а в помощь ей баба-колотовка, Ермилиха.

Боярин покачал головою.

— Беда с этих ворожей!.. Вот и сейчас одну на дыбе спрашивал. Мужа извела!..

— Сыскать, боярин, надо!..

— Беспременно! А где они-то?..

— Сейчас мой Антон этого человека приведет. Поспрошай, а там пошлем с Антоном сыщиков.

— Пошлем, пошлем, — согласно ответил Колотовский. — А что, князь, с внуком поздравить можно?

— Спасибо на добром слове!..

* * *

199

Не сбылись мечты Людмилы. Как появился пред нею Ахлопьев и она закричала о помощи, так тотчас потом свалилась на пол от страшной боли. Прибежали, спустя час почти, мать и Ермилиха, подняли ее с пола всю кровью залитую, и, обессиленная, осиротелая, сразу лишенная мечты о ребенке, лежала Людмила в светлице и думала горькие думы.

Ничем-то, ничем не порадует она князя, как он приедет — даже здоровьем своим! На человека похожа не будет, слабая, как котенок, бледная и худая, словно щепка!

Вдруг она испуганно вздрогнула. На дворе послышался шум: словно кто-то бранится, кто-то плачет. В ту же минуту с пронзительным воем к ней ворвалась мать. Кичка с ее головы была сброшена, волосы распустились полуседыми космами.

— Дочка моя! Людмилушка! — завопила она. — Царские сыщики пришли! Нас забирают! На Москву тащат! Ох, пропали головушки наши! Людмилушка! Идут! Идут! — и она забилась под кровать.

Страх передался Людмиле. Забыв болезнь, она вскочила на ноги и быстро набросила на себя сарафан. В эту минуту в дверях светлицы показались стрельцы.

— Бери эту! А где старая ведьма? Ищи, ребята!

— Кто вы? — вскрикнула Людмила.

— Ха-ха! Кто? Вот там у нас, голубушка, узнаешь! Ну, шевелись, что ли! — И стрелец грубо потащил Людмилу.

Сзади раздавались пронзительные вопли и грубый смех. Один из стрельцов увидел вдову и со смехом тащил ее за ногу из-под кровати. Только один Мирон успел спастись от облавы и, забрав что под руку попало, бежал по лесу быстрее зайца.

Как лет четырнадцать назад, князь Теряев сидел рядом с боярином Колтовским в страшном застенке. Пред ним стояла Людмила. В распущенными волосами, падавшими до колен, в длинной сермяжной сорочке, с бледным, измученным лицом, она походила на христианскую мученицу.

— В одном виновата, что князя Михаила больше жизни люблю! — твердо ответила она.

— А что пить ему давала?

Людмила тихо улыбнулась, отдавшись воспоминаниям.

— Мед и брагу, вино и пиво. Сбитень он пил... помню, как впервой приехал, налила я ему чару вина, а он и говорит: "Горько!"

Князь нетерпеливо махнул рукою.

— А что ему в чару сыпала? — спросил дьяк. — Чем приворожила его?

— Любовью своею! А за что он меня полюбил, не знаю.

— Веди доказчиков! — приказал Колтовский.

Двое мастеров вышли. Людмила опустила голову.

"И муки, и поношения!.. Да неужели простым людям нельзя любить князей, что за такую любовь муками мучают..."

В это время раздался лязг цепей, и друг за другом в застенок ввели бабу Ермилиху, мать Людмилы, Ахлопьева и девушек, что прислуживали у Людмилы.

При виде их Людмила всплеснула руками.

— Голубушки вы мои! — воскликнула она, но все вошедшие взглянули на нее с какой-то злобою.

— Змея подлая! — прошептала Анисья, одна из девушек.

— Сказывай ты, купец! — с усмешкою проговорил Колтовский.

Ахлопьев злобно сверкнул на Людмилу глазами и заговорил:

— Увидела она князя Михаила и решила приворожить его. О ту пору она моей невестой была. Заскучала очень, стала к Ермилихе ходить. Однажды князь у нее воды испить просил. Ему подала из ковша с наговором, и с того часа князь, что ни день, к Шерстобитовой ездил.

Людмила улыбнулась.

— Потому что люба была!

— Молчи! — крикнул на нее Теряев.

— А потом взял их князь и к себе в усадьбу увез, — продолжал Ахлопьев. — Там они надумали княгиню молодую извести. На том крест целую!..

— Не думала! Врет он со злобы! — закричала Людмила.

— Молчи! — пригрозил ей дьяк и сказал: — Говори теперь ты, Ермилиха!

— А что я, — загнусила старуха, — я ничего не знаю. Просил меня князь: "Уговори уехать девушку!" — и я пошла.

— Опять! — зашипел дьяк. — А что вчера говорила? Игнашка, дыбу!

Ермилиху подхватили под руки.

— Ой, родимые, — завопила она, — вспомнила! вспомнила!

— Шептала на воду?

— Шептала, родимые! — Ермилиха дрожала как лист и испуганно глядела на стоявшего подле нее мастера.

— Приворот-корень давала?

— Ой, давала, давала!

— Извести княгиню думала?

— Она думала, — указывая на Людмилу, сказала Ермилиха.

— Врет! Не было у меня и в мыслях этого! — вскрикнула Людмила.

— А это что? — проговорил вдруг Теряев, указывая на ее обнаженную грудь.

— Сорви! — приказал дьяк.

Заплечный мастер ухватил ладанку, что висела на шее Людмилы, и рванул ее что было силы. Людмила упала на колени и вскрикнула.

— Вскрой! — сказал дьяк.

Палач провел по ладанке ножом и вынул оттуда прядь волос.

— Это что? — строго спросил князь.

— Волосы! Мои волосы! Сыну дать хотела, — ответила Людмила. — И такую же князю дала, как он в поход ехал!

— Терлик! — вскричал князь. — Приворот! Читай, дьяк, приговор!

— Ну, вы! — закричал на всех боярин Колтовский. — Слушайте!.. Дьяк читать будет!

Дьяк поднялся и гнусавым голосом начал чтение. Сперва в приговоре перечислялись вины всех, как они приворотным зельем заманили молодого князя Теряева, а потом — как замыслили извести молодую княгиню и ее новорожденного.

— А потому тебя, дворянскую вдову Надежду Шерстобитову, и тебя, дворянскую дочь Людмилу Шерстобитову, и тебя, посадскую вдову Парасковью Ермилиху, как в ведовстве уличенных и с нечистою силою знаемых, и зелье на гибель православной души готовивших, живыми огнем спалить! А вас, девок, холопок князя Теряева-Распояхина Анисью, Варвару и Степаниду, за пособничество да укрывательство кнутом стегать и большой палец на руке отсечь!..

В застенке поднялся вой. Людмила покачнулась и упала.

Князь медленно возвращался к себе домой, а на сердце его было тяжко, тяжко. Чувствовал он радость, что спас сына и невестку свою и внука от злых происков, и в то же время образ Людмилы и ее голос не выходили из его головы. Так бы и оберег ее от тяжкой смерти!..

А в это время заплечные мастера торопливо готовили сруб для приведения приговора в исполнение.

Так окончились любовь и счастье Людмилы...

XIII

РУССКОЕ ГОРЕ

Положение русских под Смоленском сразу изменилось после рокового дела с шестого на седьмое августа. Время бездействия сменилось беспрестанными кровавыми сражениями, и доблесть русского войска меркла пред Владиславом, едва ли не умнейшим полководцем того времени.

— Да нешто можно тут Михаилу Борисовичу стоять? — говорили с совершенным недоверием русские военачальники про Шеина, а некоторые угрюмо прибавляли: — Десять раз можно было Смоленск завоевать, а мы целый год онучи сушили! Ну, вот теперь и дождались!

— Умирать теперь, ребятушки, придется! — слышались голоса в войсках.

Шеин не слышал, но чувствовал обращенные к нему укоры и становился все мрачнее и суровее. Теперь он уже не собирал советов и действовал от себя, хотя все его действия сводились к каким-то ожиданиям.

Особый роман можно посвятить этой тяжелой године нашего войска — так много заключалось в ней отдельных событий, столько совершалось героических подвигов и так трагически закончился этот неудачный поход.

Только сутки дал роздыха польский король своим войскам и повел их снова в дело. Против Шеина пошел Казановский, против Прозоровского — Радзивилл, а главные силы — снова против мостовых укреплений Сандерсона и Матиссона. Казановский шаг за шагом теснил Шеина и успел выставить несколько окопов, чем отрезал его от лагерей Прозоровского и Матиссона. Другие атаки поляков были не столь удачны, но ярость, с которою велись они, показывали, что победы поляков есть дело времени.

Снова был сделан небольшой перерыв, в течение которого все-таки происходили ежедневные битвы между частями, а двадцать первого августа король опять повел свои сокрушительные атаки. Но здесь Шеин словно очнулся на время от спячки. В то время, как король Владислав бился с Прозоровским, Шеин набросился на Радзивилла, смял его, уничтожил окопы и успел переправить часть войска на другую сторону Днепра, чем отвлек короля от нападения и снова восстановил прерванное сообщение.

Эта победа была едва ли не последнею во время злосчастной кампании. Да и тут торжество было омрачено.

Сандерсон и Матиссон, занимавшие центральную позицию, видя, что они со всех сторон окружены польскими войсками, и боясь быть совершенно отрезанными, снялись ночью и, бросив три пушки и множество ружей, осторожно удалились в лагерь Шеина.

Боярин всплеснул руками и зарычал как зверь:

— Что вы сделали со мною?

— Мы не могли держаться. Завтра же нас заперли бы и потом вырезали бы! — ответил Матиссон.

— Там мы были бесполезны, — прибавил его товарищ.

А на другое утро их лагерь был занят дивизией Бутлера. Поляки совершенно придвинулись к горе, и король свободно въехал в Смоленск. Между Прозоровским и Шеиным по левую сторону Днепра укрепились поляки. Русских соединяли только длинные цепи окопов, с южной стороны Смоленска окружившие город.

Теперь, имея у себя в тылу крепость, король решил сделать общее нападение на всю линию русских войск, задавшись целью выбить их из укреплений и прогнать за реку.

Страшный бой длился двое суток. Король в легкой карете ездил из конца в конец по линии своей армии, а Шеин и его помощники на конях устремлялись в самые опасные места.

Битва была ужасна по кровопролитию; но еще не было и не будет войск, способных выбить русского солдата из окопа, а потому битва была бесплодна для поляков: они успели только сильнее укрепить позиции своих лагерей и отрезать Прозоровского.

Держаться долее в своем лагере для Прозоровского было безумием. Он снялся в темную дождливую ночь с двадцать девятого на тридцатое августа и кружным путем через окопы и укрепления соединился с Шеиным.

Наконец, четвертого сентября Лесли, Шарлей и Гиль, занимавшие окопы и укрепления вдоль южных стен города, тоже пришли в общий лагерь.

Осада была снята, и наступили черные дни.

Поляки укреплялись в тылу Шеина, ставя его войско между собою и Смоленском. Положение для русских было невыгодное.

Шеин собрал все войско в один корпус и сделал нападение на королевский стан. На время удача улыбнулась ему: он оттеснил поляков и занял Богородскую гору, — но через месяц должен был оставить ее и, бросив часть запасов и артиллерию, занять другой пункт.

Это было в октябре. Шеин укрепился на правом берегу Днепра; но в то же время поляки, укрепив Богданову гору, заняли и Воробьеву.

— Смотри, что ты сделал! — гневно сказал Прозоровский Шеину, выводя его на вал и показывая окрест.

Все высоты вокруг русского стана — горы Воробьева, Богданова, Богородская — были заняты поляками, и русский стан был под ними как на тарелке.

Шеин смутился.

— Я говорил, надо было на Воробьеву гору послать дивизию с пушками, — волнуясь, кричал Лесли.

— А на Богданову гору?

— Туда тоже!

— Теперь не время ссориться, — уныло сказал Шеин, — надо выбить ляхов с Воробьевой горы!

На следующий день русские вышли из стана. Это было девятнадцатого октября. Рано утром, едва забрезжил рассвет, Измайлов двинулся с пехотой и артиллерией, сзади его подкреплял Прозоровский, а с флангов стали Лесли с Сандерсоном и Ляпунов с Даммом.

Но поляки уже были предупреждены об этом движении русских. Гористая местность скрывала овраги и ямы; пользуясь этим, поляки наделали засад.

Войско Измайлова ударило на ляхов, и завязался ожесточенный бой. Фланги начали обходить польское войско с боков, как вдруг на них с криком бросилась из засады пехота и разом смяла оба фланга. Произошла паника. Врезавшиеся в полки польская кавалерия не дала одуматься и погнала русских.

Этим несчастным делом, лишившим русских до трех тысяч воинов, закончились на время битвы, но не действия русских.

Король Владислав послал кастеляна Песчинского взять Дорогобуж, где хранились жизненные припасы русской армии, и этот город был взят без особого усилия.

Русские были лишены припасов. Отрезанных от Днепра, их ждала голодная смерть, на которую раньше Шеин обрек жителей Смоленска.

Роли переменились. В русском лагере наступил голод, в лагере поляков было изобилие всего, даже роскошь. Король привел с собою огромный штат челядинцев, военачальники задавали у себя пиры, устраивали охоты; с утра до ночи оттуда

205

неслись веселые крики и песни, и евреи-шинкари работали на славу. А в русском лагере царили тишина и уныние. Призрак голода стоял пред всеми, и ко всему поляки закрыли русским всякий выход из лагеря и лишили их дров на зимнюю стужу.

Так прошли октябрь, ноябрь и декабрь.

Ужасно было положение Шеина и Измайлова, как его ближайшего помощника. В войске поднимался ропот, до их ушей уже донеслось роковое слово "изменник".

Шеин, оставаясь один, в отчаянии взывал к Богу:

— Господи, Ты видишь мое сердце! Я не изменник царю и родине, я не предатель! Пошли смерть мне на поле брани, но избавь от поношения! Сил нет моих!..

Его лицо похудело и осунулось, самоуверенный голос пропал и исчезла власть над другими начальниками.

В лагерь с голодом и холодом пришли болезни — тиф, цинга — и раздоры.

— Боярин, — сказал однажды Шеину Измайлов, — соберем хоть совет. Может, и решим что!

— Сзывай, ежели охота есть, Артемий Васильевич, — устало ответил Шеин, — все равно зачернили нас насмерть с тобою. Не обелишься!..

Но Измайлов все-таки созвал совет.

Военачальники стали сходиться к Шеину один за другим. Первым пришел князь Прозоровский и дружески поздоровался с боярином Шеиным. Тот изумленно взглянул на него. Князь понял его взгляд и ответил:

— Полно, Михаил Борисович, полно! Бодриться нужно, в повода всех взять, а не сплетни слушать.

— Так ты, князь, не... веришь... что я... — Голос Шеина дрогнул от волнения.

— Что ты! Господь с тобою. Я ли не знаю службы твоей, боярин! — ответил князь.

Шеин обнял его и припал к его плечу.

— Умереть охота! — сказал он.

В палатку вошли Измайлов, Ляпунов и Сухотин; следом за ними Лесли, Дамм, Гиль, Аверкиев, а там Шарлей с Матиссоном и Сандерсоном, и Измайлов открыл совет. Шеин сидел в углу молча, нахмурившись, бессильно опустив руку на поясной нож. Измайлов описал положение войска, тщету обороны и окончил:

— Так вот и решить теперь надобно, что далее делать: мира ли просить, пробиться ли, или умирать в этой засаде измором?..

— Ничего этого бы не было бы, если бы не Сандерсон, — угрюмо произнес Лесли.

— А что я сделал такого? — запальчиво спросил Сандерсон.

— Снялся с лагеря. Твоя позиция была всему корень. Сдал ее — и осаде конец! — вспыхнув, ответил Лесли.

— Теперь не время спорить! — остановил их Прозоровский, но они вскочили с лавки и кричали, не слушая увещаний.

— Я не мог один держаться! Ты там позади был. Водку пил! — кричал Сандерсон.

— Я водку пил, а с поляков отступного не брал!

— А я взял?

— Должно быть, что так!

— Я не вор! — заорал Сандерсон. — Я тебя за это! — И он бросился на Лесли с обнаженным кинжалом.

Лесли выхватил пистолет. Раздался выстрел. Палатка наполнилась дымом. Сандерсон корчился на полу в предсмертных муках.

— Вот тебе, собака! — четко сказал Лесли и, сунув пистолет за пояс, медленно вышел из палатки.

Все повскакали с мест и бросились к Сандерсону. Он умирал и в предсмертной агонии рвал воротник кафтана.

Шеин в отчаянии схватился за голову и кричал:

— Убить Лесли! Повесить!

— Руки коротки! — грубо ответил ему Гиль, выходя из палатки вслед за Шарлеем.

Князь Прозоровский позвал стражу и велел вынести труп.

Оставшиеся грустно посмотрели друг на друга.

— Плохой совет! — произнес наконец Измайлов.

— Я говорил тебе, — с горечью воскликнул Шеин, — я не начальник, меня не слушают, мне дерзят и при мне ссоры заводят.

— Что же будет теперь? — уныло проговорил Аверкиев. — Без начала нам всем умирать придется.

— Все в руках Божьих! — строго сказал князь Прозоровский.

Вести о неудачах под Смоленском доходили до Москвы и сильно волновали государей. А вскоре к этим неприятностям для царя Михаила прибавилось новое горе.

Однажды он сидел в своем деловом покое и беседовал с Шереметевым и своим тестем Стрешневым о войне и делах государственных, когда вдруг в палатку вошел очередной ближний боярин и, поклонившись царю, сказал:

— С патриаршего двора боярин прибыл. Тебя, государь, видеть хочет!

— От батюшки? — произнес Михаил. — Зови!

Толстый, жирный боярин Сухотин торопливо вошел и, упав на колени, стукнул челом об пол.

— К тебе, государь! — заговорил он. — Его святейшеству патриарху занедужилось; за тобою он меня послал.

Михаил быстро встал, на лицах всех изобразилась тревога. Все знали твердый характер Филарета и его стойкость в болезни, а потому понимали, что если он посылает за сыном, то, значит, ему угрожает серьезная опасность.

— Закажи колымагу мне, боярин, да спешно-спешно! — приказал Михаил. — А ты, Федор Иванович, — обратился он к Шереметеву, — возьми Дия да Бильса и спешно за мною!

Шереметев вышел. Спустя несколько минут Михаил Федорович ехал к патриарху, а еще спустя немного стоял на коленях у кровати, на которой лежал его отец.

Лицо патриарха потемнело и осунулось, губы сжались и только глаза горели лихорадочным блеском.

— Батюшка, — со слезами воскликнул Михаил, припадая к его руке, — что говоришь ты! Что же со мною будет?

Филарет перевел на него строгий взор, но при виде убитого горем сына этот взор смягчился.

— Не малодушествуй! — тихо сказал патриарх. — Царю непригоже. Говорю, близок конец мой, потому что чувствую это... А ты крепись! Будь бодр, правь крепко и властно!

— Не может быть того, батюшка! Дозволь врачам подойти к тебе. Пусть посмотрят.

— Что врачи? Господь зовет к Себе раба Своего на покой. Им ли удержать Его волю?

— Дозволь, батюшка! — умоляюще повторил Михаил.

Филарет кивнул.

— Зови! — тихо сказал он.

Михаил быстро встал, подошел к двери и сказал Шереметеву:

— Впусти их, Федор Иванович!

Дверь приоткрылась, и в горницу скользнули Дий и Бильс. Они переступили порог и тотчас упали на колени. Царь махнул рукою. Они поднялись, приблизились к постели и вторично упали пред Филаретом. Он слабо покачал головой.

— Идите ближе, — сказал он, — успокойте царя.

Врачи поднялись и осторожно приблизились к постели патриарха. Они по очереди держали его руки, слушая пульс, по очереди трогали голову и, ничего не понимая, только хмурились и трясли головами. Состояние медицины было в то время настолько жалко, что врачи не могли, в сущности, определить ни одной болезни. Но панацеи существовали и в то время в виде пиявок, банок и пускания крови, и к этому согласно прибегли и царские врачи.

— Полегчало, батюшка? — радостно спросил Михаил, когда к Филарету после этих средств, видимо, вернулись упавшие силы.

— Полегчало, — ответил он, — но чувствую, что болезнь эта последняя. Не крушись! — ласково прибавил он.

И, действительно, к вечеру с патриархом сделался бред, а в следующие дни он явно угасал.

Москва взволновалась. Народ толпился в церквах, где шли беспрерывные молебны, колокольный звон стоял в воздухе; всюду виднелись встревоженные, опечаленные лица. У патриаршего дома не убывала толпа народа. Одни приходили, другие уходили и тревожным шепотом делились новостями.

Царь почти все время проводил у патриарха. Он совершенно упал духом, его глаза покраснели и опухли от слез; склонясь у одра болезни, он беспомощно твердил:

— Не покинь меня, батюшка!

Патриарх смотрел на него любящим, печальным взглядом, и глубокая скорбь омрачала его последние часы.

— Государь, — говорили царю бояре Шереметев, Стрешнев и князь Черкасский, — не падай духом. Страшные вести! поляки на Москву двинулись...

Михаил махал рукою.

— Не будет для Руси страшнее кончины моего батюшки!

— Что делать? Прикажи!

— Сами, сами!

Владислав действительно отрядил часть армии на Москву. Ужас охватил жителей при этой вести. Вспомнились тяжелые годы московского разорения и вторичного вторжения поляков в стольный город.

— Невозможно так! — решил Шереметев. — Князь! — обратился он к Черкасскому. — Надо дело делать! Есть у нас еще ратные люди. Стрельцы есть, рейтары. Надо собрать и на ляхов двинуть!

— Кто пойдет?

— Пошлем Пожарского! Я нынче же к нему с приказом князя Теряева пошлю. Пусть они оба и идут.

На другой день князь уже собирал рать, чтобы двинуться на поляков. Народ успокоился. Спустя неделю десять тысяч двинулись из Москвы под началом Теряева и Пожарского.

Они встретились с поляками под Можайском и были разбиты, но все-таки удержали движение поляков.

Князь Черкасский, сжав кулаки, с угрозой подымал их в думе и говорил:

— Ну, боярин Шеин, зарезал ты сто тысяч русских. Будешь пред нами отчитываться.

И никто ему не перечил; только Теряев-князь, качая головою, сказал Шереметеву:

— Торопитесь осудить Шеина. Ведь о нем еще и вестей нет!

— Я что же? — уклончиво ответил Шереметев. — Смотри: на него и дума, и народ!

Только патриарх, мирно отходя на покой, не ведал вовсе московской тревоги. В ночь на 1-е октября 1634 года он спешно приказал прибыть Михаилу с сыном Алексеем, которому было всего пять лет.

Михаил рыдая упал на пол, но патриарх, собрав последние силы, строго сказал:

— Подожди! Забудь, что ты мой сын, и помни, что царь есть! Слушай!

Царь тотчас поднялся. Его заплаканное лицо стало торжественно-серьезным.

Филарет оставлял ему свое духовное завещание. Он говорил долго, под конец его голос стал слабеть. Он велел сыну приблизиться и отдал последние приказания:

— Умру, матери слушайся. Она все же зла желать не будет, а во всем с Шереметевым советуйся и с князем Теряевым. Прямые души... Марфа Иосафа наречь захочет. Нареки! Правь твердо. В мелком уступи, не перечь, а в деле крепок будь. Подведи сына! Ему дядькой — Морозов! Помни! муж добрый! Возложи руку мою!

Царь подвел младенца и положил руку своего отца на голову сына. Патриарх поднял лицо кверху и восторженно заговорил, но его слова нельзя было разобрать. Вдруг его рука соскользнула с головы внука. Ребенок заплакал.

— Батюшка! — раздирающим душу голосом вскрикнул Михаил.

С колокольни патриаршей церкви раздался унылый звон, и скоро над Москвою загудели печальные колокола. Народ плакал и толпами стекался поклониться праху патриарха.

Боярин Шереметев прискакал в Вознесенский монастырь и торопливо вошел в келью игуменьи.

Смиренную монахиню нельзя было узнать в царице Марфе. Она выпрямила стан и словно выросла. Ее глаза блестели.

— А, Федор Иванович пожаловал? — сказала она. — С чем?

Шереметев земно поклонился ей.

— Государь прислал сказать тебе, что осиротел он. Патриарх преставился!

Марфа набожно перекрестилась, с трудом скрывая улыбку торжества на лице, и сказала:

— Уготовил Господь ему селения райские!

Шереметев поднялся с колен.

— Наказывал он что-либо царю? — спросила инокиня Марфа.

— Наедине были, государыня. Не слыхал!

— Кого за себя назначил?

— Не ведаю!

— Так! Слушай, Федор Иванович: буде царь тебя спросит, говори — Иосафа. Муж благочестивый и богоугодный!

— Слушаю, государыня!

— Еще сейчас гонцов пошли: двух к Салтыковым, одного — к старице Евникии. Измучились они в опале.

— Слушаю, государыня!

— Грамоты готовь милостивые. Царь в утро руку приложит. А ты изготовь сейчас и ко мне перешли.

— Слушаю, государыня!

XIV

ПОСЛЕДНИЕ ДНИ

Мертвая тишина царила в русском стане под Смоленском. Была темная морозная ночь. Шеин в своей ставке не спал. В валяных сапогах, в тяжелой шубе и меховой шапке сидел он в своей ставке, сжав голову руками. Что делать? Господи, что делать!

Ссоры в лагере росли, начальники враждовали друг с другом; ратники умирали от голода, холода и болезней, а никакой надежды на помощь не было. Оставалось просить о мире: пусть выпустят только!

Шеин протянул руку к кружке с водою, подле которой лежал ломоть хлеба, и хотел залить внутренний пожар, но вода оказалась замерзшею.

"Что у ратников?" — подумал он, и невольно в его мыслях прошли все дни его удач и неудач под Смоленском.

Он мысленно проверял свои распоряжения, вспоминал

советы своих товарищей и чем больше думал, тем сильнее бледнело его лицо. Холодный пот выступил на его лбу, и в то же время он распахнул шубу.

"Есть вина моя! — с ужасом решил он в сердце. — Медлителен был я и робок. Прав князь Семен Васильевич: до прихода короля Смоленск взяли бы, но теперь... — И, думая о второй части похода, он не видел ошибок: — Воробьевой горы не занял. Так что же? Все равно вышибли бы. Господи, оправдай! Сними позор и бесчестие!.."

Он задыхался и вышел из ставки. Прислонясь к косяку, стоял недвижно у входа стрелец. Бледная луна освещала его почти белое лицо. Оно казалось странным, все запушенное инеем. Шеин окликнул его:

— Молодец, ты чьего отряда? А?

Стрелец не шелохнулся.

"Заснул, упаси Боже, — подумал Шеин, — на морозе смерть!"

— Эй, проснись! Эй, ты! Как тебя! — И он толкнул стрельца в плечо.

Тот покачнулся и во весь рост, не сгибая колен, грохнулся наземь с глухим стуком. Шеин отпрянул.

— С нами крестная сила! Замерз! — в ужасе прошептал он и, крестясь, торопливо вернулся в палатку. — Завтра же пошлю! — решил он и медленно стал ходить по ставке. — Кого? Семена Васильевича пошлю, Дамма пошлю, а с ними... ну, князя Теряева! Завтра же...

Долгая зимняя ночь текла над станом. Если бы пройти по землянкам, в которых жили ратники, — ужас сковал бы все члены зрителя; больные, разъеденные цингою, больные страшным поносом, раненые и здоровые — все лежали в одной куче, думая только о том, чтобы согреться.

В маленькой землянке, плотно прижавшись друг к другу, прикрывшись тулупом, лежали Эхе и князь Михаил Теряев и оба не спали. Князь весь отдался мечте о Людмиле. Думал он, как она родила, как ждет его, и представлял себе радость свидания с ней. Мысль, что он может не вернуться, вовсе не приходила ему в голову, равно как и мысль о молодой жене. Только недавно верный княжеский конюший пробрался к нему в лагерь и принес весть о рождении наследника, но Теряев даже не сумел притвориться радостным. Что ему до нее? Она княгиня, все ей приложится. А его зазнобушка, его лебедь белая, как позорная прячется...

"И награжу я ее! Усадьбу ей выстрою. Гнездо сделаю, соболями выстелю!.."

А Эхе думал свою думу. Вчера они съели последнюю горсть толокна, завтра придется есть конину, а там, как своих коней съедят, тогда что? И он ломал голову, как спасти дорогого ему князя.

В землянку вошел какой-то человек и окликнул князя. Теряев вскочил.

— Кто? Чего надо?

— От Павла Аверкиева, к князю, — сказал казак, вошедший в землянку, — на тебя наряд сегодня: за дровами идти!

— Один?

— Приказал и Безродного поднять! Много вас?

Князь обратился к Эхе.

— Сколько у нас осталось людей?

— Сорок и нас двое!

— Ну, так и собирайтесь! Ух, и мороз же... страсть!..

Казак вышел.

— Ну, вот и согреемся! — с усмешкой сказал князь, натягивая на себя тулуп. — Собирай людей, Иоганн!..

Эхе грустно поднялся и засветил сальник.

— Варить не будем, — сказал, бодрясь, Эхе, — потом, как вернемся, покушаем!

Князь улыбнулся.

— Эх, Иоганн! Да разве я не видел, что мы остатки съели?

— Швед поник головою.

— Не тужи, друже, Бог не захочет — не умрем! — сказал князь и обнял Эхе.

Они крепко поцеловались, и Эхе вышел.

Через несколько минут вышел за ним и князь.

В темноте толпился его народ.

— А возы?

— Тут! — отозвался голос.

— Куда идти?

— Приказано за северные ворота.

— Ну, с Богом!

Князь пошел по знакомой дороге, за ним двинулись пешком его люди и десять санных передков.

Они уже прошли половину лагеря, когда с ними поравнялся отряд Безродного.

— Где князь? — спросил Алексей.

— Я, здоров будь!

— И тебе того же! — Алеша подошел к князю и заговорил: — Чудно! Нас, почитай, во всякое дело вместе посылают!

Князь кивнул головой и заметил:

— А ты все от меня воротишься; будто недруг! Отчего?

213

Безродный не ответил. Они подошли к воротам, и им тихо отворили.

Они вышли. При блеске луны пред ними белело снежное поле, а за ним версты за три чернел лес, который караулили от русских поляки. В нем надо было набрать топлива.

— Ты уж сначала бери! — сказал Алеша. — Мне такой приказ был!

— Ладно! — согласился князь.

Снова тронулись в путь. Спустя полчаса они входили в лес. Князь остановился.

— Сани вперед! — сказал он. — Стой! Десять с топорами сюда! Руби! А вы, — обратился он к остальным, — цепью вокруг. Ты, Эхе, сам у просеки стань. Возьми правее, а ты, Алексей, левее! С Богом!

В лесу застучали топоры. Их стук разносился по морозному воздуху. Подрубленное дерево наклонилось и с грохотом повалилось на землю.

Князь сменил дровосеков.

Мороз и работа разгорячили бледные лица. Все оживились. Работа кипела, и скоро распиленные и обрубленные деревья стали валить на сани. Уже светало.

— Славно! — шутил молодой ратник. — Теперь хоть на неделю станет тепло-то! А то беда!

— Поторапливайтесь! — говорил князь. — Ну!

Нагруженные сани тронулись.

Вдруг раздались выстрелы, и из кустов быстро выбежали ратники, Эхе и Алексей.

— Конница! — сказали они.

— Гони из леса! — приказал князь. — Братцы, собирайтесь в круг... Ну!

Сани скрипя двинулись и вышли из леса, окруженные отрядом человек в семьдесят. В ту же минуту из леса высыпали польские уланы и стали строиться.

— Стой! — приказал Теряев.

Уланы выстроились и вихрем полетели на отряд.

— Пищали! Пищали! Пики вперед! Вот! — закричал князь. — Разом!

Уланы почти подскакали, как вдруг грянул залп из нескольких пищалей и люди Теряева бросились с пиками на улан. Кони вздыбились и понеслись обратно врассыпную. Несколько всадников упало наземь.

— Славно! — радостно воскликнул князь. — Теперь скорее в дорогу! Ну, ну!

Сани опять тронулись. Однако уланы снова стали выстраиваться.

— Ну, ну! — подгонял князь. — Полпути уже есть! Стой! — Он остановил отряд снова, потому что уланы снова мчались. — Пищальники вперед! Цельтесь лучше!

Но уланы, подскакав, на залп ответили залпом и ускакали прочь.

Алеша схватился за грудь. Эхе торопливо подхватил его. Несколько человек упало.

Князь увидел раненого Алешу, и слезы навернулись ему на глаза. Но жалеть было некогда — на помощь полякам скакал свежий отряд, стремясь перерезать путь в лагерь.

— Раненых на сани! Живее! — скомандовал Теряев. — Ну, еще раз, пищальники!

Уланы опять скакали и, отраженные, ворочались назад, а князь со своим отрядом медленно двигался вперед, с ужасом думая, как пробиться сквозь линию конницы, что стояла между ним и лагерем.

Но в лагере увидели его положение. Грянула пушка; ворота распахнулись, и отряд русских с криком побежал на поляков. Князь ускорил шаг. Поляки рассеялись.

Теряев вошел в лагерь и прежде всего подумал об Алеше. Он и Эхе перенесли его к себе в землянку.

Алеша умирал. Он вдруг схватил руку князя и, сжимая ее, сказал:

— Я был врагом тебе. Прости! Я любил Ольгу, и она меня. Ты взял ее... Скажи ей, чтобы забыла меня... Тебя бы... ты... брат... люби!..

Он продолжал говорить несвязно, потом захрипел и умер.

Князь поднялся с колен.

"Господи, — с горечью подумал он, — загубили отцы наши души! Бедный Алеша!"

Однако думы князя вскоре были прерваны: в землянку вошел стрелец.

— Князь Семен Васильевич за тобой, князь, послал! — сказал он и, увидев покойника, стал креститься, а потом повернулся и добавил: — Идти спешно наказывал! Ждет!

Князь горячо поцеловал холодеющее лицо Алеши и выпрямился.

— Обряди его! Я сейчас вернусь! — сказал он Эхе и, кивнув ему головой, вышел.

Князь Прозоровский встретил его дружески.

— Ну, вот и ты! Слушай! Нынче у нас совет был. Терпеть нельзя более. Все видят это. Гиль уже перебежал к полякам с

215

восемьюстами рейтаров. Шарлей то же мыслит. Наши мрут от холода, голода и болезней. Мы решили просить нас выпустить.

— Сдаться! — в ужасе воскликнул молодой князь.

Прозоровский нахмурился.

— Не сдаться, а просить выпустить нас. Это иное!

— Лучше умереть! — сказал Теряев.

Прозоровский горько усмехнулся.

— Умереть все рады. Да кому от этого польза? Теперь мы хоть что-нибудь сохраним, а тогда?.. Нет, — перебил он себя, — на том все и порешили, так и будет. А тебя я позвал потому, что с нами поедешь к ляхам. Впереди с белым платом. Ты на коне?

— На коне!

— Тогда идем! Двадцать казаков с тобой поедут. Подъедешь и держи плат. Ляхи спросят тебя. Скажи, что для переговоров начальники видеться хотят, и с ответом вернись. С Богом! Вот плат тебе!

Прозоровский взял из угла ставки длинную пику, на конце которой висел белый платок, и передал ее князю.

Теряев вышел. У ставки Прозоровского его ждали уже двадцать казаков. Князь сел на коня и поехал из лагеря через другие ворота к королевскому стану. Не проехал он и версты, как был замечен поляками, и тотчас на него поскакал отряд гусар; но князь приказал поднять значок, и гусары без выстрела окружили его и казаков. К князю подскакал молодой, розовый, как девушка, офицер.

— Что угодно от нас пану? — спросил он князя, с сожалением окидывая его и его отряд взглядом.

Разница между двумя конными отрядами была разительная. Поляки, чуть не в новых кунтушах, веселые, розовые, сидели на сытых конях, а наши — худые, угрюмые, оборванные — на тощих, словно скелеты, лошадях.

— Наши воеводы хотят говорить с вашими, — ответил князь, — и сейчас выедут. Какая им встреча будет?

— А-а, — радостно воскликнул полячок, — подождите! Я мигом! — И, оставив свой отряд, он вихрем помчался назад в ставку.

Князь спешился и в нетерпении стал ходить. Его думы перешли на умершего Алешу и Ольгу. Гнева не было в его душе. Он представил молодую любовь Алеши, Ольгино горе, когда она, не любя, венчалась, и его сердце наполнилось жалостью.

"Он сказал: "Люби!" — думал князь, — а как любить, коли мое сердце все с Людмилою! Что-то она, голубушка? Воркует

216

теперь, поди, со своим птенчиком в гнездышке... Эх, увидеть бы ее!"

До него донесся топот, и он очнулся. Молоденький офицер скакал сломя голову и, подле князя лихо осадив коня, быстро спешился.

— Пан круль велел сказать, — заговорил он, — что встретит ваших генералов как героев. Он поручил князю Радзивиллу говорить с ними. Я же встречу и провожу вас.

Князь быстро сел в седло и повернул коня.

— До доброй встречи! — крикнул полячок.

Прозоровский и Дамм ждали Теряева с нетерпением и, едва он передал им ответ, приказали ему сопровождать их и тотчас сели на коней.

Между двумя станами их встретил тот же офицер и повел их в свой лагерь. Кони глухо стучали подковами по замерзшему снегу. Небывалый мороз проникал сквозь теплые тулупы. Они вошли в лагерь. Кругом горели костры, и возле них грелись солдаты.

Князь Теряев смотрел по сторонам и везде встречал сытые, довольные лица, а молодой поляк сказал ему:

— Мы тут всем довольны, если бы не морозы! Таких холодов никто еще не помнит. Верно, вам еще холоднее?

— У нас топлива хватит еще на две зимы! — ответил Теряев.

— Ну! А сами каждое утро за лесом вылазку делаете!

Князь вспыхнул, но в это время к ним подскакал какой-то генерал, и все начали спешиваться.

— Князь, с нами пойдешь! — приказал Теряеву Прозоровский, и они тронулись уже пешком.

Радзивилл жил в большом деревянном срубе. По внешности дом казался простой избою, но внутреннее устройство поразило русских своим великолепием. Не так жил Шеин в своей воеводской ставке! Дорогие ковры завешивали стены, пушистые шкуры медведей лежали на полу, золоченая мебель с шелковыми подушками украшала комнаты. Сам Радзивилл в дорогом парчовом кунтуше, в червленых сапогах, с накинутым на плечи собольим ментиком, с золотой цепью на шее казался более кавалером в бальном зале, чем генералом на военном поле.

— А, Панове! — радушно встретил он русского воеводу и генерала. — Милости просим! Давно бы так! Садитесь! — Он усадил всех и, не давая говорить, продолжал: — Да, да! Вы — славные воины. Боярин Шеин — великий муж, но счастье войны переменчиво. Это игра! Вы проиграли ее, и надо кончить. Зачем губить такое славное войско! Вы с чем пришли?

217

— Мы пришли говорить о пленных, — сказал Прозоровский, — давайте их менять! пока будем менять, отдохнем!..

Радзивилл усмехнулся.

— Запасемся топливом, достанем продовольствие, — окончил он.

Прозоровский вспыхнул, но сдержался.

— Что же? — сказал Дамм. — Ваше войско сильнее теперь, и вам нет нужды морить нас. Не даете нам дровами запасаться, но мы сами берем их, а продовольствия у нас хватит! Это все вам не опасно. Вы так сильны.

— А вы мужественны!

— Ну, вот! Устали и мы, и вы. Будем менять пленных и отдохнем.

Радзивилл задумался.

— Хорошо, — сказал он, — будем менять их в течение месяца, а в это время вы, может, одумаетесь.

— Предложите нам добрые условия, — сказал Дамм, — и мы снимемся!

— Какие условия! — воскликнул Радзивилл. — Пусть боярин Шеин предаст во власть короля свой жребий, вот и все!

— Никогда! — пылко ответил Прозоровский.

Князь Теряев сжал кулаки.

Радзивилл пожал плечами.

— Ваше дело! На месячное перемирие мы согласны, и завтра король пришлет вам подтверждение, а что касается выпуска, то мы составим условия и будем говорить. А теперь, — совершенно меняя тон, сказал Радзивилл, — запьем нашу беседу! Эй, пахолик![49]

Но князь Прозоровский быстро встал.

— Прости, — ответил он, — воевода наказал не мешкать!

Радзивилл нахмурился и махнул рукой на пахолика, вносившего поднос с кубками.

— Неволить грех! — сказал он. — Передайте боярину наш поклон. Скажите, что от сегодня мы снимаем караулы! — И он дружески протянул руку, но она не встретила ничьей руки и опустилась.

Князь Прозоровский и Дамм вышли из избы и скоро помчались обратно в свой стан.

Усталый, голодный возвратился князь Теряев в свою землянку, и первое, что бросилось ему в глаза, был холодный труп Алеши. Он недвижно лежал на лавке в красной рубахе,

---

[49] Малый, работник.

сложив на груди руки, и его лицо выражало тихое умиление. Князь задрожал.

"Горемычный! Сколько горя выпало на его долю, и окончил он молодую жизнь нечаянной смертью! — Сердце князя дрогнуло, в голове промелькнули неясные, смутные мысли: — Что-то есть во всем этом обидно несправедливое... но что? Кто виноват?".

— Устал, княже? — послышался голос, и в землянку ввалился Эхе с полной охапкою сучьев. — Постой, я вот огня разведу, а поесть... — Он бросил наземь вязанку и конфузливо покачал головою. — Сухарь достал, — сказал он, — размочи в воде и съешь!

Князь нетерпеливо отмахнулся.

— Его схоронить надо!

— Сделал! Наши тут могилку выкопали. С утра копали, земля-то твердая. И попа достал. У Власа греется.

— Тогда скорее! А гроб?

Эхе развел руками.

— Теперь, князь, всякая щепка на счету! Так завернем!

Он подошел к трупу и бережно поднял его, потом переложил на пол, достал кусок холста от летней палатки и аккуратно завернул им Алешу.

Князь помогал ему и взял труп за голову, чтобы поднять.

— Подожди, людей кликну! — сказал Эхе.

— Не надо, — возразил князь, — понесем сами!

Они взяли Алешу и вынесли из землянки. Эхе шел впереди, неся его за ноги. Встречавшиеся люди набожно крестились. Невдалеке от землянки чернела яма, и князь опустил Алешу подле нее. Эхе пошел за священником и людьми.

Как сиротинку похоронили Алешу, без гроба, креста и могилы. Невысокий холмик занесло в ночь снегом, и навеки скрылось даже место его погребения.

Князь вернулся к себе. В очаге пылал костер, наполняя дымом тесную землянку. Князь лег на лавку, на которой только что лежал труп Алеши, и заснул.

Он проснулся словно от толчка. Правда, его слегка толкал в плечо какой-то рослый, лохматый оборванец, но тот толчок, от которого проснулся Теряев, был изнутри и сразу сотряс все его тело.

— Кто? Что надо? — пробормотал князь, быстро садясь и в темноте чувствуя, что кто-то стоит подле него.

— Ты, князь? Мне сказали, что ты тут, и я вошел. Эх, темень! — произнес кто-то хрипло.

Князь задрожал.

— Ты-то кто? Я князь! Что тебе нужно?

— Я-то? — ответил голос. Да я Мирон! До тебя еле дошел. Три месяца шел. Поляки кругом... холод, беда!

Князь вскочил на ноги, потом сел.

— От Людмилы? Говори, что. Сын, что ли? Или иные вести? Да говори же!.. Эхе! Эхе! Засвети светец!

Но шведа в землянке не было, и они продолжали разговор в темноте.

— Вести-то? — нехотя ответил Мирон. — Вести-то худые! Ой, худые! Нес я к тебе их, а теперь и не рад!

— Что? Отвечай! Ах, да не мучь ты души моей!

— Чего мучить! Забрали их!

— Кого? — закричал князь.

— А всех: и Людмилу, и мать ее, и мою матку, и девок всех! Я только и убег!

— Кто забрал?

— Царевы сыщики. Налетели это и ну вязать, а потом увезли.

— Куда? Зачем?

Голова князя кружилась, он ничего не понимал.

— Сказывали, в земский приказ либо в разбойный... не упомню. Пришли это с Антоном, стремянным князя, твоего батюшки.

Что-то с грохотом упало пред Мироном и ударило его по ногам. Он нагнулся и нашарил тело князя. Испуганный, он выбрался из землянки и стал кричать.

На его крик прибежал Эхе.

— Чего ты, дурак?

— Дурак ты! — огрызнулся Мирон. — Иди скорее, огня засвети, князь помер!

Эхе в один прыжок очутился в землянке и тотчас высек огня. Светец тускло осветил помещение, и Эхе увидел лежащего на земле князя. Он торопливо поднял его. Князь вздохнул и очнулся.

— Иоганн! — тихо сказал он и вдруг залился слезами.

Швед растерялся.

— Князь! Миша! Чего ты? Ну, ну же!

— Ох, кабы знал ты! — князь оправился и сел на лавку. — Позови Мирона!

Эхе оглянулся, но Мирон уже скользнул в землянку и стоял подле князя.

— Ух! — сказал он. — И напугал же ты меня, князь!

— Договаривай все! — тихо приказал ему Теряев. — Так, говоришь, Антон был?

— Антон! — подтвердил Мирон. — А раньше Ахлопьев.

— Жених ее?

— Он! С того она и выкинула. Пришел это Ахлопьев татем крадучись, да и шасть к ней... — И Мирон по порядку рассказал про посещение Ахлопьева и испуг Людмилы, а потом высказал свою догадку, близкую к истине.

Князь вскочил. Его слабость исчезла, глаза загорелись бешенством.

— Купчишка этот! О, я же поймаю его! Возьму за горло, внутренности вырву! Он скажет мне, что с Людмилой... покается! Отец! Что он мог отцу сказать? Я узнаю... все узнаю!.. Скорее!

— Князь, куда ты? — остановил его Эхе.

— К Прозоровскому... в Москву проситься!

Без шашки, в одном кафтане князь ворвался в избу Прозоровского. Тот перекрестил его, услышав его просьбу.

— Очнись! — сказал он. — Непутевое выдумал! На Москву! Да нешто пустят тебя ляхи? Тебя, как утку, подстрелят. Дурость одна.

— Пусти, князь! Если бы ты ведал горе мое!

— Что за горе?

— Не могу сказать тебе. Верь слову!

— Ну, ну! Тут у всех горе, не твое одно!

— Князь, я не могу! Не могу я! Ах, Боже, да поверь ты мне, должен я!..

Теряев был вне себя. Прозоровский невольно пожалел его.

— Ну, ин будь по-твоему, — ласково сказал он, — подожди только малость. Я боярину про тебя доложу, без него нельзя.

— Завтра скажи!

— Ну, завтра! Иди, иди с Богом! Ишь, на тебе лица нет! По морозу такому без шапки. Совсем обеспамятел!

— Скажешь?

— Скажу! Завтра же скажу. Иди!..

Теряев вышел. Лютый мороз не знобил его, он не чувствовал резкого ветра, не видел дороги и, вернувшись в землянку, молча стал ходить взад и вперед.

Эхе с тревогой глядел на его потемневшее лицо, на безумно горящие глаза и не решался заговорить с ним. Он узнал от Мирона про тяжкий удар, обрушившийся на голову князя, и думал: "Пусть перемучается. Легче станет!". Это было первое горе князя Михаила, настоящее горе, обрушившееся на него как гроза из чистого неба. Людмила пропала, царские сыщики увезли ее, но куда? Зачем? При чем тут отец? Что мог наговорить Ахлопьев?

Мысли князя путались. Он по нескольку раз в день звал к себе Мирона и расспрашивал его о подробностях. Но подробности еще больше путали его, и он решил, что только там, в Москве, он узнает всю правду. Пойдет он к отцу и спросит прямо у него... Или нет: позовет Антона, тот ему все скажет. Ох, только бы на Москву скорее!

Князь ездил к Прозоровскому, но тот уклончиво говорил ему:

— Подожди, княже, не до тебя! У нас переговоры начались. Ждем вестей от ляхов!

Князь Михаил в отчаянии возвращался в землянку и говорил Эхе:

— Я убегу!

— Стыдно будет. Скажут: князь от своих людей бежал!

— Что же делать мне? Что делать?

— Терпи! Воевода отпустит — поедешь!

— Ах, скорее бы!

Так прошло недели две. Вдруг и князя, и других сотников, и даже Эхе позвали к ставке Шеина.

— Мир! — заговорили кругом.

— Ну, вот и уйду! — оживленно сказал Теряев, идя с Эхе.

Они пришли и увидели вокруг ставки Шеина толпу своих сотоварищей. Здесь были и Андреев, и Аверкиев, и все до сотников включительно.

— Для чего звали? — спрашивал один другого.

— А не знаю! Пришли и так поспешно приказали идти!

— Надо думать, мир выговорили!

— Может, помога идет!

— Откуда? На Москве про нас и думать забыли. Поди, полгода, как нас отрезали!

Бледное солнце желтым пятном светилось в небе. Был тихий морозный день. Кругом чувствовалось уныние и утомление. Даже начальники, говоря о мире, облегченно вздыхали. Наконец из воеводской ставки показались все воеводы. Впереди шли Шеин и Измайлов, у последнего в руке была бумага, за ними — Лесли, Дамм, Матиссон и князь Прозоровский.

— Здравы будьте! — поклонился всем Шеин.

— Будь здоров! — ответили ему из толпы редкие голоса.

Шеин укоризненно покачал головою и потом, оправившись, заговорил:

— Жалея ратников, слуг царевых, и видя, что трудно теперь

222

бороться нам с супостатами, порешили мы все говорить с ними о мире; и вот они нам бумагу прислали, по которой на мир соглашаются. Так позвал я вас, чтобы и вы свой голос для ответа подали. Прослушайте! Артемий Васильевич, читай! — И он посторонился, дав место Измайлову.

Последний прокашлялся и среди гробового молчания начал чтение:

— "А пункты то следующие:

I. Россияне, оставляя лагерь, должны присягнуть не служить четыре месяца против короля и республики.

II. Исключая двенадцать пушек, кои дозволяется Шеину взять с собою, должен он оставить все остальное королю.

III. Всех беглецов выдать королю, хотя бы они и состояли на русской службе; равным образом поступлено будет и с россиянами.

IV. Русская армия выступит со свернутыми знаменами, потушенными фитилями, без барабана и труб, и соберется в назначенное королем место. После троекратного салюта положены будут знамена на землю и останутся в сем положении, пока литовский генерал не подаст сигнала к маршу. Главный начальник, воевода Михайло Борисович Шеин, со всем штабом его, без всякого различия в нациях, сойдут с коней и преклонят колени пред королем".

Шеин стоял, опустив голову, бледный, как снег, покрывавший площадь.

— Не бывать этому! — вскрикнул вдруг князь Теряев.

Глаза его разгорелись, он забыл про свое горе и чувствовал только весь позор такого условия.

Этот его крик словно был сигналом.

— Не бывать! Не согласны! Смерть ляхам! — послышалось кругом.

Измайлов, напрягая голос, продолжал: — "Они не должны прежде вставать, пока князь Радзивилл не подаст им знака сесть на лошадей и последовать в поход".

— Довольно! Брось! Не согласны! Боярин, веди нас на ляхов!

— "Пятое! — кричал Измайлов. — Артиллерия, порох и все военные снаряды должны быть сданы без всякого исключения комиссарам. Шестое! Окопы и все укрепл..."

Но тут крики совершенно заглушили голос Измайлова, и он свернул бумагу. Шеин выступил вперед; его лицо озарилось улыбкой. Он кланялся и махал рукою, пока шум не утих.

— Так! — сказал он. — Так же и мы решили. Лучше смерть, чем поношение. У нас еще есть сила умереть!

— Умрем лучше! — пылко крикнул князь Теряев.

— Ну! — продолжал Шеин. — Так и с Богом! Нынче в ночь приготовьтесь, братья, и я вас поведу на смерть! Или пробьемся, или умрем!

— Так, так! Слава тебе, боярин! — закричали кругом.

— Идите же по местам, и начнем дело делать с Богом.

Сердца всех вспыхнули прежним огнем. Оскорбление, нанесенное кичливым врагом, было слишком сильно.

— Други! — обратился князь Теряев к своим ратникам. — Нынче в ночь мы умирать должны, но не сдаваться ляхам! Обидели они нас кровно, и мы им то помянем!

Шеин решил пробиться на юго-восток и, обойдя королевский стан через Вязьму и Гжатск, пройти к Москве. Собрав все силы, он выступил ночью и внезапно напал на ничего не ожидавших поляков.

Завязался бой. Поляки растерялись было, но быстро оправились. Со всех сторон к Воробьевой горе потекло подкрепление, и скоро пред русскими стала несметная сила. Продолжать борьбу было безумием. Шеин приказал отступить и снова укрылся за окопами. Страшные потери не привели ни к каким результатам. Напротив, спустя какой-нибудь час явился от короля парламентер, который заявил, что теперь король уже ничего из своих требований не уступит.

Мрачное отчаяние овладело всеми.

— Умирать надо было! — твердил с яростью князь Теряев, совершенно забыв о своем горе.

Было еще раннее утро, когда его вдруг потребовали к Шеину. Князь спешно пришел. Боярин, опустив голову, задумчиво сидел у стола и даже не слыхал прихода князя.

Теряев молча остановился у дверей.

— Боже! Ты меня видишь! — с тяжким вздохом произнес боярин и поднял голову. — А! Пришел, князь? — сказал он, увидя Теряева, и, встав, подошел к нему. — Сказывал мне князь Семен Васильевич, что ты на Москву просишься, — заговорил он, ласково кладя на плечо князя руку.

— Ежели милость твоя... — начал Теряев.

— Что милость! — перебил его Шеин. — Теперь тебя на службу зову. Коли не прошла охота твоя, иди!.. — Князь благодарно схватил руку Шеина.

— Иди!.. — повторил последний. — Только ведаешь ли ты, как это трудно? Нас кругом кольцом окружили... зайца не выпустят...

— Бог поможет, а тут невмоготу мне! И свое горе, и обиды видеть тяжкие.

— Ну, ну! Коли проберешься в Москву, иди к царю. Скажи, что видел. Проси помощи! Невмоготу держаться более. — Шеин помолчал, а потом вдруг сжал плечо князя и тихо заговорил: — Повидай патриарха и царя да скажи им еще, что я верный раб царю, что не ковы ковал я на родину, а готовил ей венец славы, и гордость моя стала на погибель мне. Пусть ко мне, а не к супротивникам моим царь обратит сердце свое!

Князь молча поклонился.

— А теперь прощай! Млад ты, и жена у тебя молодая, а я, может, на гибель тебя шлю, но — видит Бог — я не нудил тебя. Скажи отцу своему, что шлю ему поклон до пояса. Помоги тебе Господь!

Шеин обнял князя и крепко поцеловал его. Князь почувствовал на своей щеке горячую слезу, и его сердце сжалось жалостью к боярину. Тяжко отвечать пред Богом и царем за напрасно пролитую кровь!..

XV

НА МОСКВУ

Князь Теряев, вернувшись к себе, сиял от счастья.

— Чего такой радостный? — спросил его Эхе.

— Воевода в Москву меня послал! — ответил князь. — Как стемнеет, так и пойду.

— На Москву? — Эхе даже взмахнул руками. — Да это на смерть верную идти! Поляки теперь мыши не пропустят.

Князь усмехнулся.

— Ежели суждено мне на Москву быть, то буду!

— Я не отпущу тебя одного, — пылко сказал Эхе, — я с тобою! Ведь я дядька твой... должен!..

— Да и Каролину повидаешь, — весело прибавил князь.

Эхе вспыхнул, но не удержался от улыбки.

Как ни тайно делал свои приготовления князь, но скоро и его отряд, и все ближние узнали о его безумном намерении. В землянку ввалился Мирон.

— Князь, я без тебя тут не останусь, — твердо сказал он, — я только к тебе пришел. Возьми меня с собою!

Князь кивнул ему головою.

— Я думал тебя взять. Ты для меня самый нужный! Ты мне

должен этого Ахлопьева найти, а затем в нашей вотчине схоронить.

Мирон сразу повеселел.

— Не уйдет! — ответил он. — Проклятый и мне солон. А что до меня, так я тебе, князь, и в дороге пригожуся; я сюда-то шел — словно уж полз. Всякую тропку запомнил.

— Ну, еще того лучше!

Все обнаружили трогательное участие к князю.

"Помоги тебе Бог!" — говорили одни, другие несли к нему черствые сухари, свое последнее пропитание. Князь Прозоровский сам приехал к Теряеву и, сняв тельный крест, повесил на него.

— Мы с твоим отцом хлеб-соль делили, — сказал он, — а тебя я как сына любил!

И князь Теряев, видя общую любовь к себе и внимание, на время забыл о целях своего страшного похода.

Вечерело. Князь, Эхе и Мирон собрались в дорогу, взяв с собою только короткие мечи да небольшой мешок с толокном. Князь еще зашил в пояс сто рублей, а Мирон, кроме меча, захватил кистень.

— Мне с ним сподручнее будет, — объяснил он.

Пред их уходом пришел попик и трогательно благословил их крестом.

Наступила ночь. Князь простился со всеми, назначил Власа начальником над отрядом и вышел из лагеря.

XVI

ТЯЖКАЯ РАСПЛАТА

Князь Терентий Петрович Теряев-Распояхин словно утратил равновесие духа после совершенной над Людмилою казни. Виделась она ему как живая, слышался ее тихий голос, и чувствовал он, что ее сердце было полно любви, а не злобы к его сыну.

"Душу загубил!" — думалось князю в бессонные ночи, и он с испугом озирался по сторонам.

Пробовал он служить молебны с водосвятием, потом служил панихиды по невинно убиенной Людмиле, но ничего не помогало. Еще хуже стало князю после разговора со Штрассе. Он вызвал к себе немца и спросил:

— Скажи, Дурад, можно человека извести?

Штрассе даже вздрогнул от такого вопроса.

— А вам зачем это?

— Просто знать хочу. Скажи, можно?

— Очень легко.

— Как?

— Отравы дать — зелья, по-вашему.

— Выпить?

— Выпить или съесть, все равно. Травы есть такие. Вот белены дать — с ума сойдешь, белладонны — умрешь скоро, яду дать можно — мышьяку. Много отравы есть!

Князь кивнул.

— А так, чтобы на расстоянии? Можно?

— Как это? — не понял Штрассе.

— Ну, вот я здесь, а вороги мои в Коломне, скажем, и захотят извести меня наговором.

Штрассе улыбнулся.

— Это невозможно, князь. Бабьи сказки!

— Почему?

— Да всякая зараза должна в кровь войти. Как же за сто верст сделать это?

— По ветру!

— Тогда бы с тобою они тьмы душ загубили. Ветер-то не на одного тебя дует!..

Князь почесал затылок.

— Что же, по-твоему, нельзя и человека приворожить к себе?

— Нельзя, князь!

— Отчего же дадут испить наговоренной воды — и сердце сейчас затоскует?

— Не бывает этого, князь. Наши чувства не от желудка идут. Кровь — от желудка, а любовь или злоба — от сердца прямо.

— Ну, наскажешь тоже! Иди с Богом, надоел! — сказал князь, отпустив Штрассе, но с того разговора запечалился и заскучал еще сильнее.

Ничто не радовало его. Подымется он в терем, смотрит на внука, на свою невестку и не улыбнется. Царь после смерти своего отца обласкал его, и во время шествия на осляти князю поручено было вести за узду осла, на котором сидел вновь избранный патриарх Иосаф. Кругом шептались о новом любимце царевом, а князь хмурился все больше и больше.

Потом в его душу проник страх. Ведь сын-то вернется и все дознает; как взглянет он сам ему в очи? Крут и горяч был князь и сам себе не поверил бы месяц тому назад, что побоится родного сына, а тут случилось...

Один Антон видел и понимал страдания господина.

— Батюшка князь, — жалостливо сказал он ему однажды, — хоть бы ты святым помолился. Съезди на Угреш или в Троицу!

— Согрешили мы с тобою, Антон, — тихо ответил Теряев, — только сын вину мою с меня снять может!

— Господи Христе! Да где же это видано, чтобы сын отца своего судил? Да его тогда земля не возьмет!

— Нет мне без него покоя! — И князь поник головою и застыл в неподвижной позе.

Антон посмотрел на него и стал креститься.

Однажды князю почудился будто шорох. Он поднял голову и быстро вскочил.

— Свят, свят, свят! — зашептали его побледневшие губы.

Пред ним стоял призрак его сына, страшный, неистовый, бледный, с воспаленными глазами, с косматой головою, длинной бородой, в нагольном тулупе.

— Батюшка, я это! — вскрикнул призрак и бросился к отцу.

— Отойди! — неистово закричал князь. Его лицо исказилось ужасом. Он вытянул руки и упал, извиваясь в судорогах; его глаза страшно закатились.

— Антон! — на все горницы закричал князь Михаил. — Зови Дурада! Скорее!

Штрассе уже знал о приходе молодого князя — Каролина уже обнимала Эхе и то смеялась, то плакала от радости. Штрассе быстро прибежал на зов и склонился над князем.

— Положить его надо! Кровь пустить! Пиявки!..

— Горе-то, горе какое вместо радости! — бормотал Антон.

Князя бережно уложили в постель. Он метался, стонал и говорил бессвязные речи. Штрассе сидел подле него. Утомленный Михаил сел в изголовье.

Наступила ночь. Больной князь садился на постели и вскрикивал как безумный:

— Отойди! Да воскреснет Бог и расточатся враги его! Наше место свято! — Потом начинал плакать и бессвязно бормотать: — Горяч я, сын, не стерпел. Прости Христа ради! — Иногда же он молил кого-то: — Подождите! Я снял с нее вину. Она молода, любит. Нет, нет! Не жгите ее. У нее такое белое тело... она так дрожит!..

Волосы зашевелились на голове князя Михаила, когда он разобрал отцовские речи. Ужас и отчаяние охватывали его при мысли о Людмиле, а также о роли отца в ее гибели. Любящим сердцем, быстрым умом он сразу понял ужасную участь своей любовницы.

— Ты устал, Миша! — дружески нежно сказал ему Штрассе. — Пойди отдохни!

— Не до сна мне, учитель! — ответил князь и закрыл лицо руками.

— В терем поднялся бы. Там у тебя и мать, и жена, и сынок, еще не виданный тобою!

— После! За мною еще государево дело!

Бледное утро глянуло в окно. Князь Михаил вспомнил свои обязанности, поднялся с тяжким вздохом, приказал Антону принести одежды и, сев на коня, двинулся в путь.

Федор Иванович Шереметев встретил Михаила криком изумления:

— Ты ли это, Михайло? Как? Откуда? Говори скорее! Что наши?

— Я, боярин! Воевода Шеин послал меня к царю. Умираем! — И князь Михаил стал рассказывать боярину про бедствия войска.

Шереметев слушал, и невольные слезы показались на его глазах.

— Ах, Михайло Борисович, Михайло Борисович! — повторял он с грустным укором.

Князь вспыхнул.

— Не вина его, боярин! Видел бы ты, как он казнится! В последнем бою он как простой ратник на пушки лез, смерти искал!

— Не я виню, обвинят другие.

— А ты вступись!

— Я? Нет; его заступник помер, а мне не под силу защищать его.

— Кто помер-то?

— Да разве еще не знаешь? Филарет Никитич преставился... как есть на Покров!

Князь перекрестился.

— Да нешто отец тебе не сказывал?

— Батюшка в огневице лежит, — тихо ответил Теряев.

— Да что ты? А я его вчера видел. Духом он смятен был что-то, а так здоров.

— Меня он увидел, — сказал князь, — и, видно, испугался. Вскрикнул, замахал руками и упал... и сейчас без памяти лежит.

— Ишь притча какая! — задумчиво сказал боярин. — Надо

быть, попритчилось ему. Не ждал тебя... Да и кто ждать мог?.. — прибавил он. — Диву даешься, что добрался ты жив. Чай, трудно было?

— Трудно, — ответил князь, — спасибо, что при мне человек был, что раньше к нам пробрался, а то бы не дойти. Сначала больше все на животе ползли; днем снегом засыплемся и лежим.

— Холодно?

— В снегу-то? Нет. Прижмемся друг к дружке и лежим, что в берлоге... Ночь придет — опять ползем. Однажды на ляхов набрели. Двое их было... пришлось убрать их. А так ничего. Волки только: учуют нас и идут следом, а мы мечами отбиваемся... Опять, слава Господу, мороз спал, а то бы замерзнуть можно. До Можайска добрели, а там коней купили и прямо уже прискакали...

— Ну и ну! Однако что же это я? — спохватился вдруг Шереметев, взглядывая на часы. — С тобой и утреннюю пропустил! Ну, да царь простит. Идем скорее!

Царь сидел в своей деловой палате. Возле него стояли уже вернувшиеся Салтыковы, а также князь Черкасский, воеводы с приказов и Стрешнев, когда вошел Шереметев и сказал о приходе молодого князя Теряева из-под Смоленска. Все взволновались, услышав такую весть.

— Веди, веди его спешно! — воскликнул Михаил Федорович, теряя обычное спокойствие. — Где он?

— Тут, государь!

Шереметев раскрыл дверь и впустил Михаила.

Князь упал пред царем на колени.

— Жалую к руке тебя, — сказал ему царь, — вставай и говори, что делает боярин Михайло Борисович!

Теряев поцеловал царскую руку и тихо ответил:

— Просим помощи! Без нее все погибнем. Я шел сюда, почитай, месяц и, может, все уже померли!

Царь вздрогнул.

— Как? Разве так худо? Мало войска, казны, запаса?

— Ляхи стеснили очень. Сначала наш верх был, потом их... — И князь подробно рассказал все положение дел.

Царь Михаил поник головою, потом закрыл лицо руками и тяжко вздыхал, слушая рассказы о бедствиях своего войска.

— На гибель вместо победы, на поношение вместо славы! — с горечью проговорил он.

— Воевода Михаил Борисович и Артемий Васильевич много раз смерти искали как простые ратники, — сказал Теряев, — для твоей службы, государь, они животов не жалели!

230

— Чужих! — с усмешкой сказал Борис Салтыков. — Знаю я гордеца этого!

— Чего тут! — с гневом вставил Черкасский. — Просто нас Владиславу Шеин предал. Недаром он крест польскому королю целовал.

— Что говоришь, князь? — с укором сказал Шереметев.

— И очень просто, — в голос ответили Салтыковы, и их глаза сверкнули злобою.

Шереметев тотчас замолчал.

Государь поднял голову и спросил Теряева:

— Как же ты, молодец, до нас дошел, ежели кругом вас ляхи? Расскажи!

Теряев начал рассказ о своем походе, стараясь говорить короче, и от этого еще ярче выделились его безумная отвага и опасности трудного пути.

Лицо царя просветлело.

— Чем награжу тебя, удалый? — ласково сказал он. — Ну, будь ты мне кравчим!.. Да вот! Носи это от меня! — И царь, сняв со своего пальца перстень, подал князю.

Тот стал на колено и поцеловал его руку.

— Теперь иди! — сказал царь. — Завтра ответ надумаем и тебе скажем. Да стой! Чай, находился ты в пути своем. Боярин! — обратился он к Стрешневу. — Выдай ему шубу с моего плеча!

Князь снова опустился на колени и поцеловал царскую руку.

Салтыковы с завистью смотрели на молодого князя.

— Ну, — сказал Шереметев, идя за ним следом, — теперь надо тебе на поклон к царице съездить.

— К ней-то зачем? — удивился Теряев.

— Тсс! — остановил его боярин. — В ней теперь вся сила.

Спустя час князь стоял пред игуменьей Ксенией и та ласково расспрашивала его о бедствиях под Смоленском. Слушая рассказ князя, она набожно крестилась и приговаривала:

— Вот тебе и смоленский воевода Михайло Борисович... полякам прямит, своих на убой ведет.

— Не изменник, матушка, боярин Шеин! — пылко произнес князь.

Ксения строго взглянула на него и сухо сказала:

— Молоденек ты еще, князь, судить дела государевы!

Только к вечеру вернулся Михаил домой и прямо прошел в опочивальню отца. Тот лежал без памяти, недвижный как труп. Подле него сидела жена. Увидев сына, она быстро встала и

231

прижала его к груди. Пережитые волнения потрясли молодого князя. Он обнял мать и глухо зарыдал.

— Полно, сынок, полно, — нежно заговорила княгиня, — встанет наш государь-батюшка, поправится! Ты бы, сокол, наверх вошел, на Олюшку поглядел и на внука моего! Не плачь, дитятко!

Она гладила сына по голове, целовала его в лоб и в то же время не знала, какая рана сочится в сердце ее сына, какое горе надрывает его грудь стоном.

Михаил отправился и, чтобы скрыть свое горе, сказал:

— Матушка, пойди и ты со мною! На что тебе здесь быть? Здесь наш Дурад.

Княгиня вспыхнула при его словах.

— Мне-то на что? Да что же я буду без моего сокола? Мое место подле него!.. Эх, сынок, когда Антон твоего отца, всего израненного, к моему деду на мельницу принес, кто его выходил, как не я? И теперь то же. Как я его оставлю? Ведь его жизнь — моя жизнь!

Каждое слово терзало раскрытую рану молодого князя. Смерть отца — и для матери гибель, горе отца — и для матери горе, его проклятие — ее проклятие. Он поник головою и печально прошел к жене в терем. Холодно поцеловал он свою жену, равнодушно взглянул на ребенка; мысли о смерти теснились в его голове.

На следующее утро, чуть свет, молодой князь снова сидел у постели отца; последний лежал теперь недвижимый, и только прерывистое дыхание свидетельствовало о его тяжких страданиях. Княгиня, утомленная бессонной ночью и тревогою, дремала на рундуке в ногах постели.

Молодой князь сидел и терзался. Негодование против отца, загубившего его Людмилу, вспыхивало в его сердце пожаром, но тотчас угасало, едва он взглядывал на бессильно лежавшее тело отца, на измученное лицо матери. Да и мыслим ли гнев на родного отца? Нет греха тяжелее этого, и не отпускается он ни в этой жизни, ни в будущей! Князь Михаил поникал головой, а потом снова вспыхивал.

В горницу тихо вошел Антон и тронул за плечо молодого князя.

— Чего? — спросил тот.

— Молодец какой-то внизу шумит, видеть тебя беспременно хочет!

"Мирон!" — мелькнуло в голове князя, и он, встав, быстро вышел за Антоном.

232

На дворе у крыльца стоял действительно Мирон. Князь быстро сбежал к нему.

— Ну?

— Все дознал! Людмилу-то и матку мою сожгли.

Теряев замахал рукою:

— Знаю, знаю!

Но Мирон продолжал:

— По приказу твоего батюшки, по извету Ахлопьева. Он, слышь, их в знахарстве опорочил.

— Достал ты его? — быстро спросил князь.

Мирон осклабился.

— Достал! Сначала не узнал он меня, а потом как завоет!..

— Где схоронил?

— Где ты приказывал — на усадьбе.

Лицо князя разгорелось, глаза вспыхнули. Он нагнулся к Мирону:

— Свези его на мельницу... в ту самую горницу, где Людмила жила. Понял? Береги его там как очи свои, пока я не приеду! Я на днях там буду! На! — И князь, дав Мирону рубль, отпустил его.

Мирон быстро скрылся со двора.

Спустя полчаса за князем Михаилом прислал князь Черкасский.

— Думали мы всяко, — сказал Черкасский Теряеву, когда тот пришел, — и на том решили, чтобы послать помощь под Смоленск. Пойдет князь Пожарский, и ты с ним. Ты дорогу покажешь. Идти немешкотно надо! Князь Пожарский как раз здесь и уже про все оповещен. Рать тоже готова, недавно под Можайском была. С Богом!

Князь поклонился.

Черкасский ласково посмотрел на него и дружески сказал:

— А царь твоих заслуг не оставит! Батюшку твоего ласкает и тебя не обойдет. Прями ему, как теперь прямишь! А что батюшка?

— В забытье все. Дохтур говорит, девять дней так будет!

— Ох, грехи! Грехи! — вздохнул князь. — Ну, иди!

Знаменитый освободитель Москвы, доблестный воин, поседевший в боях, князь Пожарский ласково принял молодого Теряева.

— Добро, добро! — сказал он ему. — С таким молодцом разобьем ляха, пух полетит!

— Когда собираться укажешь?

— А чего же медлить, коли наши с голода мрут? Я уж наказал идти. Рать-то из Москвы еще в ночь ушла, а мы за нею!

Простись с молодухой да с родителями, и с Богом! Я тебя подожду. Ведь я и сам царского указа жду!

— О чем?

— А и сам не знаю!

Два часа спустя они ехали полною рысью из Москвы.

— Князь, — по дороге сказал Теряев Пожарскому, — мне нужно будет на усадьбу заехать. Тут она, за Коломной. Дозволь мне вперед уехать; я тебя к утру нагоню!

— Что же, гони коня! Лишь бы ты к Смоленску довел меня, а до того твоя воля! — добродушно ответил Пожарский.

Теряев благодарно поклонился и тотчас погнал коня по знакомой дороге.

В третий раз ехал князь по узкой тропинке к заброшенной мельнице, и опять новые чувства волновали его. Словно одетые саваном стояли деревья, покрытые снегом, и как костлявые руки тянули свои голые, почерневшие ветви. Вместо пения птиц и приветливого шуршания листвы гудел унылый ветер и где-то выл волк. Солнце, одетое туманом, тускло светило на снежные сугробы.

И вся жизнь показалась князю одним ясным днем. Тогда все было: и любовь, и счастье, и вера в победу. Дунули холодные ветры — и все застудило, замело, и весенний день обратился в холодный зимний. Любовь? Одним ударом ее вырвали у него из сердца вместе с верою!.. И так вот странно в его уме смешивались мысли о своем разбитом счастье и о гибели родных воинов под Смоленском.

Наконец он увидел мельницу. Маленький домик был весь занесен снегом, настежь раскрытые ворота говорили о запустении. Свила ласточка теплое гнездышко, а злые люди разорили, разметали его. Князь тяжело перевел дух и въехал во двор. Кругом было тихо. Теряев привязал коня у колодца и твердым шагом вошел в домик. Все кругом носило следы разгрома. Князь мгновенье постоял, прижимая руки к сердцу, потом оправился и стал подыматься в Людмилину светелку. Страшно было его лицо в эти минуты!.. На площадке у двери он остановился, потому что до него донесся разговор.

— Отпусти! — произнес хриплый голос. — У меня казна богатая. Я тыщу дам!.. Две... пять дам!..

— Чего пустое болтаешь? — ответил другой, в котором князь признал голос Мирона. — Говорю тебе, с князем разговор веди. Я бы тебе, псу, очи вынул, а потом живьем изжарил, как матку мою. Душа твоя подлая! Пес! Татарин того не сделает, что ты!

— Меня самого на дыбу тянули.

234

— Мало тянули, окаянного!

— Руку вывернули... ай!

Князь открыл дверь и переступил порог. Ахлопьев лежал на полу со связанными ногами и руками, Мирон сидел на низенькой скамейке подле его головы. При возгласе Ахлопьева он поднял голову, вскочил на ноги и поклонился князю.

— Спасибо тебе, Миронушка! — ответил князь и, остановившись, стал смотреть на Ахлопьева.

Очевидно, было что-то ужасное в его пристальном взгляде, потому что Ахлопьев сперва хотел было говорить, но смолк на полуслове и стал извиваться на полу как в судорогах.

— Эх, Мироша! — сказал, вдруг очнувшись, князь. — Хотел я душеньку свою отвести, вдоволь помучить пса этого, чтобы почувствовал он, как издыхать будет, да судьба не судила: надо спешно рать нагонять. Крюк-то у тебя?

— Привез, князь!

— И веревка есть? Ну, добро! Приладь-ка тут, как я наказывал тебе!

— Сейчас прилажу, князь!

Мирон быстро вышел, а князь сел, закрыл лицо руками и словно забыл о купце из Коломны.

— Сюда? — спросил вдруг вернувшийся Мирон.

Князь очнулся.

— Сюда! — сказал он.

Мирон придвинул табуретку под среднюю балку и стал прилаживать веревку, на конце которой был привязан острый толстый крюк.

— Вот, вот! Пониже малость! так! — тихим голосом говорил Теряев.

Ахлопьев смотрел над собою расширенными от ужаса глазами и, вскрикнув, потерял сознание. Он пришел в себя от грубого толчка Мирона. Последний, ухватив его за шиворот, посадил на пол.

— Слепи! — приказал князь.

Ахлопьев с воем замотал головою, но острый нож Мирона сверкнул и врезался в его глаз. Ахлопьев закричал нечеловеческим голосом и замер. Он очнулся вторично от нестерпимой боли. Мирон поднял его, а князь, взрезав ему бок, спокойно поддевал крюк под ребро. Ахлопьев снова закричал, поминутно теряя сознание и приходя в себя. Его тело судорожно корчилось над полом.

— Так ладно! — с усмешкой сказал князь. — Попомни Людмилу, пес!.. Идем, Мирон!

— Пить! — прохрипел Ахлопьев, но страшный мститель уже ушел.

На дворе князь приказал поджечь все постройки, причем произнес:

— Ее теремок я сам подпалю!

Прошло полчаса. С испуганным криком поднялись вороны с соседних деревьев и закружились в воздухе. Просека озарилась заревом пожара... Князь и Мирон спешно погнали коней.

— Без памяти будет, вражий сын, пока огонь до него доберется, — сказал Мирон.

Князь кивнул.

— Очей вынимать не надо было.

Они догнали князя Пожарского всего в пяти верстах за усадьбою.

— Справил дело? — спросил князь.

— Справил, — коротко ответил Теряев. Князь оглянулся на него.

— Что с тобою? Ой, да на тебе кровь! Кажись, ты что-то недоброе сделал?

Теряев тихо покачал головою.

— Святое дело! А что крови касается, так скажу тебе, князь: змею я убил!

— Змею? Зимою? Очнись, князь! Скажи, что сделал?

— Ворога извел, — прошептал Теряев. Пожарский не решился расспрашивать его дальше.

Они ехали молча. В полуверсте от лих двигалась рать.

Так они шли два дня. На третий день Пожарский вдруг сдержал коня и сказал Теряеву:

— Глянь-ка, князь, никак рать движется?

Теряев всмотрелся вдаль. Какая-то темная масса, словно туча, чернелась на горизонте.

— Есть что-то, — ответил он, — только не рать. Солнце гляди как светит. Что-нибудь да блеснуло бы.

— Возьми-ка ты молодцов десять да съезди разузнай! — приказал Пожарский.

Теряев повернул коня и подскакал к войску. В авангарде двигалась легкая конница. Он подозвал к себе Эхе и велел ему ехать с собою.

— Куда же ты вдвоем? — окликнул его Пожарский.

— Нам сподручнее! — ответил князь и пустил коня.

Странная туча подвигалась на них. Показались очертания коней, человечьи фигуры.

— Князь, — воскликнул Эхе, — да это наши!

Сердце Теряева упало. Он уже чуял смутно, что это смоленское войско. Они ударили коней и помчались вихрем.

Ближе, ближе... так и есть! Громадной массою, без порядка, теснясь и толкаясь, оборванные, худые как скелеты, с закутанными в разное тряпье головами и ногами, шли русские воины, более похожие на бродяг, чем на ратников. Впереди этого сброда верхом на конях ехали боярин Шеин с Измайловым и его сыном, князь Прозоровский, Ляпунов, Лесли, Дамм и Матиссон. Увидев скачущих всадников, они на миг придержали коней. Теряев поравнялся с ними и вместо поклона скорбно всплеснул руками.

— А я с помощью! — воскликнул он. Шеин покачал головою.

— Поздно!

— Что сказать воеводе?

— А кто с тобою?

— Князь Дмитрий Михайлович Пожарский! — Шеин тяжело вздохнул.

— Скажи, что просил я пропуска у короля Владислава, сдал весь обоз, оружие, зелье, пушки и домой веду остатки рати. Во всем царю отчитаюсь да патриарху!

— Помер патриарх, — глухо сказал Теряев.

Шеин всплеснул руками.

— Помер? — воскликнул он. Смертельная бледность покрыла его лицо, но он успел совладать с собою. Усмешка искривила его губы, и он сказал Измайлову. — Ну, теперь, Артемий Васильевич, конец нам!

Теряев вернулся к князю Пожарскому и донес про все, что видел. Князь тяжело вздохнул.

— А знаешь, что мне в грамоте наказано? — спросил он Теряева. — Объявить опалу Измайлову и Шеину и взять их под стражу!

— Вороги изведут его! — воскликнул Теряев.

— Про то не знаю!

Пожарский сел на коня, окружил себя старшими начальниками до сотника и тронулся навстречу разбитому войску. При его приближении Шеин, Прозоровский и прочие сошли с коней и ждали его стоя.

Пожарский слез с коня и дружески поздоровался со всеми.

— Жалею, Михайло Борисович, что не победителем встречаю тебя! — сказал он.

— Э, князь, воинское счастье изменчиво! — ответил Шеин.

— Сколько людей с тобою? — спросил Пожарский.

Шеин побледнел.

— У ляхов две тысячи больными оставил, а со мною восемь тысяч!

— А было шестьдесят шесть! — невольно сказал Пожарский, с ужасом оглядываясь на беспорядочную толпу оборванцев.

— На то была воля Божия! — ответил Шеин.

Пожарский нахмурился.

— Есть у меня царский указ, боярин... — начал он и запнулся.

К боярину вдруг возвратилось его самообладание.

— Досказывай, князь, я ко всему готов!

— Прости, боярин, не от себя, — смутился Пожарский. — Наказано тебя и Артемия Васильевича с сыном его под стражу взять и сказать вам царскую опалу. Гневается царь-батюшка!

— И на то Божия воля! — проговорил боярин. — Судил мне Господь до конца дней моих пить горькую чашу. Бери, князь!

Шеин отделился от толпы и стал поодаль. Измайлов с сыном медленно подошли к нему.

Пожарский сел на коня.

— Теперь что же? — сказал он. — Отдохнем! Князь, — обратился он к Теряеву, — прикажи станом стать и пищу варить. Всех накормить надо, а бояр возьми за собою.

— Мне, князь, стражи не надо, — твердо сказал боярин Шеин, — слову поверь, что ни бежать, ни над собою чинить злое не буду! Освободи от срама!

— И меня с сыном, князь! — сказал Измайлов.

Пожарский сразу повеселел.

— Будь по-вашему! — согласился он. — Ваше слово — порука!..

Теряев велел скомандовать роздых. Скоро везде запылали костры. Безоружные воины соединились со своими товарищами и жадно накинулись на еду. Шедшие на выручку им воины с состраданием смотрели на них и торопливо делились с ними одеждою. Без содрогания нельзя было смотреть на них, без ужаса — слушать...

Попадались люди, сплошь покрытые язвами, из десяти у семи были отморожены либо руки, либо ноги: из распухших десен сочилась кровь, из глаз тек гной, и все, как голодные звери, бросились жадно на горячее хлебово.

Три дня отдыхала рать Пожарского и затем двинулась назад к Москве. Во всей нашей истории не было примера такого ужасного поражения. Из шестидесяти шести тысяч войска боярин Шеин привел восемь тысяч почти калек, потеряв сто пятьдесят восемь орудий, несметную казну и

238

огромные запасы продовольствия. Нет сомнения, что военное счастье переменчиво, но, рассматривая действия Шеина, нельзя не признать, что он много испортил дело своею медлительностью. Этим воспользовались бояре, ненавидевшие Шеина за его заносчивость, и, чувствуя свою силу после смерти Филарета, громко обвинили Шеина и Измайлова в измене. Царь не перечил им.

Шеина и Измайлова судили. Истории не известны еще ни точные обвинения Шеина, ни его защита — архивы не сохранили этих драгоценных документов, и мы только знаем, что 23-го апреля 1634 года боярина Шеина, Артемия Измайлова и его сына Василия в приказе сыскных дел приговорили к смерти. Но трудно думать, чтобы среди русских военачальников мог существовать когда-нибудь изменник. Ни предыдущая, ни последующая история до наших дней не давали нам подобных примеров. Скорее всего, страшное осуждение Шеина было делом партийной интриги, своего рода местью уже упокоенному Филарету. Уже одно то, что и Измайлов, и Шеин добровольно вернулись в Москву, говорит за их невиновность. По крайней мере русские историки (Берг, Костомаров, Соловьев, Иловайский и др.) не решились обвинить опороченных бояр.

Победа под Смоленском повела Владислава дальше. Он опять двинулся на Москву, но, не дойдя до Белой, повернул назад, услышав про враждебные замыслы турецкого султана против Польши.

Результатом войны с поляками был тяжелый для России Поляновский мир. Поляки временно восторжествовали, отняв у русских черниговскую и смоленскую земли, но за свое торжество впоследствии заплатили с изрядною лихвой.

XVII

ДУША МИРА ИЩЕТ

Нет ничего ужаснее разлада в семье, а в семье Теряева совершалась именно эта страшная казнь.

Князь Терентий Петрович стал поправляться. Сознание и силы медленно возвращались к нему, но по мере восстановления здоровья прежние мысли и страхи стали

239

посещать его снова. В то же время, едва сын заметил первый проблеск сознания у отца, чувство сострадания сразу оставило его и он перестал навещать больного.

Княгиня дождалась его однажды в узком переходе из терема и сказала ему с упреком:

— Что это, Миша, Бога в тебе нет, что ли? Батюшка выправляться начал, а ты хоть бы глазом взглянул на него. Он-то все тоскует: "Где Михайло?".

Михаил побледнел и потупился.

— Зайду, матушка, после!

— Сейчас иди! Батюшка проснулся только что.

Михаил вздрогнул и невольно рванул руку, за которую ухватила его мать.

— Недосужно мне сейчас, матушка. Пусти!

Княгиня отшатнулась и даже всплеснула руками.

— Да ты ума решился, что так говоришь? К отцу недосужно! А? Идем сейчас!

— Матушка, не неволь! — взмолился Михаил. — Невмоготу мне видеть его, невмоготу, матушка! — И он быстро ушел от изумленной матери.

— С нами силы небесные! — растерянно забормотала она. — Что творится на свете Божием!

А через полчаса слабым голосом подозвал ее к своей постели выздоравливающий князь.

— Анна! — тихо заговорил он, крепко ухватив ее за руку. — Михайло вернулся ведь?.. Да?

— Вернулся, государь мой, — ласково ответила княгиня, — я его, хошь, покличу, ежели в доме он!..

Князь задрожал, и на его лице отразился ужас.

— Нет, нет, нет! — торопливо проговорил он. — Не пускай его! Проситься будет ко мне — не пускай! Ой, страшно мне!.. Обещайся: не пустишь?..

— Ну, ну, не пущу, успокойся только. Не пущу его!

Князь облегченно вздохнул и откинулся на изголовье.

— Господи Иисусе Христе, Царица Небесная! что с ними? Один не идет, другой говорит: "Не пускай!" Что с ними сталось? — в ужасе и изумлении шептала княгиня.

Ее сердце уже не знало покоя. С тревогою глядела она на мужа, со страхом и недоверием на сына. Он ходил мрачный, угрюмый, почти не бывал дома. Немало муки приняла на себя и Ольга. Вернулся муж неласков и мрачен; чуть коснулся ее губами, едва взглянул на ребенка, и почуяло ее сердце что-то недоброе.

Наступила ночь. Князь Михаил вошел в опочивальню и, не глядя на молодую жену, бросил армяк на лавку, снял с себя сапоги и лег. И всю ночь слышала бедная Ольга, как вздыхал он протяжно и тяжко. Слышала она это, но не имела храбрости подойти к нему. Страшен казался он ей. Она тосковала и думала: "Покарал меня Господь за грешную любовь. Шла к аналою и клялась ложно. Грешница я! Нет мне спасения!" В тоске думала она про Алешу и — дивно сердце девичье! — сердилась на него за его любовь к ней: "Разве не знал он, что я уже засватана? К чему покой тревожил, сердце мутил?" Но в другой раз грусть о нем охватывала ее сердце, и она рыдала.

— Полно, княгинюшка, — испуганно уговаривала ее верная Агаша, — смотри, Михайло Терентьевич увидит, худо будет. И так он туча тучею!

— Не нужна я ему. Он на меня и глазом не смотрит. Хоть умереть бы мне, Агашенька! — причитала Ольга.

— Умереть!.. Экое сказала! А ты, государыня, старайся ему любой быть, приласкайся!..

Ольга вздрагивала.

— Да что, княгинюшка, пугаешься? Про Алексея забудь лучше. Вот что! Да и не увидишь его больше! А боярин, батюшка твой, отпустит его и, смотри, поженится он.

— Пусть! Не по нем я плачу, по себе!..

— И по себе не след. За Михаилом Терентьевичем гляди. Ишь, он какой унылый да страшный... Даже вчуже жаль...

Действительно, глядеть на Михаила становилось вчуже жалко. Отпустил он бороду, отчего еще более вытянулось его лицо. Прежде здоровое, розовое, теперь оно побледнело, осунулось; от недоспанных ночей мутно глядели его глаза, от тяжких дум морщился лоб и крепко были сжаты губы.

Горше всех ему было. Видел он тревожный, испуганный взгляд матери, понимал ее думы, но не мог ничего сказать ей про свое горе. Видел он распухшие от слез глаза Ольги, ее бледнеющие щеки, понимал и ее тоску, но тоже не находил ни слов ей, ни ласки — словно вовсе чужая. Про отца он и думать боялся. Его кидало в дрожь при одной мысли о том, как он взглянет ему в глаза впервые, как укроет от него свои супротивные думы, и, словно преступник с отягощенной совестью, не находил себе места в доме.

— Боярин! Федор Иванович! — стал он молить Шереметева. — Ушли меня в дальний поход, на окраину куда-нибудь!

— Что ты, свет? — изумился его желанию боярин. — Ишь, кровь бурливая! И царь тебя жалует, и богат ты, и жена у тебя молодая, а тебе все бы воевать!

Не мог Теряев объяснить ему свое горе и уныло поник головою.

Только и отрады было у него, что в домике старого Эдуарда Штрассе. Тоскливая зависть охватывала его при виде тихого счастья маленькой семьи. Эдуард в ермолке и домашнем кафтане с увеличительным стеклом в руке читал какую-нибудь книгу; Эхе сидел в блаженном покое и по часам смотрел на маленькую зыбку, где тихо спал будущий рейтар, а пока еще маленькое, беспомощное существо; в кухне с веселою песнею возилась красавица Каролина. Входил князь, и все встречали его с радушием близких друзей. Штрассе откладывал в сторону стекло и книгу и говорил:

— А, Михайло! Ах, что я прочитал сегодня! О-о! — И он поднимал вверх палец и начинал с жаром рассказывать Михаилу.

Эхе подмигивал князю и с глубоким уважением молча хлопал себя по лбу, что показывало его удивление умом Штрассе; но это длилось лишь до той поры, пока маленький "рейтар" не подавал голоса. Тогда бежала из кухни красавица Каролина, на бегу вытирая передником руки, ловко выхватывала из зыбки ребенка и, вынув полную грудь, кормила ею своего первенца. Штрассе смолкал и с умилением начинал глядеть на сестру, а та смеялась и говорила:

— Ну, чего замолчал? Говори! Он умнее будет, тебя слушая.

— О, он будет ученый! — радостно ответил Штрассе.

— Воин будет! — поправлял его Эхе, и между ними поднимался спор.

— Монахом! — смеясь останавливала их Каролина и, уложив ребенка, с хохотом зажимала им рты ладонями. — Разбудите, вас качать заставлю! — прибавляла она с угрозой.

При взгляде на эту милую семью Михаилу становилось и тоскливо, и сладко. Эх, не довелось пожить ему такой тихой, радостной жизнью!..

В тяжелом настроении возвращался он домой в теремную опочивальню и часто целые ночи напролет не мог сомкнуть глаза.

Пыткой стала ему такая жизнь.

Однажды заплакал в зыбке его маленький сын, Михаил оглянулся. Ольга спала, разметавшись на постели. Князь поднялся и приблизился к зыбке. При свете лампадок он увидел маленькое личико с широко открытыми глазами, полными слез. Он нагнулся к ребенку, и тот вдруг перестал плакать и улыбнулся.

Что в бессмысленной улыбке младенца? Но она вдруг

перевернула сердце князя. "Мой ведь, кровный!" — мелькнуло у него, он наклонился ниже и тихо поцеловал ребенка.

Тихая радость сошла на его сердце. Он подошел к Ольге и толкнул ее в плечо.

— Мальчик плачет! Проснись!

Ольга раскрыла глаза и увидела над собою лицо мужа. В его глазах светилось что-то совсем новое, и она смело ответила ему взглядом и улыбнулась тоже.

Князь уже не ложился. Ольга накормила ребенка и легла, с тревожным замиранием смотря на мужа. И вдруг он заговорил:

— Я все знаю, Ольга. Не любя ты за меня вышла, знаю!

Она задрожала как лист.

— Не бойся! — грустно продолжал князь. — Не в обиду говорю тебе. Силой ведь тебя неволили... не твоя вина. Вот... — он перевел дух. — Алеша Безродный все время со мной был. Вместе мы рубились. Сторонился он меня, а потом ничего... Убили его, Ольга, ляхи!.. — Он остановился и посмотрел на Ольгу. Она вздрогнула, и только частое дыхание выдало ее волнение. — На руках у меня Алеша помер, — заговорил снова князь, — и помирая покаялся. Наказывал мне любить тебя... Я тебя в печали не неволю! — вдруг окончил он и, накинув армяк, вышел из опочивальни.

— Князь Михайло! — раздался за ним голос жены.

Он быстро вернулся. Ольга в одной сорочке стояла на полу, с мольбою протягивая к нему руки.

— Что ты? С чего?

— Михайло, не мучь меня! — заговорила она, падая ему в ноги. — Неповинна я!.. Прости мне за девичью думу, за любовь запретную! Вольна была я, глупа!

Словно на лед упал горячий солнечный луч и растопил его — так подействовала на сердце князя мольба Ольги. Он быстро нагнулся к ней и, подняв ее, ласково заговорил:

— Полно, полно!.. С чего взяла ты? Да я... я сам, голубка моя! Ах, Олюшка!.. — Накипевшее горе запросилось наружу, молодое сердце захотело ласки. Князь посадил Ольгу, обнял ее и стал тихо, прерывающимся голосом рассказывать ей про свое горе. И по мере того как он говорил, теснее и тесней прижималась к нему своим плечом Ольга.

— Видишь, и я не любя женился, — уныло окончил князь.

— Теперь любиться будем... — тихо ответила ему Ольга.

Жизнь снова возродилась для Михаила. В его душе уже не было злобы против отца, и однажды он спустился вниз к отцу. Но княгиня остановила его в дверях.

— Тсс! Запретил государь тебе входить. Не хочет он тебя видеть! — Михаил тихо улыбнулся.

— Скажи ему, матушка, только, что я все знаю и все простил! — сказал он. Княгиня пытливо посмотрела на него.

— Что же это ты знаешь? — ревниво спросила она его.

— Не пытай, матушка!.. После!..

Княгиня недовольно покачала головою и вышла. Через мгновение она позвала сына:

— Иди скорее!

Михаил вошел и опустился на колени у постели отца. Бледный, с отросшими и поседевшими волосами, сидел князь Терентий Петрович в постели, и по его лицу струились радостные слезы.

— Отпустил? — радостно повторял он, держа руку на склоненной голове сына.

— Бог Судья тебе! — тихо произнес Михаил.

— Не ведал я... Богом клянусь, не ведал! — торжественно сказал старый князь. — Но замолю грех свой!..

Княгиня смотрела на отца с сыном и в изумлении качала головой. Никогда такое ей даже и не снилось. "Кажется, будто отец у сына прощенья просит. Да где же это видано? Господи Иисусе Христе! А я-то сначала думала, что Михайло согрешил супротив родительской воли... Нет, видно, в свете теперь все по-иному пошло!".

Но, как она ни удивлялась, все же и ей было радостно видеть, что отошли тучи от их дома и снова в нем стало светло и радостно.

— Внука бы мне принести, — с улыбкой счастья сказал отец и потом тихо прибавил сыну: — Я на него и то смотреть боялся.

Князь Михаил опустил голову. Образ замученной Людмилы мелькнул пред ним и словно благословил наступивший мир. Сзади раздался шорох. Сияя радостью, в горницу вошла Ольга, неся на руках своего первенца. Михаил ласково кивнул ей головой и улыбнулся.

www.ingramcontent.com/pod-product-compliance
Lightning Source LLC
Chambersburg PA
CBHW011353010726
47494CD00008D/2290